EL DERECHO AL OLVIDO

LOWRY PRESSLY

EL DERECHO AL OLVIDO
Privacidad y vida buena

EDICIONES RIALP
MADRID

Título original: *The Right to Oblivion: Privacy and the Good Life*

© 2024 *by* the President and Fellows of Harvard College, por acuerdo con Harvard University Press.
© 2025 de la versión española realizada por DAVID CERDÁ
by EDICIONES RIALP, S. A.,
Manuel Uribe 13-15 - 28033 Madrid
(www.rialp.com)

Preimpresión: www.produccioneditorial.com

ISBN (edición impresa): 978-84-321-6992-2
ISBN (edición digital): 978-84-321-6993-9
ISBN (edición bajo demanda): 978-84-321-6994-6
ISNI: 0000 0001 0725 313X
Depósito legal: M-3253-2025
Impreso en Anzos, S. L., Fuenlabrada (Madrid)

Para quien tú sabes

Uno hubiera querido más (y más y más)
un verdadero interior al que volver,
un hogar contra uno mismo, cierta oscuridad,
una facilidad para vivir un momento de la vida,
el momento del amor y la fortuna de la existencia,
libre de todo lo demás, libre sobre todo del pensamiento[1].

WALLACE STEVENS

El tema de este libro no es exactamente el vacío,
sino lo que hay a su alrededor o en su interior.

GEORGES PEREC

---

[1] *One would have wanted more—more—more— | Some true interior to which to return, | A home against one's self, a darkness, | An ease in which to live a moment's life, | The moment of life's love and fortune, | Free from everything else, free above all from thought.*

ÍNDICE

11

"Los vecinos ["The Neighbors"], n.º 58". Cortesía de Arne Svenson y Robert Klein Gallery.

INTRODUCCIÓN

Vivimos en una era cegada por la información. Interminables flujos que nos ponen al día de amigos, familiares y famosos nos encuentran dondequiera que estemos, barajando notificaciones de catástrofes lejanas y vídeos de desconocidos deambulando por calles y callejones de ciudades que nunca visitaremos. Los hechos registrados de la ciencia y la historia están constantemente a nuestro alcance. Tenemos datos precisos sobre el latido de nuestros corazones, el número de pasos que damos al día y adónde nos llevan estos, la fluctuación de la temperatura en nuestras casas, lo que hacemos mientras dormimos. Sabemos más que nunca sobre nosotros mismos, los demás y el mundo. ¿Significa esta abundancia de información sin precedentes sobre la vida humana que la vemos con más claridad, más profundamente? No estoy tan seguro.

La que está siendo particularmente perjudicada por el aluvión de información en nuestra época es nuestra facultad de visión crítica y moral, esa facultad que nos permite *ver los problemas*. En la era digital, hemos llegado a ver gran parte de la vida humana, tanto lo que sabemos de ella como lo que no, a través de nuestras lentes informativas. La conversación es un intercambio de información. Nuestros íntimos son aquellos con quienes compartimos la información que ocultamos a los demás. Las personas se describen como un conjunto de «datos personales»[1]. «Usted es sus datos», dice la socióloga Deborah Lupton en su estudio sobre el «movimiento del yo cuantificado», cuyos adeptos pretenden estar más en contacto con sus vidas generando tanta información sobre sí mismos como sea posible[2]. La suposición de que cuanto más sepamos, mejor, está tan profundamente arraigada en nuestra cultura que es difícil incluso apercibirse de ella. Sin embargo, en el maremagno de este aumento, hemos

---

[1] «Datos personales» es como el Reglamento General de Protección de Datos ómnibus de la Unión Europea de 2016 se refiere a «toda información sobre una persona física identificada o identificable» (Art 4 [1]). Esta descripción de la persona cuya privacidad se protege conceptualiza en qué consiste esa persona. Que aparezca en la literatura sobre privacidad como descripción de lo que esta protege no es más que un ejemplo, de los muchos citados en este libro, de los peligros para nuestra comprensión de la persona que se derivan de valorar la privacidad de forma equivocada.

[2] Deborah LUPTON, "You Are Your Data: Self-Tracking Practices and Concepts of Data", en Stefan SELKE (ed.), *Lifelogging: Digital Self-Tracking and Lifelogging—between Disruptive Technology and Cultural Transformation*, Wiesbaden: Springer Fachmedien Wiesbaden, 2016, pp. 61-79; *The Quantified Self: A Sociology of Self-Tracking*, Cambridge: Polity, 2016.

perdido de vista valiosas regiones de la vida que dependen de que se preserven los límites de lo conocible.

Es contraintuitivo suponer que nuestra capacidad de percibir y habitar el mundo, de conocernos a nosotros mismos y a los demás, puede verse socavada por el conocimiento y no solo apoyada por él. No se puede habitar el mundo en un estado de olvido total, a riesgo de vagar a la deriva. No se puede amar a quien no se conoce. El autogobierno democrático y la organización colectiva requieren mucha información para ser eficaces. Decir que estamos *cegados por la información* se parece un tanto a decir que podríamos llegar a estar *empobrecidos por el dinero*. Sin embargo, estas frases comparten algo más que un aire de aparente contradicción: también expresan una idea moral del mismo corte. Algunas personas se empobrecen realmente a causa del dinero, no en el sentido de que por tener más tengan menos, sino más bien en el de que sus vidas van menos bien en conjunto porque han llegado a ver demasiadas cosas de la vida humana en términos de euros y céntimos. Lo mismo ocurre con el conocimiento y la información. Esto es lo que este libro pretende demostrar: que junto a los beneficios obvios del conocimiento, también necesitamos límites a lo que es posible saber, y límites de una determinada índole. Sin esos límites y los ámbitos de experiencia incognoscible que posibilitan, la vida humana se empobrece considerablemente y termina por ser menos profunda y humana.

Los filósofos no suelen defender la importancia de saber menos. El lema de la profesión sigue siendo en gran medida el *sapere aude* («atrévete a saber») de Kant, que es a su vez una revisión del «conócete a ti mismo» délfico para una época de la Ilustración cautivada por la exploración y la voluntad. El famoso encomio al autoconocimiento esculpido en el templo apolíneo de Delfos sigue siendo nuestra piedra de toque del valor de la sabiduría, y no es para menos. Pero no debemos olvidar que el mandamiento de conocerse a sí mismo iba acompañado de otro, grabado en la misma piedra del templo: «Nada en exceso». Hemos de colegir que hay límites éticos al conocimiento de uno mismo, que se basan, como indica la segunda máxima, en una visión más amplia del bienestar humano que incluye el conocimiento, pero también otros valores aparentemente opuestos a él y que exigen que aquel sea moderado. Se trata de una idea contraria no solo a la forma de indagación racional de los asuntos humanos que practican las humanidades y las ciencias sociales, sino también a la actual economía política basada en la información y a la cultura de la identidad, la autenticidad y la «marca personal». Sin embargo, la idea no se ha perdido del todo. Sigue apareciendo, por ejemplo, en las declaraciones y obras de artistas que, a diferencia de los académicos y los mandos intermedios, son libres de emplear la omisión y la opacidad para dar a sus obras un sentido de profundidad, vivacidad y resistencia a la interpretación exhaustiva. Más adelante en este libro, y especialmente en el capítulo final, tendré mucho más que decir sobre lo que significa para una vida individual y el mundo compartido de la actividad colectiva acceder a este tipo de profundidad y cómo la posibilita establecer límites particulares de la privacidad al conocimiento. A estas alturas, nos contentaremos con presentar una expresión provocativa de la idea.

Mientras criticaba a «la psicología y la autorreflexión» modernas, el cineasta Werner Herzog se hizo eco de los argumentos que expondré sobre la privacidad y la producción social del olvido:

> Explicar y escudriñar el alma humana, [asomarse] a todos sus nichos y recovecos y abismos y rincones oscuros, no es hacer un bien a los seres humanos. Debemos tener nuestros rincones oscuros, también convivir con lo inexplicable. Nos volveremos inhabitables del mismo modo que un apartamento se vuelve inhabitable si se iluminan todos y cada uno de los rincones oscuros e iluminamos debajo de la mesa y cada centímetro de donde habitamos: no se puede vivir en una casa así. No se puede vivir con una persona —digamos en un matrimonio o en una amistad profunda— si todo se ilumina, se explica y se pone sobre la mesa[3].

Esta declaración se acerca mucho a mi propia respuesta a la pregunta de qué es la privacidad y por qué resulta valiosa. Sin embargo, para el alma humana —o la persona, digamos— y el mundo en el que habita, los caminos de la oscuridad son muy variados. No todos los rincones oscuros son iguales. Las cosas pueden ser secretas, estar ocultas, perdidas, ser fruto del anonimato, pasar desapercibidas, ser privadas o aparecer opacas, o tal vez translúcidas; y hay muchas más opciones.

La forma en que entendemos estos límites del conocimiento y lo que hay tras ellos tiene importantes consecuencias sobre cómo nos relacionamos y respondemos a

---

[3] Werner HERZOG y Chris HEATH, "Mad German Auteur, Now in 3-D!", *GQ*, 29 de abril de 2011.

tales limitaciones, y sobre el tipo de persona, relaciones y mundo que propician. La habitabilidad del yo y del mundo requiere, según argumentaré, un tipo particular de no-saber, al que llamo *olvido* para destacar sus cualidades más esenciales y distintivas. El olvido describe una forma de lo desconocido que, a diferencia de lo que es secreto u oculto, resulta esencialmente resistente a la articulación y el descubrimiento: sus límites no conciernen a quién sabe qué, sino a lo que puede conocerse. La preservación del olvido en nuestro mundo y en nuestras personas es crucial para desarrollar el sentido de potencialidad, profundidad, juego y libertad en los asuntos humanos. La privacidad es una de las formas en que integramos el olvido en nuestra vida cotidiana, aunque, como veremos, también hay otras.

La ideología de la información

Los debates contemporáneos sobre la privacidad están cegados por una tendencia irreflexiva a entenderlo todo en términos de «la era de la información», bajo cuyo dominio ideológico se desarrolla gran parte de la vida contemporánea. No quiero negar la importancia de prestar atención a las ingentes cantidades de información personal que generamos sin descanso. Seguramente acierta quien piensa que tenemos, o deberíamos tener, derechos morales y legales para ejercer un control sobre dicha información y protegernos de los perjuicios que pueden derivarse cuando cae en malas manos. Pero nos equivocamos si pensamos que para eso sirve la privacidad. Una de las principales afirmaciones de este libro es que la privacidad es valiosa no porque nos permita ejercer un control sobre nuestra información, sino porque, antes que nada, nos protege contra la creación de dicha información.

No abanderaré en estas páginas una cruzada tecnófoba o reaccionaria contra la existencia de la información; lo que voy a exponer es más bien un argumento según el cual el bienestar individual y colectivo requiere regiones de posibilidad y experiencia que son esencialmente opuestas a que la información quede registrada, y que el valor de la privacidad y de las prácticas, derechos y normas relacionados con ella se deriva de cómo instancian estas regiones en nuestra vida cotidiana. Naturalmente, este argumento tendrá sus detractores. La refutación más obvia es la miríada de proyectos de vigilancia estatal, corporativa y ciudadana que buscan convertir la mayor parte posible de nuestras vidas en información para que pueda ser comercializada y vendida, utilizada para influir en nuestro comportamiento o almacenada para su uso futuro. No obstante, este argumento tiene otro oponente, quizás inesperado, cuya amenaza a la privacidad también es bastante grave, aunque mucho menos obvia. Ese oponente es la interpretación y defensa estándar de la privacidad habitual en nuestro tiempo, puesto que acepta la ideología de la era de la información y al hacerlo pasa por alto el verdadero valor de la privacidad, contribuyendo, sin darse cuenta, a reforzar los poderes a los que ella misma cree estar resistiendo.

Bernard Harcourt ha observado un cambio en la forma de hablar y pensar sobre la privacidad en el periodo de la historia correspondiente al auge del neoliberalismo. Según Harcourt, el marcado cambio de la discusión sobre la «virtud o incluso el valor» de la privacidad al debate sobre sus «costes y beneficios» es el resultado de una tendencia más amplia a pensar en la vida política y ética en términos predominantemente económicos y de mercado[4]. Sin duda, la ola neoliberal ha tenido todo tipo de consecuencias para las ideas sobre la humanidad y su bienestar. Los valores orientados al mercado de la libertad, la elección y la propiedad en la identidad y la cultura han seguido su auge durante décadas en las concepciones tanto teóricas como de sentido común sobre lo que hace que una vida vaya bien y lo que nos debemos los unos a los otros. Las consecuencias de este cambio son tan numerosas y están tan bien documentadas que ya se han convertido en una especie de cliché, y el neoliberalismo es una explicación prefabricada de todos los males de la sociedad. Con todo, Harcourt fue uno de los primeros en advertir su efecto en nuestra forma de pensar sobre la privacidad. La visión dominante de la privacidad hoy en día es algo así como una preferencia personal, similar a la «configuración de privacidad» de las redes sociales y las interminables «políticas de privacidad» que debemos aceptar antes de utilizar un servicio concreto, cuyo valor puede variar de una persona a otra en función de cuánto le importe. «Mientras que antes la privacidad se enmarcaba en términos humanísticos, ahora es mucho más probable que se piense en ella como un tipo de propiedad, algo que puede comprarse y venderse en un mercado»[5]. Desde este punto de vista,

---

[4] Bernard E. HARCOURT, *Exposed: Desire and Disobedience in the Digital Age*, Cambridge, MA: Harvard University Press, 2015, pp. 175-176.
[5] HARCOURT, *Exposed*, p. 176.

la privacidad es buena si la queremos y cuando la queremos, lo que hace que decidir cambiarla por otras cosas que queremos y por un valor fijado por el mercado no sea problemático. De ahí la gran importancia que se concede al control, el consentimiento y el acceso tanto en las defensas contemporáneas como en las privaciones de la privacidad.

Harcourt tiene razón en cuanto a esta tendencia en el pensamiento sobre la privacidad, que está decididamente en desacuerdo y todavía en tensión con una visión de la privacidad como un derecho humano fundamental. Un ejemplo omnipresente es la idea de que los «servicios» que recibimos de las redes sociales y los rastreadores de actividad física se nos ofrecen a cambio de nuestra información. También lo es la idea de que renunciamos voluntariamente a nuestra privacidad al salir al espacio público, de lo que se deduce que no podemos esperar razonablemente tener derechos e intereses de privacidad cuando estamos entre otras personas. Si queremos un sueldo o un diploma, aceptamos tácitamente pagarlo vigilando nuestras pulsaciones o nuestros movimientos oculares. Hay una crítica de estas prácticas que toma pie en el lenguaje moral de la coacción y argumenta que la marcada asimetría de poder que subyace a estas relaciones excluye cualquier idea de consentimiento. Esto es cierto, si bien no constituye un argumento sobre la vigilancia o la privacidad como tales. Es más, la transacción contrafáctica y consensuada de la privacidad solo parece moralmente aproblemática si pensamos que la privacidad es un bien fungible entre otros, que puede intercambiarse por otras cosas que podamos desear. La idea de que la privacidad puede intercambiarse como cualquier otra forma de propiedad personal pertenece a nuestro tiempo y refleja las disposiciones particulares del poder político y económico en la era de la economía de los datos y el capitalismo de la vigilancia.

Pero hay otra crítica que hacer a estas ideas sobre la privacidad, basada no en la ideología del neoliberalismo, sino en la de la era de la información, una crítica que va dirigida no solo contra la industria de la vigilancia o incluso contra aquellos que tratan la privacidad como una mera preferencia, sino más bien contra la cultura en su conjunto, incluidos quienes teorizan y defienden la privacidad. Además de centrarnos en los efectos de la ideología de mercado bajo el neoliberalismo, deberíamos fijarnos también en las diversas presiones que nos animan a comprender todo lo posible sobre nosotros mismos y los demás en términos de información. Me referiré al efecto de esta amplia gama de desarrollos como «la ideología de la información» para destacar una premisa importante pero tácita que subyace en gran parte del discurso contemporáneo sobre la privacidad y la ética de la tecnología: la idea de que la información tiene una existencia natural en los asuntos humanos, y que no hay aspectos de la vida humana que no puedan traducirse de algún modo en datos.

Uno se siente tentado de recitar el aforismo de Marx acerca de que las ideas dominantes de una época son las ideas de su clase dominante, ya que la suposición de que todo puede entenderse sin problemas o incluso representarse mediante información agregada es obviamente una idea que interesa a los Estados y a los capitalistas de la vigilancia[6]. Marca las fronteras de la extracción de recursos en los mismos límites de la existencia humana. En lo que respecta a las ideas contemporáneas sobre la importancia y el alcance de la privacidad, una consecuencia de esta ideología es que la existencia de información en los ámbitos privados de la vida humana se da por sentada, se naturaliza y se trata como algo previo a la cuestión de qué hace o para qué sirve la privacidad. Los debates sobre el valor de la privacidad se limitan entonces a cuestiones sobre si su valor tiene que ver con su utilidad para controlar, proteger o restringir el acceso a cierta información que ya existe. Las cuestiones políticas y éticas sobre la misma

---

[6] Shoshana Zuboff argumenta que la economía política del «capitalismo de la vigilancia», una expresión que ella introdujo en la conciencia popular, no se ocupa principalmente de recopilar datos sobre nosotros, sino más bien de producirlos donde antes no los había. Si el capitalismo de la vigilancia constituye realmente una nueva formación económica, como sostiene Zuboff, entonces cabría esperar que viniera acompañado de nuevas construcciones ideológicas. La ideología de la información, es decir, la idea de que gran parte o la totalidad de la vida humana puede entenderse sin problemas en términos de información, y que la privacidad salvaguarda la información en lugar de protegerla contra su creación, es exactamente lo que cabría esperar que surgiera de las fuerzas político-económicas de extracción de información que Zuboff describe en *The Age of Surveillance Capitalism: The Fight for a Human Future at the New Frontier of Power*, Nueva York: Public Affairs, 2018 [*La era del capitalismo de la vigilancia: La lucha por un futuro humano frente a las nuevas fronteras del poder*, Barcelona: Paidós, 2020]. De hecho, la propia noción de que los datos son algo que las empresas pueden «cosechar», como si tuvieran una existencia ontológicamente independiente antes de las acciones de esas corporaciones —que fabrican datos, no los cosechan—, es en sí misma un producto de la ideología de la información.

25

existencia de dicha información se vuelven invisibles o se transmutan en preocupaciones diferentes y menos fundamentales sobre las consecuencias que pueden derivarse del mal uso o la mala ubicación de la información.

Si leemos un libro o un artículo sobre la privacidad escrito en los últimos veinte años, es probable que encontremos un ejemplo de la ideología de la información en acción. Tan omnipresente es la suposición de que la privacidad describe alguna forma de protección, ocultación o control de la información que dar ejemplos parece arbitrario, si no gratuito. Consideremos esta descripción del campo de pensamiento de la *Stanford Encyclopedia of Philosophy*, sin duda el compendio más completo y autorizado del pensamiento contemporáneo sobre el tema. La entrada repite la idea, común entre los académicos, de que existen en realidad dos tipos de privacidad. El primero de ellos se denomina «privacidad constitucional (o decisional)», que en realidad no se refiere a la privacidad en absoluto, sino a otros valores como la autonomía, la libertad negativa y la integridad corporal que los tribunales, especialmente en Estados Unidos, han introducido de contrabando en la ley bajo el manto de la jurisprudencia de la privacidad[7]. La conexión de estos otros valores

---

[7] Las aguas de la comprensión se han enturbiado en este caso por una excesiva dependencia de las opiniones de abogados, jueces y académicos del derecho sobre el valor de la privacidad. Es decir, más que atenderse a esta como fenómeno social de interés humano, nos hemos quedado en la cuestión —más estrecha— del significado de la privacidad en el derecho. No se trata de impugnar el trabajo de muchos académicos escrupulosos, sino más bien de señalar que el desarrollo de ideas en el derecho se rige por limitaciones disciplinarias que hacen que nos ocupemos de cosas distintas de

con la privacidad se debe en parte a décadas de jurisprudencia creativa y activismo, y en parte a la tradición liberal del pensamiento político que defiende la existencia
de una «esfera privada» de la actividad humana fuera del

---

la búsqueda de la verdad sobre la privacidad. Una característica común
de los trabajos sobre la privacidad realizados por todo tipo de académicos, y no solo por juristas, es que tienden a tomarse muy en serio lo que
dicen los jueces sobre la materia y a asumir que una explicación conceptual adecuada de la privacidad debe dar cuenta tanto de su uso ordinario
como del uso excéntrico y un tanto parroquial que es propio del derecho
constitucional estadounidense. No obstante, a diferencia de la filosofía o
el discurso moral popular, la jurisprudencia está restringida por los principios internos de *stare decisis*, la adhesión a los precedentes judiciales y la
fidelidad al derecho escrito o consuetudinario. Los jueces que desean describir el derecho a la privacidad y lo que protege se ven limitados significativamente por lo que han dicho jueces anteriores, como estos lo estaban
a su vez. Por razones propias de su profesión, los abogados y académicos
que participan en ese debate se ven igualmente limitados. Esto crea un
problema si el punto de partida de esa cadena de razonamiento ya está
divorciado del uso ordinario de la privacidad. Lo problemático está en que
para los jueces no es tan importante que su lenguaje se ajuste a las realida-
des éticas y políticas de la sociedad bajo su jurisdicción como que se ajuste
a una interpretación plausible de la ley. La situación empeora cuando los
autores de otras disciplinas consideran que la historia de la jurisprudencia
sobre la privacidad sigue de algún modo fiable la respuesta a la pregunta
de por qué es importante la privacidad en un sentido ético, político o
sociológico. El frecuente equívoco entre los derechos morales y legales a la
privacidad es otra fuente de esta confusión en la literatura.

Dicho esto, me referiré a varios documentos jurídicos en mi relato de
la historia de la privacidad, pero solo a aquellos que abogaban por el reconocimiento de un nuevo derecho legal a la privacidad en respuesta a una
demanda moral percibida. Estos documentos son útiles (y fidedignos) del
mismo modo que lo son las columnas de los periódicos o los libros sobre
el tema: revelan lo que la gente pensaba en aquel momento sobre el valor
moral de la privacidad y las amenazas a las que se enfrentaba.

alcance legítimo de la influencia del Estado en la vida de los ciudadanos. El valor de esta esfera no tiene nada que ver con el valor de la *privacidad*, sino con la importancia que tiene moralmente dejar que las personas determinen el curso de sus propias vidas[8].

El significado ordinario de «privacidad» es epistémico, tiene que ver de alguna manera con los límites de la percepción y el conocimiento. Es lo que tenemos o queremos cuando estamos en el cuarto de baño con la puerta cerrada. Los enciclopedistas describen *ese* tipo de privacidad como la que se refiere al interés de los individuos por ejercer un control sobre el acceso a la información que les concierne, y suele denominarse «privacidad informativa». Pensemos, por ejemplo, en la información divulgada en Facebook (Meta) u otras redes sociales. La idea expresada aquí es tan común hoy en día que es prácticamente universal: que toda la privacidad en el sentido ordinario de la palabra se denomina propiamente «privacidad informativa» porque se ocupa de la protección, el control, el acceso o la «integridad contextual» de la información personal, que «fluye» de un lado a otro de la barrera de la privacidad[9].

---

[8] Jeroen van den HOVEN, Martijn BLAAUW, Wolter Pieters y Martijn WARNIER, "Privacy and Information Technology", *The Stanford Encyclopedia of Philosophy*, ed. Edward N. ZALTA. El otro artículo de la enciclopedia sobre privacidad dice lo mismo con mucha más extensión y sin la concisión de la entrada que cito en el cuerpo del texto: Beate ROESSLER y Judith DeCEW, "Privacy", *The Stanford Encyclopedia of Philosophy*, ed. Edward N. ZALTA y Uri NODELMAN.

[9] La expresión «integridad contextual» es de Helen Nissenbaum, que también considera el derecho a la privacidad como un «derecho al flujo adecuado de información». Helen Fay NISSENBAUM, *Privacy*

28

Se trata de una concepción de la privacidad plagada de profundas incoherencias conceptuales, que expondré ampliamente a lo largo de este libro. Llegados a este punto podemos constatar que, en tanto *defensa* de la privacidad, también está especialmente lastrada. La idea no solo es empobrecedora, sino peligrosa, porque naturaliza la existencia de información previa a la cuestión de la privacidad. Da por sentado que cierta información siempre preexistirá a las cuestiones morales y políticas sobre la privacidad, y que el único asunto que ha de preocupar a la ética y la política es controlarla o protegerla. Como dice un estudioso de la privacidad, «la privacidad informativa se reformula así en términos de protección de los datos personales»[10]. Esta es la visión de la privacidad que se obtiene al interactuar con las llamadas configuraciones de privacidad en internet, donde uno puede hacer que sus publicaciones en las redes sociales o los datos biométricos de su reloj inteligente sean «privados», lo que significa que

---

in Context: Technology, Policy, and the Integrity of Social Life, Stanford, CA: Stanford Law Books, 2010, p. 145. Véase también Herman TAVANI, "Informational Privacy: Concepts, Theories, and Controversies", en *The Handbook of Information and Computer Ethics*, Hoboken, NJ: Wiley, 2009, pp. 131-164; Andrei MARMOR, "What Is the Right to Privacy?", *Philosophy and Public Affairs* 43, n.º 1 (2015), pp. 3-26; y Julie E. COHEN, "What Privacy Is For?", *Harvard Law Review* 126, n.º 7 (2013), pp. 1904-1933.

[10] Van den HOVEN, *et al.*, "Privacy and Information Technology" (citando a Jeroen van den HOVEN, "Information Technology, Privacy, and the Protection of Personal Data", 2008). Esta reducción sustancial del concepto y la fuerza moral de la privacidad a la mera «protección de datos» es consecuencia de su reformulación anterior como «privacidad informativa».

uno puede impedir que otros *usuarios* y entidades más allá de la plataforma accedan a ellos o los saquen de contexto. Pero para entonces ya es demasiado tarde. Los Estados de la vigilancia y los capitalistas que poseen y controlan las plataformas en las que podríamos ejercer las limitadas opciones de «configuración de privacidad» ya tienen lo que necesitan una vez que se crea algún tipo de información sobre nosotros, después de lo cual poco les importa con quién decidamos compartirla. Visto desde este punto de vista, el afán con el que las empresas de internet pregonan constantemente sus últimas características de privacidad parece menos un compromiso con la protección de los intereses humanos a costa de la maximización de los beneficios que la defensa de un valor disminuido de la privacidad al servicio de su cuenta de resultados.

No hay nada intrínsecamente malo en utilizar las tecnologías de nuestro tiempo para reflexionar sobre las dimensiones políticas y éticas del conocimiento personal, aunque deberíamos ser escépticos a la hora de utilizar conceptos y metáforas derivados de las tecnologías de internet —la privacidad como control de los flujos de información, por ejemplo— en la medida en que esas tecnologías son los motores de maximización de beneficios de una industria que depende de la producción y recolección de información personal[11]. El ejemplo elegido por los enciclopedistas para explicar lo que entienden por privacidad es extremadamente revelador, aunque totalmente corriente, en este sentido: «Pensemos, por ejemplo,

---

[11] E.g., NISSENBAUM, *Privacy in Context*; MARMOR, "What Is the Right to Privacy?".

en la información divulgada en Facebook u otras redes sociales». Del mismo modo, deberíamos dudar antes de interpretar la famosa ocurrencia de Mark Zuckerberg sobre que la privacidad ya no es una norma social como una valoración sincera de la relevancia social de la privacidad, en lugar de una expresión de deseos del modelo de negocio de su empresa. Pero, por supuesto, las tecnologías de la era digital no son las únicas que han servido para tomar conciencia del valor de la privacidad.

Las partes históricas de este libro contarán cómo surgió una visión diferente y, argumentaré, preferible de la privacidad como reacción a la invención de la cámara fotográfica y el auge de los medios de comunicación de masas en el siglo XIX. Aquellos argumentos anteriores oponían una retórica moral humanista a lo que percibían como amenazas antihumanas a la privacidad, mientras que las defensas de la privacidad en la era de la información aceptan en gran medida el marco de sus oponentes sin someterlo a su vez a discusión. Cualquier visión de la privacidad que dé por sentada la existencia de cierta información controlada, oculta y compartida por la persona a la que pertenece no solo es incapaz de oponerse a las disposiciones de poder asociadas a la vigilancia corporativa, estatal y ciudadana. Tales puntos de vista también ceden un terreno político vital a sus oponentes al naturalizar la existencia de la información personal cuando en lugar de ello deberían, como dicen, problematizarla[12].

---

[12] Una vez más, estoy convencido de que necesitamos derechos y normativas sólidas de «protección de datos» que nos resguarden frente a las muchas formas en que la información sobre nosotros puede utilizarse

Pero el problema es todavía más grave, ya que, como veremos, hay partes vitales de la vida humana que se oponen a ser convertidas en información. La privacidad, en sentido amplio, no se limita a proteger estas regiones de la vida de las que no se sabe nada, sino que es necesaria para su propia existencia. Paralelamente a la indagación histórica de este libro, se presenta un argumento filosófico que pretende mostrar cómo esas regiones del olvido en la vida individual y colectiva son necesarias para tener la sensación de que nuestras vidas dependen de nosotros y de que merece la pena vivirlas, de que los individuos y el mundo social de la experiencia compartida tienen profundidad y sentido, de que uno puede confiar en sí mismo y en los demás, etcétera. Las regiones del olvido que es propio de la privacidad no son zonas de pura ignorancia, ausencia o vacío: pueden experimentarse, encontrarse y respetarse de modos distintos al conocimiento y el control[13]. Solo así puede ofrecer la privacidad, según nos dice el poema de Wallace Stevens, «un verdadero interior al que volver, | un hogar contra uno mismo, una oscuridad, | una facilidad para vivir un momento de la vida». Al circunscribir el papel del conocimiento y la información en los asuntos

---

indebidamente o para perjudicarnos. Muchos de ellos están consagrados en leyes como el Reglamento General de Protección de Datos (RGPD) de la UE, y creo que son necesarios e importantes. No estoy argumentando en contra de los derechos relacionados con los datos o la información, solo que confundir la importancia de la privacidad con la de los datos oscurece valores que se oponen a los datos y la información.

[13] Por «conocimiento» entiendo aquí el tipo de conocimiento asociado a la información: lo que los filósofos llaman «conocimiento proposicional». Tendremos más que decir sobre esto en los próximos capítulos.

humanos, la privacidad nos permite familiarizarnos con nuestras propias partes ambiguas siendo nosotros mismos ambiguos y disfrutar de la gama de experiencias humanas que se encuentran más allá de los límites del conocimiento y el control.

Hasta ahora he citado a un poeta y a un cineasta, pero solo me he referido de pasada a un consejero delegado de Silicon Valley. Sería justo preguntarse si estoy ofreciendo una visión excéntrica o romántica de la privacidad, agradable de pensar pero divorciada del papel más cotidiano que la ocultación y la exposición desempeñan en la estructuración de la vida en la era digital. Esa perspectiva no podría estar más alejada de la realidad. Detrás de esta objeción se esconde algo parecido a la distinción que Joshua Rothman establece entre dos concepciones de la privacidad: el «sentido ciudadano de la privacidad», por un lado, y el «sentido artístico de la privacidad», por otro. Según Rothman, quienes adoptan el punto de vista del ciudadano se preocupan por «otras personas y cómo podrían afectarnos [...] cómo podrían utilizar información sobre nosotros para sus propios fines, o interferir en decisiones que nos corresponden por derecho». Rothman contrapone esta perspectiva a la de quienes, como Virginia Woolf, adoptan el punto de vista del artista y consideran que la privacidad tiene «algo que ver con la preservación del misterio de la vida; con dejar ciertas cosas sin describir, sin especificar y desconocidas», lo que se basa en «un sentido intensificado de la preciosidad y fragilidad de la vida, y en una noción similar a la de Heisenberg de que, cuando se trata de nuestras intuiciones más abstractas y espirituales, mirar demasiado de cerca cambia lo que sentimos». Tiene que ver, en otras palabras, con una especie de privacidad interior, mediante la cual uno se protege no solo de las miradas indiscretas de los demás, sino de las suyas propias[14].

Sin embargo, resulta que estos puntos de vista son mucho menos distintos de lo que Rothman supone, tanto en sustancia como en punto de origen. Recorriendo la historia del discurso moral y político público en torno a la privacidad, veremos que los aspectos cívicos de la privacidad han estado animados, en gran medida y desde el principio, por lo que Rothman llama «el sentido del artista». Desde las primeras reivindicaciones del derecho a la privacidad en el siglo XIX, los ciudadanos han defendido una visión de la privacidad que consiste en preservar una condición de potencialidad, flujo y juego en la que la vida del ciudadano y la vida del artista son más parecidas. A la inversa, también veremos que lo que Rothman denomina el sentido de la privacidad del artista no se limita a gigantes de la imaginación como Virginia Woolf, sino que es de hecho un elemento crucial que insufla nuestros valores ordinarios e intuiciones morales sobre la importancia de la privacidad en la vida humana.

Este relato puede resultar inoportuno en la era de la información, pero no es en absoluto novedoso. La sensación de que la privacidad se opone fundamentalmente a la información ha animado el discurso moral público sobre el tema desde los comienzos. De hecho, la historia de la defensa de la privacidad hasta las últimas décadas

---

[14] Joshua ROTHMAN, "Virginia Woolf's Idea of Privacy", *New Yorker*, 9 de julio de 2014.

revela una preocupación tan constante por la incursión de la información en los ámbitos no articulados de la experiencia humana que deberíamos considerar que la era de la información y la era de la ansiedad por la privacidad aproximadamente coexisten. Es muy significativo que el periodo en el que la vida humana empezó a documentarse cada vez con más detalle y en mayor cantidad —aproximadamente a mediados del siglo XIX, cuando la fotografía, los periódicos y otros medios de comunicación de masas, la biometría de Bertillon y muchos otros avances afines aparecieron en escena con creciente rapidez— fuera también el periodo en el que empezaron a aparecer artículos con títulos como "Is There Any Privacy?" ("¿Existe la privacidad?"[15]). El lamento por la inminente desaparición de la privacidad es un estribillo constante y una marca distintiva de la larga era de la información que se extiende desde el siglo XIX hasta nuestros días, rebosante de escritores que proclaman sin aliento «el fin de la privacidad» a manos de la última innovación técnica[16]. Lo

---

[15] "Is There Any Privacy?", *Hartford Daily Courant*, 3 de octubre de 1874; "The Decay of Privacy", *Boston Daily Globe*, 19 de enero de 1922; 'Is the End of Privacy Coming to Human Kind?", *Boston Daily Globe*, 30 de septiembre de 1928. La historia de este lamento se analiza en los capítulos 1 y 3.

[16] Por diversas razones, los estudiosos también tienden a periodizar la era de la información con el desarrollo de los ordenadores o internet y la apertura del ciberespacio. Véase, por ejemplo, Yoneji MASUDA, "Image of the Future Information Society", en Frank WEBSTER *et al.* (eds.), *The Information Society Reader*, Londres: Routledge, 2004, pp- 15-20; y Ester DYSON, George GILDER, George KEYWORTH y Alvin TOFFLER, "Cyberspace and the American Dream", en *The Information Society Reader*, pp. 31-42. No quiero entrar en estos debates,

que es viejo vuelve a ser nuevo, y lo que es nuevo, viejo. Esto no quiere decir que las amenazas contemporáneas a la privacidad no sean serias, todo lo contrario, sino que debemos tener cuidado de no ignorar el contexto en el que aparecen, ya que si lo hacemos corremos el riesgo de malinterpretar la naturaleza de la amenaza y privarnos de ideas que cuentan con una larga tradición de pensamiento sobre el tema.

Aunque muchas tecnologías de la era digital plantean nuevos retos éticos y políticos —la conectividad móvil e internet son dos de ellos, analizados en los capítulos 3 y 4, respectivamente—, los marcos morales básicos para comprender los peligros de la información se remontan al siglo XIX. Sus preocupaciones eran, en gran medida, las nuestras, de modo que al abandonar su postura crítica ante la existencia de la información en los asuntos humanos estamos menos preparados para comprenderlas y afrontarlas en nuestro tiempo. De hecho, cuando

---

que a menudo se centran en la organización económica primaria de una sociedad y que, como han argumentado David Edgerton, Theodore Roszack, Kevin Robins, Frank Webster y otros historiadores de la ciencia, pueden resultar erróneos y engañosos. Todas las periodizaciones históricas son, en el mejor de los casos, heurísticas aproximadas; en el peor, ideológicas y engañosas. De modo que ofrezco mi visión aproximada de la «era de la información» como una forma de delimitar el enorme aumento de la documentación de la vida ordinaria que se extiende desde la segunda mitad del siglo XIX hasta el siglo XXI, con el fin de mostrar que la defensa de los derechos e intereses de la privacidad, como reacción a ese aumento, coexiste prácticamente con ese período. Para una buena panorámica de las periodizaciones de la «era de la información» y sus críticas, véase *The Information Society Reader*, Londres: Routledge, 2004.

situamos nuestro momento contemporáneo en un contexto histórico más amplio, y cuando abandonamos el miope presentismo de la industria tecnológica (cuyo incesante eslogan de «innovación» y «tecnologías revolucionarias» refleja más los imperativos del mercado que cualquier realidad histórica), vemos que la amenaza más novedosa de nuestro tiempo podría no ser ninguna pieza concreta de tecnología, sino la aceptación generalizada de la ideología de la información[17].

El lenguaje moral de la privacidad ha sido el lenguaje común de los ciudadanos de los siglos XIX, XX y XXI para expresar sus ansiedades sobre la economía política de la información y sus incursiones en las regiones no articuladas de la experiencia humana. Por esta razón, la invocación de la privacidad frente a estas preocupaciones con frecuencia se extiende más allá de lo que es reconociblemente privado a situaciones en las que se puede decir que la información se divulga con consentimiento o se obtiene de la esfera pública, como ocurre, por ejemplo, con las fotografías tomadas en público, el periodismo en el centro de los debates sobre el derecho al olvido y la preocupación por ser vigilado, rastreado y sometido a la tecnología de reconocimiento facial. Esta ampliación de su concepto plantea un problema para la privacidad, al tiempo que reitera la fuerza de su lenguaje moral. Aunque existe un elemento común intuitivo que reúne estos casos,

---

[17] *The Shock of the Old*, Oxford: Oxford University Press, 2006, de David EDGERTON, ofrece un tónico muy necesario a las constantes afirmaciones de los aspectos revolucionarios y novedosos de nuestro momento actual en la historia de la tecnología.

el lenguaje conceptual de la privacidad no se adapta bien a la continuidad que se da entre ellos, especialmente en lo que se refiere a las dimensiones éticas del conocimiento público.

La historia de la defensa de la privacidad sugiere una forma de dar sentido a estas intuiciones que no requiere insistir en los intereses de la «privacidad en público», cuyo aire de paradoja tiende a socavar tanto la privacidad como cualquier interés asociado que tengamos al salir de casa. En el capítulo 1, por ejemplo, veremos cómo la reacción de los primeros defensores de la privacidad ante la invención de la fotografía expresaba indignación moral y ansiedad por la conversión de la fluidez de la vida cotidiana en la fijeza de la información, sin importar si se estaba en casa o en la calle. En el capítulo 3 también se analizan las quejas sobre la cantidad y la calidad de la publicidad a la que los individuos invitan voluntariamente a entrar en sus vidas, desde la difusión de los periódicos en el siglo xix, y de la radio y la televisión en el xx, hasta la era actual de la conectividad móvil y las redes sociales. El capítulo 4 relata los movimientos iniciados contra la acumulación masiva de información sobre las personas, desde los bancos de datos hasta internet y el derecho al olvido. Entrelazando esta historia con el análisis filosófico, veremos que, aunque es un error pensar que la panoplia de críticas a la información popularmente asociadas a la privacidad se refieren todas realmente a la privacidad como tal, la intuición común que las vincula expresa, no obstante, una verdad: todas están animadas, de un modo u otro, por el valor del olvido.

Sobre el olvido

Hay muchas maneras de no saber algo. Podemos ser ignorantes o abstraernos, estar desconcertados u obcecados, ser obtusos o desconfiados, insensatos, estar confusos, que nos engañen los demás o nosotros mismos. También olvidamos. Nos enfrentamos a misterios y sospechamos que los demás nos ocultan cosas. Muchas cosas de este mundo son difíciles de entender. Hablamos de forma diferente de estas diversas formas de desconocimiento porque son significativamente diferentes. Supongamos, por ejemplo, que no soy consciente de que me está grabando una cámara oculta que usted ha colocado en el nudo de un árbol de un parque público. Desde su punto de vista, mi olvido de la cámara será distinto de si, sabiendo que está ahí, me desconcierta el ver mi cara invertida en el cristal convexo del objetivo, o si sospecho su existencia pero no puedo confirmarla. La experiencia de estos distintos modos de desconocimiento también es diferente para mí. No es lo mismo ser un ignorante voluntario que un ignorante que no es consciente o desconfía, y difiere también si el caso es que exploro lo oculto o me deja perplejo un misterio. Aunque la información que me falta es la misma en todos los casos —es decir, desconozco la existencia de la cámara—, mi experiencia de esa falta no lo es, y esta diferencia afecta a mi relación tanto con el mundo como conmigo mismo. Para mi matrimonio, es importante considerar la parte de la vida de mi mujer a la que no tengo acceso —por ejemplo, los mensajes de texto de su teléfono o lo que piensa en un momento de reflexión— como privada, secreta, oculta para mí o misteriosa. Lo mismo ocurre con la postura que adopto hacia mí mismo, mis pensamientos, mi pasado, mi potencial para ser diferente a como soy.

Si estas formas de no conocer son múltiples, ¿cuánto más variadas deben ser las formas en que nos desconocemos unos a otros y a nosotros mismos? Podemos ser tímidos, ambiguos e irónicos; reticentes, reservados, esquivos e ininteligibles. ¿Quién no lo ha sido alguna vez? Buscamos privacidad, nos ocultamos, nos recluimos en el armario, desaparecemos entre la multitud anónima. Somos olvidados. Podemos, como el hombre invisible de Ralph Ellison, pasar desapercibidos y no ser reconocidos por una sociedad cegada por la ideología y el interés propio:

> Soy invisible, compréndelo, simplemente porque la gente se niega a verme. Como las cabezas sin cuerpo que se ven a veces en los espectáculos circenses, es como si me hubieran rodeado de espejos de cristal duro y deformante. Cuando se acercan a mí, solo ven lo que me rodea, a sí mismos o a productos de su imaginación; lo ven todo y cualquier cosa menos a mí[18].

---

[18] 18. Ralph ELLISON, *Invisible Man*, 2ª ed., Nueva York: Vintage, 1995, p. 3 [*El hombre invisible*, Barcelona: Debolsillo, 2016]. La caracterización que hace Ellison de la ceguera del mundo blanco como resultado de los hábitos perceptivos inculcados en una sociedad racista —«que depende de cómo están construidos sus ojos interiores, esos ojos con los que miran la realidad a través de sus ojos físicos»— anticipa los argumentos del capítulo 1 sobre la revisión fotográfica de la vista. Véase también "White Ignorance" de Charles MILLS en *Black Rights/ White Wrongs*, Oxford: Oxford University Press, 2017, al que también se puede acceder de forma fructífera junto a varios otros enfoques del

Los asistentes habituales a una reunión de Alcohólicos Anónimos se desconocen mutuamente de un modo distinto a como lo hacen los desconocidos de la calle o los asistentes a congresos profesionales y quienes visitan hospitales, que llevan etiquetas con su nombre. Dicen que en un matrimonio no hay secretos; sea cierto o no, es innegable que la vida cotidiana de la pareja más próxima está estructurada de la mañana a la noche por privacidades. Sin embargo, si se estructura el mismo matrimonio sobre una base de una serie de secretos, se desmorona: la confianza se convierte en sospecha, y el respeto por los límites del propio conocimiento deja paso a la aprensión impaciente de la vigilancia.

Este libro parte de la suposición, basada en el uso generalizado y el sentido común, de que este lenguaje maravillosamente polifacético del que disponemos para describir las formas de opacidad refleja una variedad real en los modos de ocultación y oscuridad; que estas diferencias no son solo epistémicas, sino también éticas, políticas y existenciales; y que, como dejan claro los ejemplos anteriores, no identifican principalmente limitaciones naturales (biológicas, ópticas, etcétera) del conocimiento, sino decisiones humanas. No me limito a suponerlo, sino que lo defenderé extensamente, porque la confusión de la privacidad con otras formas de ocultación u opacidad —secreto, anonimato, confianza, escondite— es tan común que resulta prácticamente fundacional en los debates contemporáneos sobre la materia. Es, como mínimo, un escollo importante, aunque, como en el caso de la

tema en Shannon SULLIVAN y Nancy TUANA, *Race and Epistemologies of Ignorance*, Albany: State University of New York Press, 2007.

ideología de la información, el peligro no es meramente conceptual, sino también político y ético.

La realidad de la privacidad, a diferencia de la realidad de los muros físicos o de no ser visto o escuchado, es la realidad de un fenómeno social. Consiste en gran medida en cómo la entendemos y valoramos, y qué prácticas, normas, leyes, etcétera desarrollamos sobre la base de esa comprensión. Como conjunto de prácticas y valores, la privacidad puede verse mermada, corrompida o modificada simplemente por el hecho de que olvidemos o cambiemos nuestra concepción de lo que protegen sus límites y lo que hay más allá de ellos. Si el papel y el valor de la privacidad en nuestras vidas no es el mismo que el del secreto, entonces puede ocurrir que fallemos al establecer la diferencia entre ambos, corriendo con el subsiguiente riesgo de cometer errores cuando tengamos que determinar el alcance adecuado de la privacidad o sopesarlo con otros intereses importantes con los que a veces entrará en conflicto.

Si la privacidad es algo así como un interés o un derecho humano fundamental, mientras que el valor del secreto depende en gran medida de lo que se mantenga en secreto (planes de fiestas sorpresa, información privilegiada), al confundir la diferencia entre ambos nos arriesgamos a restringir un día algo fundamental para el bienestar cuando pensamos que estamos renunciando a algo mucho menos valioso. Esta es la malévola intención de la propagandística afirmación de que «la privacidad solo tiene valor para quienes tienen algo que ocultar». Que un lema tan fatuo haya podido sobrevivir tanto tiempo da fe de nuestra incapacidad para distinguir claramente la privacidad de los secretos, la ocultación y el resto. Nuestra confusa comprensión nos empuja a dar respuestas poco convincentes como «todo el mundo tiene algo que ocultar», en lugar de decir lo que deberíamos decir: «¡Ocultan quienes tienen algo que ocultar!». El secreto tiene sentido cuando hay que guardar secretos. La privacidad es para otra cosa. La idea de que la privacidad sirve para controlar el acceso a la información o a mi persona hace que esta distinción parezca inasequible o incluso impensable.

Considere la diferencia entre privacidad y secreto con este ejemplo. Mi hija de cinco años me dijo que había planeado algo para mi próximo cumpleaños. «¿Qué es?», le pregunté. «Es un secreto», respondió. Me pareció muy bien. Sin embargo, si hubiera dicho: «Eso es privado», me habría sorprendido; tal vez me habría reído y lo habría atribuido a que es una niña que todavía está aprendiendo las reglas de nuestro idioma. La distinción es aún más notable en el abismo que separa la «vida privada» y la «vida secreta» de un amigo, o en la perversidad de llamar «familia privada» a la «familia secreta» de un adúltero. El secreto hace lo que la perspectiva informativa estándar cree que hace la privacidad: protege cierta información, permite a un individuo controlar quién tiene acceso a ella y nos ofrece un lenguaje moral para describir la falta de respeto y la violación de ese control o acceso.

Para que algo sea secreto, debe ser conocido, y aunque el secreto suele adoptar la forma de una información, también hablamos de lugares para pescar secretos o escondites secretos de amantes[19]. En cualquier caso, un

___

[19] Un defensor de la «privacidad informativa» podría aducir que lo que se protege en estos casos es la información, es decir, la información

43

secreto debe ser conocido de forma definitiva e inequívoca por al menos una persona para que sea secreto. Si
me dijese usted a mí, y solo a mí, su receta secreta del
pollo frito, y yo la olvidase o la confundiese, entonces ya
no estaría en posesión de su secreto. Si también usted la
olvidase, entonces ya no habría secreto del que hablar.
Los secretos pueden compartirse, y la forma de compar-
tirlos es que otra persona llegue a conocerlos, también de
forma definitiva y sin ambigüedades. Si solo le cuento la
mitad de mi secreto, o el modo en que lo describo es ambiguo o contradictorio, entonces usted no lo comparte.
Si llega a conocer mi secreto —ya sea porque yo se lo re-
velo o porque usted lo descubre (nótese la relación con la
ocultación y la suposición implícita de que hay algo que
descubrir)—, mi secreto no se destruye, pero entonces

---

sobre la ubicación del sitio de pesca o la ubicación del «nidito de amor».
A lo que yo respondería que precisamente por eso son escondites secretos, y no privados. Sobre los secretos, véase Sissela Bok, *Secrets: On
the Ethics of Concealment and Revelation*, Nueva York: Pantheon, 1983.
Bok es, que yo sepa, la única que analiza la relación entre secretos y privacidad y defiende la importancia de no confundir ambos (en su caso,
para entender el secreto). Sin embargo, diferimos en lo que significa la
privacidad, concretamente en lo que respecta a su relación con la información y su incompatibilidad con la ocultación. De hecho, es suma-
mente curioso que mientras Bok se esfuerza por no vadear la cuestión
del secreto y la privacidad no insista en que hay que distinguirlos de la
ocultación. Por ejemplo, cuando afirma que «la privacidad y el secreto
se solapan siempre que los esfuerzos por ejercer dicho control [es decir,
sobre «lo que uno toma —aunque suene grandilocuente— como su
dominio personal»] se basan en la ocultación» (p. 11). El capítulo 3
defenderá ampliamente la distinción entre privacidad y ocultación,
e insistirá en cuánto importa no olvidarla; la distinción entre secreto y
privacidad es la misma que defiendo a lo largo de todo el libro.

usted «está en el ajo». Este hecho sobre la durabilidad de los secretos es la palanca coercitiva del chantaje y el motor narrativo de muchas películas de suspense: «Si quiere que esto siga siendo un secreto, será mejor que haga lo que le digo». Obviamente, esto es diferente de la privacidad, que no es duradera, sino que se «destruye» o «viola» cuando se vulnera. El mirón de la ventana de su cuarto de baño no puede compartir o «estar en el ajo» respecto a su privacidad del mismo modo que compartiría un secreto suyo si lo descubriera pero no se lo contara a nadie.

Entonces, si la privacidad no protege los secretos, ¿qué es lo que hace? Mi respuesta es que protege, pero también produce olvido. Utilizo el lenguaje del olvido para referirme a una forma de oscuridad que no oculta cierta información, sino que describe un estado de cosas sobre el que no hay información ni conocimiento en un sentido u otro, solo ambigüedad y potencial. Estas cualidades del olvido se destruyen cuando se traducen en información y otras formas de conocimiento que requieren definición y no contradicción. A diferencia del secreto, que en su ocultación debe ser definitivo para ser un secreto, no hay ningún hecho sobre lo que oculta el olvido, no hay forma de decir que es x o no es x. Por eso decir una mentira en respuesta a una pregunta invasiva sobre nuestra vida sexual puede preservar nuestro secreto, pero no nuestra privacidad. Por su propia impenetrabilidad y resistencia al conocimiento, el olvido presta a la agencia individual y a la relación con nosotros mismos, así como a la vida colectiva de la socialidad y la política, un apoyo insustituible para afirmar que la vida, tanto individual como colectiva, tiene profundidad, así como la posibilidad de cambio y sorpresa. Para que el olvido contribuya a la profundidad y el significado de la vida humana, no puede ser simplemente un vacío o una ausencia, como los fríos confines del espacio profundo o el tiempo desconocido anterior al Big Bang, sino que debe poder integrarse y encontrarse en los asuntos humanos ordinarios. Esto es lo que hace la privacidad, por lo que es valiosa y vale la pena defenderla.

Mi uso del concepto de olvido se basa en la raíz del término, que significa lo que se pierde de la memoria, pero también en el estado mental y social de «olvido» como un modo particular de desconocimiento, así como en la connotación de impenetrabilidad del olvido para los poderes humanos de percepción, conocimiento y control. La palabra inglesa (*oblivion*) deriva del latín para olvido (*oblivio*), cuyo prefijo *ob-* (que significa «hacia», «sobre» o «contra») ya indica que, por más que el olvido sea una especie de ausencia, no deja de ser algo a lo que se puede hacer frente, algo que puede constituir una forma de presencia y realidad positiva.

Este sentido original persiste en las palabras romances para referirse al olvido (*olvidar, oublier*), que es a lo que en esas lenguas se dice que tenemos derecho cuando tenemos derecho a anonimizar o borrar información personal en la web. La idea central del olvido mnemotécnico es la de una barrera al conocimiento que no oculta algún fragmento discreto de información o memoria, sino que marca el límite más allá del cual ni siquiera las mayores facultades humanas de percepción y comprensión pueden pasar. El verso de Shakespeare, «the swallowing gulf | Of dark forgetfulness and deep oblivion» («el golfo que engulle | de oscuro olvido y profunda desmemoria»)[20] evoca la otra asociación más común del olvido con los límites de la percepción y el conocimiento: la barrera que erige la muerte. Como en la muerte, lo que se olvida no existe en algún lugar de la mente o más allá de ella, a la espera de ser recordado, sino que se ha ido para siempre. La expresión inglesa «the right to be forgotten» («el derecho a ser olvidado») también se inspira en esta cualidad total de olvido. Ser olvidado significa que el mundo ignora tu existencia.

También decimos de ciertas personas que «se abstraen» para describir una forma particular de relacionarse consigo mismas y con el mundo de los demás. El uso suele ser peyorativo. La persona abstraída es *despistada*, alguien que debería haberse percatado de algo pero no lo ha hecho. Sin embargo, nuestro juicio no siempre es tan negativo. Si no me doy cuenta de lo que me rodea, puede que sea peor para moverme por ese medio, pero también puede que sea muy feliz, esté ensimismado o sumido en mis pensamientos. La cuestión es que el olvido describe una forma particular de no saber: uno no sabe lo que no sabe y, lo que es igual de importante, no sospecha que hay algo desconocido para él, oculto. Este es el tipo de desconocimiento que queremos del mundo en general con respecto a nuestra vida privada: no queremos que la gente se asome y descorra nuestras cortinas cerradas o escuche bajo nuestros aleros, sino que se ocupe de sus propios asuntos sin preocuparse por lo que podamos o no estar ocultando. Esto es lo que queremos decir con

---

[20] SHAKESPEARE, *Ricardo III*, Acto 3, Escena 7, líneas 130-131.

la frase «aparta tu nariz de mis asuntos»: donde apunta la nariz, allí van los ojos y la atención. Cuando respondemos a una pregunta invasiva diciendo «eso es privado», lo que intentamos es mantener el olvido de quien nos la ha hecho, que corremos el riesgo de perder si respondemos a la pregunta ruborizándonos o diciendo «es un secreto». De nuevo, esta es la razón por la que decir una mentira en respuesta a una pregunta invasiva puede preservar el propio secreto pero no la propia privacidad: la mentira crea una información, aunque falsa, donde antes no la había. Un secreto puede sobrevivir a este cambio, pero el olvido no.

Los sentidos pasado y presente del olvido confluyen en la idea, al menos tan antigua como Platón, de que el conocimiento requiere tanto memoria como percepción. Si el olvido es una forma de no-saber, cabe esperar que tenga dimensiones tanto perceptivas como mnemónicas. Ambos sentidos se mezclan históricamente en uno de los usos más antiguos del término para referirse a las leyes de amnistía aprobadas tras un conflicto civil, las llamadas Leyes del Olvido. El Tratado de Westfalia marcó el final de la Guerra de los Treinta Años en 1648 al declarar que «Habrá [...] un Olvido perpetuo [...] de todo lo que se haya cometido desde el comienzo de estos Conflictos [Todo] debe ser enterrado en un eterno Olvido»[21]. Las Leyes del Olvido pretenden poner fin a los ciclos de

---

[21] Véase también el Tratado de Edimburgo (1560): «Todo lo que aquí se haga contra las leyes será descargado, y se establecerá una ley del olvido». Ambas leyes aparecen en Lewis HYDE, *A Primer for Forgetting: Getting Past the Past*, Nueva York: Picador, 2020, p. 69.

represalias violentas al prohibir guardar rencor o, al menos, a los actos que ese rencor acarrea. Pero también prescriben una ética social de olvido deliberado, ya sea en el espíritu de «Todo debe ser enterrado» o mediante la prohibición explícita de hablar y escribir sobre el tema[22].

Es obvio que nadie que viviera treinta años de guerra iba a olvidarse de ella, como tampoco lo hemos hecho nosotros, unos cuatro siglos después. Más bien, las Leyes del Olvido pretenden imponer una norma de comportamiento interpersonal que deja sin articular ciertas cuestiones en los asuntos humanos. Esto es algo que también pretenden los derechos y las normas de privacidad, que no solo nos impiden saber ciertas cosas sobre los demás, sino que también nos exigen que respetemos su privacidad. A veces esto significará no fisgonear o invadir el espacio de alguien, mientras que otras veces significará mantener una actitud de voluntario olvido de la vida de los demás. Esto se expresa en nuestras muestras sociales de respeto a la privacidad: por ejemplo, dar la espalda a alguien que hace sus necesidades en público o que se enfrenta a una situación embarazosa. Lo que reconforta a aquellos a quienes se hace esta demostración de privacidad no tiene nada que ver con la transmisión de información —ellos saben que lo sabemos, por supuesto—, sino más bien con la pantomima del olvido y el mensaje que expresa. No decimos «no se lo contaré a nadie», sino «es como si nunca hubiera ocurrido».

Estoy en mi apartamento, intentando dormir, mientras mis vecinos discuten al otro lado de la pared. O quizá

---

[22] HYDE, *A Primer for Forgetting*, p. 69.

sea otra cosa. No diríamos que he invadido su privacidad simplemente por escucharlos a través de la pared, como haríamos si hubiera colocado un micrófono clandestino debajo de su cama. La cuestión de la invasión física no agota el asunto. Nuestra evaluación cambia si no solo escucho, sino que hago callar a alguien que está hablando, apago la radio, pongo la oreja en la pared. Tal vez encienda un micrófono en mi propia habitación o lleve un diario en el que anote todo lo que oigo al otro lado. No he violado la privacidad de mis vecinos como lo habría hecho accionando el micrófono o haciendo un agujero en la pared, pero tampoco podemos decir que la esté respetando realmente. La diferencia no radica en una acción deliberada: yo también puedo actuar deliberadamente no prestándoles atención o no tomando nota cuando en realidad me gustaría hacerlo. Más bien, ya no respeto la privacidad de mis vecinos, o al menos no tanto como antes, porque he cambiado una actitud de olvido deliberado (aunque imperfecto) por otra de sospecha, curiosidad, recopilación de información y documentación.

Tampoco es raro estar en el otro lado de este tipo de experiencia. Puede que haya conocido a alguien que ha resultado ser más inquisitivo de lo que parecía en un principio. La experiencia típica de dos extraños conociéndose cambia de tono y usted tiene la sensación de que su interlocutora está intentando sonsacarle algo, que tiene algún plan (un plan oculto, no privado). El desconocido ya no le trata como una cualidad desconocida a la que se puede llegar a conocer de la manera convencional y torpe que hacemos cuando somos ajenos a los contornos de la vida de otro, sino como alguien que tiene algo que ocultar. Nos ofendemos y resistimos a este cambio en la relación no porque, de hecho, tengamos algo que ocultar, sino porque sentimos que se nos falta al respeto cuando alguien nos trata como un depósito de información al que hay que llegar en lugar de como un ser humano cuyas profundidades se desconocen y a quien corresponde respetar como tal.

Hay mucho más que decir sobre la privacidad y el olvido, y estoy impaciente por empezar el debate en serio. Permítame, por tanto, hacer un rápido repaso de la estructura de este libro y de sus argumentos.

El capítulo 1 comienza con una prospección de los orígenes de la privacidad moderna allá donde se produjo su primer pánico moral a gran escala, la reacción a la rápida adopción popular de la fotografía instantánea. Esto, a su vez, nos ayudará a ver y luego a responder una pregunta teórica que ha estado oculta a plena vista: ¿en qué sentido son realmente invasivas las invasiones de la privacidad? El discurso moral popular caracteriza muchas cosas como invasiones de la privacidad: cuando alguien saca una foto a través de la ventana de un dormitorio, cuando el gobierno despliega vigilancia por reconocimiento facial en un acontecimiento deportivo público y cuando las compañías de seguros vigilan nuestro comportamiento para ajustar sus tarifas, por poner solo algunos ejemplos[23]. Para

---

[23] Véase, por ejemplo, Jake PEARSON, "NYers Furious over Photos Taken through Windows", *Associated Press*, 17 de mayo de 2013; J. RENWICK, "Foster v. Svenson", n.º 2015 *NY Slip Op 03068* [128 AD3d 150] (New York Appellate Division, First Department 1 de julio de 2015); "France: Intrusive Olympics Surveillance Technologies

responder a esta pregunta, nos remontaremos al momento en que dimos forma a nuestras ideas sobre la privacidad y el derecho a la privacidad en la segunda mitad del siglo XIX. Nuestro enfoque será tanto histórico como filosófico, y nos adentraremos en él a través de un enigma: ¿cómo podía la cámara invadir la privacidad de una persona cuando el ojo desnudo no lo hacía? Comprender la lógica de esta invasión arroja luz sobre los orígenes de la privacidad moderna como reacción a una perturbación tecnológica en las prácticas de conocimiento de los demás y de nosotros mismos, y por tanto ofrece una visión de perturbaciones análogas en el siglo XXI. La idea original de que la invasión de la privacidad es posible tanto en casa como en la calle ofrece herramientas para entender nuestro propio tiempo, cuando nuestras intuiciones morales sobre la invasión se enfrentan al ámbito aparentemente público en el que tienen lugar, ya sea en las redes sociales, la vigilancia por circuito cerrado de televisión o el reconocimiento facial y el seguimiento por GPS.

El capítulo 2 comienza con un ejemplo extraído del libro de Gay Talese *El motel del voyeur*, que cuenta la historia de un hombre llamado Gerald Foos que compró un motel solo para poder espiar a sus ocupantes[24]. Foos vigiló a sus huéspedes durante décadas sin que nadie se enterara. La historia de Talese plantea un desafío a las ideas comunes sobre la privacidad, porque parece claro que las

---

Could Usher in a Dystopian Future", *Amnistía Internacional*, 20 de marzo de 2023; Pete GRIEVE, "To Save Money on Insurance, Drivers Are Agreeing to 'Incredibly Intrusive' Monitoring Technology", *Money* (consultado el 30 de julio de 2023).

[24] Gay TALESE, *The Voyeur's Motel*, Nueva York: Grove Press, 2016, p. 26.

víctimas del espionaje de Foos nunca sufrieron ningún efecto material o psicológico por la violación de su privacidad. ¿Debemos entender entonces las acciones de Foos como una pequeña fechoría inofensiva, de la que no hay más que un pequeño paso hacia el principio anglosajón «no harm, no foul» («sin daño no hay falta»)? Desafíos similares reaparecen con riesgos acrecentados cada vez que nos enteramos de algún programa de vigilancia estatal o corporativa que recopiló información sobre nosotros sin nuestro conocimiento pero nunca la utilizó.

La intuición común de que es malo para nosotros que violen nuestra privacidad independientemente de las consecuencias que se deriven (¡incluso buenas!) es un signo de que, en gran medida, pensamos que es malo que violen nuestra privacidad por más que nunca nos enteremos de ello. Este capítulo, así como los capítulos 4 y 5, dan argumentos para pensar que tenemos razón en esto. Cuando Foos monta la mirilla, no obtiene necesariamente ninguna información nueva sobre sus víctimas. Sin embargo, les priva de algo que habrían tenido de no ser por su espionaje: una especie de olvido generalizado que razonablemente esperamos que nos proporcionen las cuatro paredes de una habitación de hotel. Una de las razones por las que nos interesa ese olvido es que nos permite no tener que rendir cuentas durante algunos períodos de tiempo, lo que es importante para la responsabilidad de la agencia, pero también para el bienestar humano en general. La privacidad es valiosa, como veremos, por el papel que desempeña en la construcción de la identidad personal y el autoconocimiento, pero también por el apoyo que proporciona a formas significativas de relación con

53

uno mismo que van más allá de los límites del autoconocimiento, el autocontrol y la identidad personal.

En el capítulo 3, desmontaremos la idea de que la privacidad es para quienes tienen algo que ocultar, explorando el abismo epistémico, normativo y existencial que separa la ocultación de la privacidad. Tras los atentados terroristas del 11 de septiembre de 2001 —como en tantos otros casos de emergencia y excepción—, a muchos les costó responder a la pregunta de por qué deberíamos insistir en la privacidad si no tenemos nada que ocultar. Responder diciendo «no tengo nada que ocultar» es a la vez exponerse e invitar a la vigilancia. Otros sugirieron que todo el mundo tiene *algo* que ocultar, que no hay armario sin su cadáver[25]. Puede que sea cierto, pero es una respuesta débil que capitula ante la mala fe coercitiva de la propaganda. La privacidad, como ya hemos advertido, sirve para algo distinto de lo que sirve la ocultación. Este capítulo sugiere una respuesta mejor utilizando las diferencias conceptuales, normativas y fenomenológicas entre ocultación y privacidad para extraer conclusiones sobre la privacidad y el valor del olvido. Estas distinciones forman parte de mi crítica a los puntos de vista de la «privacidad informativa», al argumentar que esos puntos de vista son, en su mayoría, argumentos a favor del secreto y la confidencialidad, no de la privacidad[26]. Al igual

---

[25] Por ejemplo, Thomas NAGEL, "Concealment and Exposure", en *Concealment and Exposure: And Other Essays*, Oxford: Oxford University Press, 2002, pp. 3-26.

[26] La confidencialidad se refiere a la comunicación de secretos. La descripción de la información confidencial como «privilegiada» se refiere a que existe un cierto acuerdo para el conocimiento del secreto que

que ocurre con la ocultación, el secreto y la privacidad tienen ciertas exclusividades mutuas a nivel conceptual, normativo y fenomenológico. De ello se desprende que el valor de la privacidad debe tener que ver con algo más que el mero hecho de mantenerse a uno mismo, un objeto o una información lejos de los demás, ya sea un único buscador o el mundo en general.

La comparación de la privacidad con la ocultación revela que la privacidad también tiene dimensiones experienciales o psicológicas. Mientras que la experiencia de ocultarse implica, entre otras cosas, una fijación en el mundo más allá de las barreras de la propia ocultación, la privacidad debe caracterizarse por la ausencia de esta condición. La afirmación de que la privacidad carece de

---

incluye a unos pero excluye a otros. Por lo tanto, es obvio que la confidencialidad requiere al menos dos partes. Esto también se debe a que la confidencialidad describe una relación de confianza (o al menos de dependencia), en algunos casos basada en el bien de una de las partes (por ejemplo, con la información médica), en otros justificada por consideraciones utilitaristas sobre la maximización de los beneficios sistémicos y la minimización de los perjuicios (por ejemplo, la confidencialidad entre abogado y cliente). Aunque hoy en día la confidencialidad suele entenderse en términos cuasicontractuales, tiene su base en la idea de que la confidencialidad da a uno la confianza (un sentimiento) de que su información no será compartida. Necesitamos leyes de confidencialidad o códigos deontológicos porque no conocemos a estas personas lo suficiente como para confiar en ellas. Uno comparte un secreto *en confianza*; uno comparte su información médica con un nuevo proveedor en la confianza de que no la revelará a nadie sin su permiso. Esta es la relación entre confidencialidad y el uso más antiguo de la palabra *confianza* para indicar algo así como seguridad de confianza: uno *confía* en alguien (un *confidente*) que inspira confianza en que su secreto estará a salvo con él.

la orientación psicológica de estar atado al mundo más allá de la propia ocultación arroja luz sobre una oscura ironía de la era de la información: que aunque estamos más conectados entre nosotros que nunca, también nos sentimos más solos, más aislados socialmente y alienados. La distinción entre las dimensiones experienciales de la ocultación y la privacidad explica la causa. Ocultarse es la experiencia aislante por excelencia, y en la medida en que la vida en privado empieza a parecerse a ocultarse, deberíamos esperar que los antiguos efectos saludables de la privacidad cedieran el paso a los efectos aislantes y alienantes de la ocultación.

Después de quedarse ciego, el gran escritor Jorge Luis Borges dijo a un entrevistador: «Hay que recordar y hay que olvidar. Hay que apostar por una mezcla de los dos elementos, ¿no?, la memoria y el olvido. A eso lo llamamos imaginación»[27]. Debemos imaginar la clase de valor que se requiere para que un hombre cuya única conexión con el reino visual reside en la memoria —que, como dijo en su momento, «vive en la memoria»— tenga al olvido en igual estima que a la memoria, y no piense con tristeza que con cada recuerdo desaparecido su mundo, su yo y su conexión con ellos se hacen mucho más pequeños y empobrecidos. En el capítulo 4, nos tomaremos la afirmación de Borges tan en serio como su convicción requiere, y lo haremos por una vía que seguramente habría complacido a un autor que tan profunda y sistemáticamente perturbó la línea que separa la realidad de la ficción. En

---

[27] Willis BARNSTONE y Jorge Luis BORGES, "Thirteen Questions: A Dialogue with Jorge Luis Borges", *Chicago Review* (Invierno 1980), p. 16.

las últimas décadas, científicos, filósofos, juristas, teólogos y prácticamente cualquier otra persona que escriba sobre el valor del olvido ha tomado como piedra de toque un pequeño relato que Borges publicó por primera vez en un periódico argentino en 1942. Casi inevitablemente, estos escritores tratan el cuento de Borges como si fuera un estudio de caso sobre los límites biocognitivos de la memoria, y no una fábula trágica sobre un joven maldecido por el don de percibirlo y recordarlo todo. Al convertirse en un lugar común, este error de interpretación ofrece una perspectiva extremadamente reveladora sobre el valor de la memoria y el olvido en nuestro tiempo.

Este capítulo amplía los argumentos de los anteriores abordando el valor del olvido desde la perspectiva de la memoria y la historia. Consideraremos la importancia del olvido para el bienestar individual para, a continuación, centrarnos en los recientes debates sobre el derecho al olvido. El derecho al olvido se describe a menudo como un derecho a la privacidad, lo cual no deja de resultar curioso, ya que sus facultades solo se aplican a la información que ya es de acceso público en internet. Sin embargo, ambos derechos comparten una preocupación por aquellos aspectos de la agencia y el bienestar humanos que se oponen a que la información quede fijada. Mientras que el olvido que es propio de la privacidad permite a los individuos separarse de sí mismos en el momento presente, el derecho al olvido les permite cortar los lazos que conectan su presente con su pasado. Por último, analizaremos la eterna preocupación por la privacidad en relación con la creciente documentación de la vida humana, lo que hoy llamaríamos «datificación», pero que ha sido una preocupación constante del discurso moral público sobre la privacidad desde la creación de este valor. Las tres perspectivas confirman lo que se afirma en los capítulos anteriores: que los límites de lo que puede saberse de uno mismo y de los demás, y la presencia fehaciente del olvido en una sociedad, desempeñan un papel vital en la vida humana, ya se trate del pasado, del presente o del futuro.

El capítulo 5 reúne las distintas líneas argumentales para ampliar nuestra visión de los bienes individuales y públicos del olvido. Comenzamos con un desafío de Hannah Arendt. En varias de sus obras publicadas y en su correspondencia, Arendt describe el olvido que es propio de la privacidad como una especie de muerte social para quienes están confinados en ella, pero también como una condición necesaria para la plenitud de los individuos y del propio ámbito público. ¿Cómo es posible? Este capítulo aborda la afirmación de Arendt y luego va más allá para argumentar que el olvido —ya sea producido por la privacidad, el olvido social o las ideas sobre uno mismo— es una condición necesaria para que nuestras vidas, relaciones y proyectos colectivos tengan profundidad, significado y una capacidad inagotable de cambio y renovación.

Los límites del autoconocimiento son responsables de la sensación de que hay más en nuestras vidas de lo que parece, lo que a su vez constituye la base de la creencia de que, como seres humanos, tenemos recursos internos a los que recurrir en respuesta a nuevos retos o al deseo de cambiar nuestras vidas y ser diferentes de cómo somos o una vez fuimos. No es esta una afirmación metafísica sobre el yo, sino sobre el cultivo social de una determinada idea de la persona y, por tanto, de la producción de individuos de un tipo y no de otro, con capacidades y perspectivas distintas de prosperar. Estos recursos y profundidades interiores dependen de que entendamos que la persona humana es, en cierto nivel, impenetrable al conocimiento y que lo que se oculta tras esa barrera, como ocurre con la privacidad, no son secretos ni información, sino olvido.

Lo mismo ocurre con el mundo público de la vida colectiva. El olvido, como la privacidad, conlleva beneficios públicos. La privacidad, el olvido y otras formas de reproducción social del olvido son responsables de que una vida humana —como un poema, una película o un cuadro— pueda calificarse de profunda y no de superficial. El olvido, por oposición al secreto o la ocultación, también es esencial para cultivar la confianza, tanto en los demás como en uno mismo, y la sensación de que uno es digno de confianza y, por tanto, merecedor de respeto y estima. La vida pública y la acción política también dependen de un trasfondo de olvido para que se desplieguen sus cualidades vitales de significado, posibilidad y natalidad. De hecho, nuestra sensación de que la vida tiene sentido —es decir, que nuestras vidas no son solo nuestras, sino que merece la pena vivirlas— depende de la reproducción del olvido en nuestras sociedades y en nosotros mismos, sobre todo a través de la privacidad, pero también por otros medios. El cultivo social del olvido contribuye a la sensación de que nosotros, como individuos, y las vidas que vivimos juntos contenemos profundidades insondables que no pueden ser invocadas o a las que no se puede acceder a voluntad y, por lo tanto, que en cierto nivel somos fundamentalmente resistentes a que se nos instrumentalice. Lo que no puede conocerse, recordarse o predecirse exhaustivamente no puede controlarse por completo. De este modo y de otros, la presencia del olvido en nuestras vidas confiere a nuestras relaciones con nosotros mismos y con los demás la cualidad de inagotables en un mundo que con demasiada frecuencia resulta agotador. Debemos cultivar y proteger espacios para el olvido en nosotros mismos, en nuestras relaciones y en nuestro entorno social si queremos hacer del mundo un lugar humano que merezca la pena habitar.

1.
LA FOTOGRAFÍA Y LA INVENCIÓN
DE LA PRIVACIDAD

VEMOS A UNA MUJER a través de la ventana de su dormitorio. Está sentada de espaldas a nosotros en una mecedora. En su regazo sostiene un oso de peluche de gran tamaño, de los que se ganan en las ferias o se compran en los aeropuertos: demasiado grande para ser la compañía constante de un niño, más bien una extravagancia culpable o cariñosa de un padre que se ausenta con demasiada frecuencia. Aunque no podemos ver la cara de la mujer, está claro que ya ha pasado la etapa de la vida en la que normalmente habría buscado la compañía de animales de peluche. La cara del oso, sin embargo, es visible para nosotros: sus ojos parecen buscar los de la mujer que, por su parte, mira a lo lejos, por encima de nosotros y hacia la puerta abierta en el otro extremo de su habitación. Por la hendidura en la que su pulgar presiona el suave pelaje del vientre del oso, por los músculos tensos y las venas levantadas del dorso de su mano, podemos ver que lo está apretando con inusitada fuerza.

Vemos a otras personas a través de otras ventanas. Las vemos mientras duermen la siesta o montan muebles. Una pierna. Una mujer en cuclillas. Caras con los ojos oscurecidos por un marco de acero. La espalda de una mujer vestida con ropa de hacer ejercicio aplastada entre la ventana y un árbol de Navidad.

Vemos a estas personas en —pero también a través de— una serie de fotografías tomadas por el artista Arne Svenson desde la ventana de su apartamento en el bajo Manhattan. Durante varios años y con la ayuda de un teleobjetivo, Svenson fotografió a los residentes del rascacielos acristalado de enfrente sin que ellos lo supieran. Es posible que los vecinos nunca hubieran sabido que estas fotos existían si Svenson no las hubiera expuesto en una galería cercana en 2015[1]. La exposición recibió atención en la prensa y le valió a Svenson un perfil en la revista *The New Yorker;* en parte, para ser justos, porque las fotos en sí son bastante atractivas. Muestran un astuto sentido de la forma y la proporción; la estricta geometría de las ventanas del edificio logra una sorprendente y casi conmovedora armonía con la discreta despreocupación de las figuras humanas que enmarcan. Hay un sentido del humor en las imágenes que roza el atrevimiento de un escolar. Pero la verdad es que Svenson podría haber conseguido estos efectos igual de bien o mejor si las imágenes se hubieran montado. Su verdadero atractivo tiene que ver con la franqueza de sus sujetos (un cliché que

---

[1] Materiales de la galería Svenson, citados en J. Renwick, "Foster v. Svenson", n.º 2015 *NY Slip Op* 03068 [128 AD3d 150] (New York Appellate Division, First Department, 1 de julio de 2015).

comprenderemos mejor dentro de un momento) y cómo invitan al espectador a transitar traviesamente la línea moral que separa una invasión de la privacidad de una mirada inocente. En el catálogo de la exposición, Svenson se protege contra el reproche moral con un lenguaje estándar del mundo del arte sobre la captación de universales humanos en lo cotidiano, que solo atestigua lo obvio que es que gran parte del poder de sus imágenes deriva de la excitante sensación de tabú y misterio que se deriva de asomarse a las profundidades ocultas de las vidas de otras personas reales y concretas.

Imagen 1.1. "Los vecinos, n.º 13", de Arne Svenson. Cortesía de Arne Svenson y Robert Klein Gallery.

Por su parte, los sujetos que fotografió Svenson encontraron poco divertidas o profundas las imágenes. Tampoco percibieron ninguna ambigüedad moral en lo que había hecho. Incluso en Nueva York —donde, como en cualquier entorno urbano denso, los límites del hogar privado son bastante permeables, y es habitual escuchar a los vecinos a través de las paredes y ver por sus ventanas sin que parezca que se invade su privacidad—, los vecinos se mostraron unánimes: Svenson se había pasado de la raya. Svenson trató de exculparse haciendo una analogía con las expectativas de privacidad de los habitantes de la ciudad: «Para mis sujetos, no hay privacidad». El argumento de Svenson es el siguiente: aparecer en una ventana abierta cuando uno podría haber cerrado las persianas equivale a aparecer en la vía pública; uno consiente en ser visto al aparecer en la calle; el consentimiento para ser visto implica el consentimiento para ser fotografiado; por lo tanto, quienes dejan sus ventanas al descubierto consienten tácitamente en que se les fotografíe. Los vecinos no le compraron el argumento. «Creo que se entiende que cuando vives aquí con ventanas de cristal, habrá ojos que deambulen», dijo uno de ellos. «Pero la sensación es distinta cuando alguien lleva una cámara»[2].

Dos de los vecinos demandaron a Svenson para impedir la exhibición de las fotografías alegando, entre otras cosas, que había invadido su privacidad. Y aunque en apelación el tribunal consideró que la ley estaba de parte de Svenson (basándose en que sus fotografías eran obras de arte cuya exhibición está protegida por la Primera Enmienda), también dejó claro que pensaba que Svenson

---

[2] Jake PEARSON, "NYers Furious over Photos Taken through Windows", *Associated Press*, 17 de mayo de 2013.

se había equivocado y que los vecinos habían sufrido un daño moral y una invasión de su privacidad. El tribunal sostuvo que las fotografías de Svenson constituían una «invasión tecnológica del hogar» y lamentó que, aunque «muchas personas se sentirían legítimamente ofendidas por la forma intrusiva en que se tomaron las fotografías», la legislación de Nueva York era incapaz de reivindicar esta invasión o proteger contra las «mayores amenazas a la privacidad que plantean las nuevas tecnologías, cada vez más invasivas»[3].

Al describir las fotografías como «intrusivas» y decir literalmente que constituían una «invasión del hogar», el tribunal, al igual que los propios vecinos, expresó una de nuestras ideas más comunes sobre la privacidad. También resulta ser uno de los enigmas más reveladores de la privacidad, que parece haber eludido en gran medida la atención ocultándose, como la carta robada del cuento de Poe, a plena vista. El hecho es que Svenson no invadió las casas de sus vecinos de enfrente. Como el personaje de James Stewart en *La ventana indiscreta*, Svenson nunca salía de su apartamento, limitándose a captar la luz que salía por las ventanas de sus retratados hacia el mundo exterior.

El sentido común dicta que fotografiar a alguien a través de su ventana —aunque también en la calle y, como veremos, incluso mientras actúa en el escenario— es *intrusivo* o *invasivo*; a un tiempo, la idea resulta profundamente extraña. Este lenguaje persiste porque expresa algo acerca de cómo se siente uno al ser visto en tales

---

[3] "Foster v. Svenson" (2015).

circunstancias. Si miro hacia afuera por la ventana y veo a alguien mirando hacia dentro de mi casa (obsérvense las preposiciones) o haciendo una fotografía, lo siento realmente como una invasión: la barrera entre nosotros desaparece en un instante y el mirón o el fotógrafo está dentro de mi casa, de mi espacio privado. Y no solo dentro, sino tan cerca que de algún modo puede tocarme. Se ha cruzado una frontera que no es meramente moral, sino también psico-espacial, que tiene que ver con la zona delimitada de la privacidad. La sensación de que una mirada o el objetivo de una cámara se adentran en el espacio privado también refleja una experiencia vivida de la visión en la que nuestra vista viaja hacia el mundo. Esta es la forma natural o ingenua en que experimentamos la vista, a pesar de que hoy sabemos perfectamente que todo lo que vemos llega a nuestros ojos en forma de rayos de luz[4]. Miramos dentro de (*into*, en inglés) asuntos, cajas, ojos. Observamos la acción *de cerca desde la distancia (closely from distance)*. Vemos a través de prismáticos, gafas, árboles, mentiras. Las miradas penetran, los ojos sondean y las miradas se sienten sobre la piel. «La presión de sus miradas en mi espalda», «sus ojos posados sobre mí», «¡dirige tus ojos hacia tu propio papel!».

---

[4] Tómese un momento para mirar a su alrededor mientras mantiene en su mente el pensamiento de que todo lo que ve es el resultado de la luz que se desprende del mundo y entra en sus ojos. Ahora intente mantener esa conciencia durante un solo día. Uno o dos minutos son suficientes para que uno sienta vértigo, tan extraño es el mundo que entra en el campo de visión de uno cuando lo compara con el mundo al que sale nuestra mirada.

Si queremos entender esta forma de pensar y su conexión con la privacidad, primero debemos pararnos a apreciar lo extraña que resulta. Porque, según el Tribunal de Apelación del Estado de Nueva York, Svenson nunca entró realmente en los apartamentos de sus vecinos. Desde el punto de vista físico, ni se entromete ni invade, sino que se limita a captar la luz que entra por una ventana descubierta. Si *realmente* invadiera las casas de sus vecinos, lo llamaríamos allanamiento de morada, no violación de la privacidad (a los ladrones, por ejemplo, nunca se les acusa de invadir la privacidad de sus víctimas aparte de romper sus cerraduras y robar sus cosas). Además, no es en absoluto obvio por qué el hecho de que Svenson fotografiara a sus vecinos a través de sus ventanas constituiría una invasión cuando, según las costumbres de la vida urbana e incluso de los propios vecinos, el simple hecho de mirar no lo sería. La diferencia no puede estar en que las fotografías de Svenson revelaran algún secreto o en que utilizara una herramienta inusualmente potente para captarlos, algo más parecido a una radiografía que a una cámara instantánea. Lo que veía a través de su objetivo no solo era anodino, sino también visible a simple vista o con unos prismáticos desde el salón de su casa o desde la concurrida calle de abajo. De todos modos, la queja de los vecinos no tiene nada que ver con el tipo de equipo que utilizó; sus objeciones no desaparecerían si hubiera tomado las mismas fotos desde justo delante de sus ventanas con un objetivo menos potente.

El enigma del ojo que invade, tal como he empezado a esbozarlo, es más que un mero truco del lenguaje o el legado de una metáfora muerta. Llega al corazón mismo del valor moderno de la privacidad. Para ver de qué manera, volveremos al periodo en el que la concepción moderna de la privacidad tomó forma por primera vez, en la segunda mitad del siglo XIX, cuando la invención y rápida difusión de la fotografía cambiaron el modo en que los seres humanos llegaron a conocerse unos a otros, a sí mismos y al mundo. Fue entonces cuando nació el sentido moderno de la invasión perceptiva de la privacidad propiamente dicho; las ideas y preocupaciones de aquella época siguen siendo las nuestras en gran medida. Cuando el tribunal de Svenson instó a la legislatura del Estado de Nueva York a revisar las leyes de privacidad para responder a «estos tiempos de mayores amenazas a la privacidad planteadas por tecnologías nuevas y cada vez más invasivas», estaba invocando un tropo que es a la vez perenne y original de la idea moderna de privacidad. Por ejemplo, el texto fundacional del derecho a la privacidad, "The Right to Privacy" ("El derecho a la privacidad") de Samuel Warren y Louis Brandeis de 1890, decía básicamente lo mismo sobre la misma tecnología: Las fotografías instantáneas y los periódicos han invadido los recintos sagrados de la vida privada y doméstica, y numerosos dispositivos mecánicos amenazan con hacer realidad la predicción de que «lo que se susurra en el armario se proclamará desde las azoteas»[5]. Aunque el sentido común sobre el valor de la privacidad puede haber cambiado en el siglo que nos separa de sus primeros

---

[5] WARREN y BRANDEIS, "The Right to Privacy", *Harvard Law Review* 4, n.º 5 (15 de diciembre de 1890), p. 195.

defensores, la comprensión de las amenazas a las que se enfrenta ha sido sorprendentemente coherente. Así pues, la historia de los primeros defensores de la privacidad ofrece un espejo extraño pero del todo revelador en el que podemos ver nuestras propias ideas sobre el valor y los retos de la privacidad con nuevos ojos.

El punto de origen de la privacidad moderna no solo sigue la estela de las preocupaciones contemporáneas sobre la ocultación y la exposición. Visto desde el presente, también aparece como un lugar de oportunidades perdidas. Quienes vivieron la introducción de la fotografía en la vida social defendieron, entre otras cosas, un valor de la privacidad que no caducaba en el momento en que uno entraba en público o abría las cortinas de su estancia. Como veremos, defendían una visión de la privacidad preocupada por proteger ámbitos de potencialidad no articulada tanto en los individuos como en la sociedad en general, y no en primera instancia por la importancia de guardar secretos o mantener una cara pública respetable. Esta visión no solo es relevante y clarificadora en cuanto a las preocupaciones actuales sobre la privacidad, sino que, al no ignorar la cuestión moral y social sobre la mera existencia de información en los asuntos humanos, nos presenta una alternativa más poderosa para defender la vida privada en la era de los Big Data, la influencia algorítmica y el «internet de las cosas» (IoT). Afortunadamente, esta visión de la privacidad no se ha perdido del todo; todavía anima gran parte de nuestro pensamiento moral sobre la privacidad y sustenta en buena medida el sentido de la vida humana. Sigue ahí, acechando en el rompecabezas de la invasión fotográfica de la privacidad.

LA DEMANDA MODERNA

La era victoriana fue la primera en presenciar una ansiedad social a gran escala sobre la privacidad. Su pánico moral se parece a los muchos que le sucedieron —incluido el nuestro— en que los victorianos también estaban convencidos de que la privacidad estaba bajo una amenaza nueva y sin precedentes en su época. Sin embargo, a diferencia de nosotros, también pensaban que la privacidad en sí misma era nueva, una reacción eminentemente moderna a las convulsiones de su mundo social. Los escritores sobre el tema se veían constantemente obligados a señalar que «la privacidad es un asunto claramente moderno» y que el derecho a protegerla era una de las «nuevas demandas de la sociedad»[6]. Esta insistencia generalizada en la novedad de la privacidad es sorprendente a la luz de la existencia transcultural y de larga data de normas en torno a la ocultación y la exposición. Sin duda, los primeros defensores de la importancia de la privacidad y del derecho a la privacidad no suponían que la suya fuera la primera generación de la historia que concedía importancia moral a la ocultación de ciertos aspectos de la vida humana. Su insistencia en la novedad de la privacidad pretendía más bien afirmar una ruptura con las ideas normativas sobre la ocultación que habían heredado y distinguir el interés moderno por la privacidad de otros intereses relacionados más antiguos, como los de la propiedad, los secretos, la confianza y el anonimato.

---

[6] GODKIN, "The Rights of the Citizen: IV—To His Own Reputation", *The Nation*, 25 de diciembre de 1890, pp. 496-497; WARREN y BRANDEIS, "The Right to Privacy", p. 193.

Es fácil pasar por alto la novedad de la visión moderna, a pesar de las constantes declaraciones de sus primeros defensores. El concepto de *lo privado*, es decir, lo que no pertenece al Estado o al bien común, ha sido moneda corriente desde tiempos de la *res publica* romana, cuya distinción jurídica entre lo que era *publicus* (perteneciente al Estado, a la colectividad y al bien común) y *privatus* (perteneciente únicamente al individuo) cobró nueva vida en la era moderna con el auge de la filosofía política liberal y la economía política. Del mismo modo, el uso en inglés del modismo adyacente anglosajón «privy» para referirse a lugares ocultos, secretos o aislados (normalmente un retrete) y a tipos de conocimiento análogos, como los secretos (a los que se puede tener acceso), data más o menos de los primeros días del lenguaje[7]. Y aunque es importante señalar el uso deliberado del sustantivo relativamente nuevo de «privacy» para distinguir el concepto de los adjetivos más antiguos «private» y «privy», el uso normativo de «privacy» en inglés se remonta al menos a la década de 1740. De hecho, antes de mediados del siglo xix, la privacidad se utilizaba para referirse a varios intereses cercanos a la idea moderna, como la no divulgación de escritos no publicados y los límites físicos de la propiedad inmobiliaria. Por ejemplo, en 1814 un tribunal inglés sostuvo que aunque un «demandado podría no oponerse a que una pequeña ventana mirara a su patio, una ventana más grande podría ser muy inconveniente para él, al perturbar su privacidad y permitir que la gente entrara

---

[7] Véase la entrada del *Oxford English Dictionary* sobre «privy», un verdadero tesoro escondido.

en su propiedad»[8]. La cuestión aquí era que alguien podía entrar físicamente en la propiedad, y no simplemente mirar dentro; de lo contrario, el demandado tendría la misma razón para oponerse a una ventana más pequeña que a una más grande. (En aquella época, «ventana» podía referirse a cualquier tipo de abertura en una pared que permitiera la entrada de luz y aire, incluidas las que ahora llamamos puertas, lo que explica por qué Hawthorne podía abrir una de las escenas más desgarradoras de *La letra escarlata* con la frase «El gobernador Bellingham entró por la ventana en el vestíbulo, seguido de sus tres invitados»[9] (sin pretender el efecto cómico que la frase tiene hoy en día). No había nada especialmente novedoso en este tipo de privacidad, porque es esencialmente sinónimo de la protección de la propiedad privada. No había necesidad de discutir qué era la privacidad ni de defender un derecho especial a ella, ya que una violación o invasión de la privacidad en el siglo XVIII y principios del XIX ya era una violación o invasión de algún otro derecho o interés[10].

---

[8] J. CAMPBELL, *Rep. Cases Nisi Prius* vol. 3 81 (citado en la entrada del *O.E.D.* sobre «privacidad»).

[9] Nathaniel HAWTHORNE, *Collected Novels: Fanshawe, The Scarlet Letter, The House of the Seven Gables, The Blithedale Romance, The Marble Faun*, Nueva York: The Library of America, 1983, p. 212 [*La letra escarlata*, Madrid: Penguin Clásicos, 2015]

[10] Por ejemplo, esta noticia de 1740 de *The Pennsylvania Gazette* en la que privacidad es sinónimo de confidencialidad: «Para satisfacción del público, en breve se imprimirá cierta carta privada enviada bajo sello a William Cosby, sheriff de Nueva York, declarada falsa, maliciosa, escandalosa, difamatoria y calumniosa por cierto Gran Jurado bajo juramento solemne, y publicada (a pesar de su confidencialidad) junto con sus razones para ser publicada en virtud de un juramento de

Hacia mediados del siglo xix comienza a manifestarse un nuevo valor de la privacidad, claramente moderno. Una columna periodística de 1850 en *The Independent* titulada "La sagrada privacidad del hogar" es emblemática de la nueva concepción:

> La calamidad de los pobres en las grandes ciudades es que no pueden disfrutar del aislamiento que les procura un hogar, sino que deben ocupar un mero lugar en una vivienda abarrotada [...] Esta promiscua aglomeración de hombres, mujeres y niños es contraria a la naturaleza y desfavorable para que alguien se cultive social y moralmente[11].

El carácter sagrado de esta privacidad no es una función del valor burgués del hogar doméstico y sus intereses asociados en la propiedad, ni del valor instrumental de guardar secretos o mantener la confianza, sino una condición del bienestar humano como tal. La falta de privacidad del inquilino es perjudicial porque interfiere en el desarrollo personal (incluso en los adultos) de un modo que va en detrimento de un interés fundamental. Sin duda, la noción de que la desgracia del proletario recién urbanizado era que tenía muchos compañeros de habitación expresa la importancia repentinamente elevada de la privacidad

---

todos conocido». *The Pennsylvania Gazette*, 4 de diciembre de 1740. Precisamente para distinguir el valor moderno de la privacidad de los usos anteriores, los primeros defensores de la privacidad insistían continuamente en su carácter novedoso.

[11] "The Sacred Privacy of Home", *The Independent . . . Devoted to the Consideration of Politics, Social and Economic Tendencies, History, Literature, and the Arts (1848–1921)*, 8 de agosto de 1850.

para la burguesía decimonónica tanto como desmiente la miopía moral de la clase patricia. Sin embargo, esta privacidad y cultivo sagrados no tenían valor solo para las clases cultivadas, como podrían ser los placeres de la soledad o la reflexión tranquila, el tipo de cosas que requieren un carácter sofisticado o poseer una finca. A pesar de que la mayoría de los defensores de la privacidad que aparecen en el archivo son burgueses, aunque solo sea porque fueron sus preocupaciones las que llegaron a la imprenta, el valor de la privacidad por el que abogan no es el de los muros de la casa privada que mantienen a raya al bullicio urbano. Más bien se pensaba que la privacidad era algo en lo que todo el mundo tenía interés por el mero hecho de ser humano.

Este interés humano universal por la privacidad surgió en un contexto de la rápida urbanización del siglo XIX, el legado perdurable de la Ilustración de los universales humanos y el énfasis en los derechos individuales y, sobre todo, el desarrollo de las nociones modernas del yo a partir de las ideas románticas sobre la individualidad y el valor moral de la personalidad[12]. Esta visión del yo —lo

---

[12] Se puede encontrar información sobre esta evolución, por ejemplo, en Jerrold E. SEIGEL, *The Idea of the Self: Thought and Experience in Western Europe since the Seventeenth Century*, Nueva York: Cambridge University Press, 2005; Richard SENNETT, *The Fall of Public Man*, Nueva York: Norton, 1996 [*El declive del hombre público*, Barcelona: Anagrama, 2023]; Charles TAYLOR, *Sources of the Self: The Making of the Modern Identity*, Cambridge, MA: Harvard University Press, 1989 [*Fuentes del yo. La construcción de la identidad moderna*, Barcelona: Paidós, 1996]. Sobre la urbanización, hay que decir que en el siglo XIX, la población de Londres creció de 860 000 a 5 millones; la de Nueva York pasó de 60 000 a 3,4 millones (SENNETT, *Fall of Public Man*, pp. 50-51; Ira ROSENWAIKE, *Population History of New York City*, Syracuse,

que significa tener uno, lo que hace que uno sea distinto
de otro, tanto empírica como moralmente, etcétera— es

NY: Syracuse University Press, 1972). La vida en estos nuevos centros
urbanos se desarrollaba en un denso entorno de extraños que vivían en
estrecha proximidad, mezclándose constantemente, pero sin los contextos anteriores y de principios de la modernidad en los que se podía
situar a un extraño de un vistazo (es decir, se le podía identificar fácilmente como de este pueblo o ajeno a él (SENNETT, *Fall of Public Man*).
Muchos se encontraban compartiendo espacio o mirando por las ventanas y escuchando las conversaciones de otros de los que no sabían
nada más que lo que se podía deducir de ese encuentro inmediato. En
este contexto surgió la demanda moderna de privacidad.

Por ejemplo, esta columna de 1874 sobre «El derecho a la privacidad»
lamenta el final de un breve periodo en el que las nuevas y caóticas ciudades
proporcionaron las primeras condiciones para que floreciera la privacidad:

Hubo un tiempo en que los habitantes de las aldeas rurales eran en
cierto aspecto miserables por encima de todos los demás. Un sistema
de exploración mutua [sic] prácticamente suprime la privacidad en tales
vecindades ahora como entonces. Un aldeano no puede hacer nada que
pueda ocultarse al público por cualquier medio ordinario. No puede
decir nada, incluso dentro de las paredes de su propia casa, que no pueda ser discutido en menos de seis horas después de su pronunciamiento
en los bares y tiendas de comestibles de la esquina. Sus asuntos estrictamente privados se consideran de naturaleza pública [...] Este tipo de
cosas pertenecían antaño a las ciudades rurales, y hubo un tiempo en
que si un hombre deseaba convertirse en un recluso podía elegir entre
plantar su tienda en una gran ciudad o en el desierto. En cualquiera de
los dos lugares tenía la certeza de gozar de la tranquilidad que favorece
la contemplación sosegada y la longevidad de los años. El privilegio de
ser un buen ciudadano sin ostentación, y sin ser reclutado para la conversación pública en ocasiones livianas, o hasta en ninguna ocasión, era
entonces posible. Ha dejado de serlo allá donde moran los hombres.

("The Right of Privacy", *North American and United States Gazette*,
11 de julio de 1874)

tan común hoy en día, aunque haya quedado desvinculada de la metafísica romántica, que apenas necesita ser descrita. La noción básica se expresa en el concepto de personalidad individual, que se basa en la idea de que parte de lo que significa ser una persona humana es tener una forma de ser individual. Si el tipo de persona que uno resultaba ser dependía de uno mismo en lugar de venir impuesto por la naturaleza, entonces las personas ya no podían dividirse en tipos naturales, sino que tenían que ser percibidas e interpretadas en sus apariencias, palabras y actos para averiguar qué tipo de persona eran; y lo mismo en cuanto a percibirse a sí mismas. Esta visión de la personalidad era individual en dos sentidos importantes: difería de una persona a otra y dependía del individuo moldearla, ya fuera como expresión de su auténtica naturaleza interior o, como ocurriría algo más tarde, deliberadamente según su voluntad[13]. Esta elevada libertad para concebirse a título individual también conllevaba nuevas responsabilidades y obligaciones. La posibilidad de desarrollarse libremente a partir del propio potencial pasó a implicar la necesidad de hacerlo, ahora que se pensaba que los individuos eran responsables de lo que acababan siendo, tanto en términos éticos como en la dimensión más amplia y estética de la «personalidad».

---

[13] Véase, por ejemplo, TAYLOR, *Sources of the Self: The Making of the Modern Identity*; SEIGEL, *The Idea of the Self*; Nancy L. ROSENBLUM, *Another Liberalism: Romanticism and the Reconstruction of Liberal Thought*, Cambridge, MA: Harvard University Press, 1987; SENNETT, *Fall of Public Man*; Harry G. FRANKFURT, "Freedom of the Will and the Concept of a Person", en *The Importance of What We Care About: Philosophical Essays*, Cambridge: Cambridge University Press, 1988, pp. 11-25.

La idea de que los demás, desde los extraños a los íntimos, se parecían más a los personajes de una novela que a las figuras de archivo o a los tipos naturales introdujo un poderoso incentivo social para escudriñar el comportamiento, la apariencia y los objetos estrechamente asociados a los demás. Este incentivo aparece en todo nuestro vocabulario estético y ético para pensar sobre el yo, gran parte del cual tiene sus raíces precisamente en esta época: por ejemplo, el «estereotipo» como una especie de personalidad prefabricada (una metáfora extraída de las innovaciones contemporáneas en la impresión de periódicos) y la «entrevista» como un tipo de interrogatorio que llega a la verdad sobre un individuo no examinando el registro histórico, sino *viendo dentro de* alguien y *sacando* revelaciones de su interior. (Esta visión de la personalidad es lo que motiva el juicio común de que los mejores entrevistadores son aquellos capaces de extraer información desconocida o no reconocida por sus sujetos). Los florecientes centros urbanos del siglo XIX proporcionaron un terreno extremadamente fértil para este trabajo detectivesco del yo, que en poco tiempo se convirtió en una experiencia cotidiana y una expectativa de la vida social[14]. Estas nuevas prácticas de percepción y conocimiento vinieron acompañadas de nuevas ansiedades en torno a la percepción de las personas y sus efectos, lo que a su vez contribuyó a la homogeneización de las apariencias

---

[14] Véase, por ejemplo, Walter BENJAMIN, "París: Capital of the Nineteenth Century", en *Reflections: Essays, Aphorisms, Autobiographical Writing*, Nueva York: Schocken, 1986.

públicas en la era victoriana[15]. Esta reacción, sin embargo, no hizo sino reforzar la idea de que el conocimiento preciso y auténtico de una persona se consigue *viendo a través de* la superficie protectora de las convenciones y *adentrándose en* la verdad más profunda que se oculta en su interior.

El nuevo imperativo de escrutar a los demás para descubrir cómo son en realidad se refleja en el ámbito del autoconocimiento como un imperativo para distinguir la personalidad real o auténtica de uno mismo de las presiones conformistas de la sociedad. La respuesta romántica y posromántica a este desafío consistió en asociar el inconformismo con la autonomía y confiar por encima de todo en las expresiones espontáneas del pensamiento y la conducta como reflejo de lo que uno realmente era o pensaba. La columna sobre la sagrada privacidad del hogar continúa diciendo:

> Honrada y apreciada sea la privacidad del hogar; que allí el hombre vuelva a ser niño, y el digno estadista y la grave divinidad participen sin escándalo en los deportes de la niñez, que puedan tirarse por el suelo para jugar a las canicas, o para jugar a la pelota; que las notas de amor y regocijo resuenen como la naturaleza las impulsa, sin afectación y sin pacatería[16].

---

[15] Para una exposición más amplia de esta evolución, véase SENNETT, *Fall of Public Man*.

[16] "The Sacred Privacy of Home" ("La sagrada privacidad del hogar"). La columna comienza con una letanía de bienes y libertades asociados a la espontaneidad y la autenticidad, que están protegidos por la privacidad no principalmente contra la percepción, sino contra la constrictiva mirada interiorizada de las costumbres sociales (que, por supuesto, se perpetúa y se impone mediante la percepción real): «Una

El valor de la privacidad del hombre de Estado y de la divinidad no está principalmente en función de su protección contra el escándalo, aunque ese podría ser un subproducto bienvenido. Por el contrario, consiste en delimitar un espacio y un tiempo en los que puedan actuar según los dictados espontáneos de su naturaleza interior,

---

de las características más atractivas de un buen hogar es su privacidad. Allí la conversación se lleva a cabo con la libertad de la confianza mutua y el afecto; allí la comida se despoja de toda formalidad y restricción, y se hace verdaderamente social; allí el vestido no es objeto de estudio en cuanto a su adecuación a la moda o su material».

Lo que la privacidad proporciona a los ocupantes de este «sagrado hogar» es la confianza de que, hagan lo que hagan, digan lo que digan o se vistan como se vistan, no será documentado ni traspasará los límites del momento tal y como se vive. Está claro que la privacidad no es la norma que impide dicha transmisión; eso se consigue mediante la «confianza mutua», la confianza y la opacidad fiable que proporcionan los muros. La privacidad se describe como un estado de cosas caracterizado por la ausencia de información sobre los individuos; este estado de cosas puede ser producido por esas barreras a la percepción, pero no es equivalente a ellas. Esta condición de privacidad, a su vez, es la que da a los individuos la confianza necesaria para entregarse a los caprichos impredecibles del comportamiento espontáneo. Anticipando una línea argumental importante en el resto del libro, digo que proporciona un tiempo y un espacio para que la personalidad y la autoconcepción queden a salvo. La persistencia de este punto de vista decimonónico hasta nuestros días puede verse en todas partes; obsérvese, por ejemplo, lo mucho que Thomas Nagel se hace eco de esta «sagrada privacidad del hogar»: «La mirada pública es inhibidora porque, excepto para los infantes y los psicópatas, pone en vigor restricciones expresivas y requisitos de autopresentación que son fuertemente incompatibles con la expresión natural de sentimientos fuertes o íntimos» (Thomas Nagel, *Concealment and Exposure: And Other Essays*, Oxford: Oxford University Press, 2002, p. 18).

que el miedo al escándalo podría coartar o sofocar. El estadista y el divino no pueden saber de antemano cómo les impulsará la naturaleza y, por tanto, no pueden decir de antemano lo que llegarán a saber de sí mismos. Puede que sea algo que preferirían que los demás no supieran; en privado pueden reconocer y afrontar las emanaciones espontáneas de la personalidad y decidir entonces si las mantienen en secreto o no. Por supuesto, lo que descubren sobre sí mismos puede resultar totalmente convencional y poco sorprendente. Es solo que no hay forma de saber por adelantado lo que uno expresará espontáneamente. Desde este punto de vista, el núcleo de la personalidad consiste en una potencialidad indefinida y carente de horma.

Ralph Waldo Emerson hizo la misma observación en su famoso ensayo sobre la autosuficiencia, publicado nueve años antes. La indagación seria en la esencia de la personalidad humana —en la «fuerza profunda» del «yo indígena [...] esa estrella desconcertante para la ciencia, sin paralaje, *sin elementos calculables*»— «nos conduce a esa fuente, a la vez esencia del genio, de la virtud y de la vida, que llamamos Espontaneidad»[17]. Lo que la privacidad del estadista y del divino protege y de hecho produce es, entre otras cosas, una zona de potencialidad a la vez correlativa y propicia a la expresión espontánea del potencial de la personalidad. Desde este punto de vista, las barreras fiables de la casa a la percepción son valiosas

---

[17] Ralph Waldo EMERSON, "Self Reliance", en *The Essential Writings of Ralph Waldo Emerson, the Modern Library Classics*, New York: Modern Library, 2000, p. 141 (cursivas mías) [*Ensayos*, Madrid: Cátedra, 2014].

—incluso «sagradas»— por la confianza que dan al estadista y a la divinidad de que pueden actuar según les dicte la naturaleza sin tener que preocuparse de que se les haga responder de cada emanación[18]. Pueden experimentar el libre juego del potencial interior de la personalidad sin que les perturbe el miedo a tener que dar cuenta

---

[18] Este linaje es particularmente evidente en el desarrollo del derecho legal a la privacidad en Alemania. El Tribunal Constitucional alemán basa el derecho fundamental a la privacidad en un «derecho general de la personalidad» (*Allgemeines Persönlichkeitsrecht*), que a su vez se fundamenta en dos derechos fundamentales consagrados en su Constitución de 1949: el derecho a la dignidad humana y el derecho al libre desarrollo o despliegue de la personalidad (*die freie Entfaltung seiner Persönlichkeit*). La idea de una personalidad que puede desplegarse —y cuyo despliegue corresponde a un aspecto del bienestar humano merecedor de ser protegido por derechos— es claramente romántica y, en gran medida, de origen alemán. Véase, por ejemplo, esto de Friedrich Schiller: «La personalidad [*Persönlichkeit*], considerada en sí misma e independientemente de cualquier sentido-material, no es más que la disposición para una expresión potencialmente infinita» (Schiller, *On the Aesthetic Education of Man*, Londres: Penguin Classics, 2016, p. 40 [*Cartas sobre la educación estética de la humanidad*, Barcelona: Acantilado, 2021]). Invoco a Schiller por el papel central de su pensamiento en el desarrollo de la ideología romántica de la personalidad que se convertiría en fundacional para la privacidad moderna —en contraste con, por ejemplo, la personalidad moral de Kant (*moralische Persönlichkeit*)—, pero también por su influencia formativa en Louis Brandeis, que leyó a Schiller toda su vida hasta que le falló la vista, cuando se lo hizo leer (Melvin I. Urofsky, *Louis D. Brandeis: A Life*, Nueva York: Pantheon, 2009, pp. 15, 35). Es casi imposible leer el relato de Brandeis sobre la «personalidad inviolable» sin oír la influencia de los románticos y protorrománticos alemanes, como Schiller. La influencia de la idea de Schiller sobre la personalidad estaba, por supuesto, por todas partes en el Boston postemersoniano de Warren y Brandeis.

de expresiones espontáneas que estén en desacuerdo con su comportamiento típico o con su imagen pública.

Si se pensaba que las emanaciones espontáneas del interior del ser transmitían las verdades más auténticas sobre un individuo, el rostro era el lugar mejor y más fiable para leerlas. La creencia en la ciencia, ahora pseudociencia, de la fisiognomía, cuya idea central era que la apariencia física, y especialmente la expresión facial, ofrecía una ventana a la verdad sobre la personalidad, estaba muy extendida en aquella época. Muchos, entre ellos Charles Darwin, pensaban que el uso que Guillaume Duchenne hacía del electrochoque para producir una serie de expresiones faciales comunes había descubierto una gramática mecánica de la expresión en los movimientos involuntarios de la cara[19]. Mientras que la cara «vigilada» era una máscara capaz de cambiar a voluntad del portador, la cara no vigilada era una especie de cámara al revés: una expresión directa y mecánica de los estados interiores. «Un hombre moderadamente enfadado, o incluso enfurecido, puede dominar los movimientos de su cuerpo», escribe Darwin en uno de los primeros libros en presentar fotografías como pruebas científicas, «pero [...] los músculos de la cara que menos obedecen a la voluntad son a veces los únicos que delatan una emoción leve y pasajera»[20]. Arthur Schopenhauer lo explica con mayor claridad: «El rostro de

---

[19] Charles DARWIN, *The Expressions of the Emotions in Man and Animals*, Nueva York: D. Appleton and Company, 1898 [*La expresión de las emociones en los animales y en el hombre*, Madrid: Alianza, 1998].

[20] DARWIN, *Expressions of the Emotions*, p. 75.

un hombre nos da una información más completa e interesante que su lengua; porque su rostro es el compendio de todo lo que dirá, ya que es el único registro de todos sus pensamientos y esfuerzos [...] el hombre exterior es una imagen del interior, y el rostro es una expresión y revelación de todo el carácter»[21]. Esta forma de pensar persiste en el valor emocional y epistémico que seguimos otorgando a las fotografías sin posar por ser más reales («¡parece natural!»), expresivas o auténticas, y en el uso de los llamados expertos en lenguaje corporal para explicar lo que un político quiso decir realmente en su discurso.

La expresividad de las apariencias personales abre una vía para que las verdades sobre los individuos pasen del interior de uno mismo al ámbito de la percepción pública independientemente de la voluntad del individuo. Me ruborizo en respuesta a una pregunta sobre mi vida amorosa, y parece que me he traicionado a mí mismo al revelar algo que no deseaba revelar. También podría haber aprendido algo sobre mí mismo. Es significativo que llamemos *preguntas invasivas* al tipo de preguntas que suscitan esta reacción, que solemos responder con un «eso es privado». Tendremos más que decir sobre la pregunta invasiva al final de este capítulo, aunque aquí debemos señalar que las preguntas de carácter personal seguramente son anteriores al pánico moral del siglo xix sobre la invasión de la privacidad. Algo cambió, sin embargo, con la invención de la cámara fotográfica.

---

[21] Arthur Schopenhauer, "On Physiognomy", en *Religion: A Dialogue, and Other Essays*, S. Sonnenschein and Co., 1891.

Hacia finales del siglo XIX, la lenta acumulación de ideas modernas sobre la privacidad estalló en pánico moral. Titulares como "¿Queda algo de privacidad?", "Se acabó la privacidad", "La decadencia de la privacidad" y "¿Se acerca el fin de la privacidad para la humanidad?" empezaron a aparecer cada vez con más frecuencia a ambos lados del Atlántico[22]. Es difícil no reconocer una cualidad de nuestro propio momento histórico en su tono hiperbólico de preocupación y elogio, aunque no sean del cambio de siglo, sino del anterior (1874-1928). Su aparición en la prensa popular marcó el inicio de un periodo que se extiende hasta nuestros días en el que la muerte de la vida privada se proclama constantemente, a menudo en términos apocalípticos. Esta es otra forma en que la privacidad moderna rompió con los usos anteriores: fue la primera forma de privacidad que siempre está muriendo. Por muy extraños que nos parezcan los victorianos, compartimos con ellos este sentido de la privacidad como algo constantemente en vías de extinción.

A los defensores victorianos de la privacidad los animaba lo que consideraban un cambio radical en las prácticas epistémicas por las que las personas llegaban a conocerse entre sí y a sí mismas. La afirmación general de que «las nuevas relaciones dan lugar o desarrollan derechos nuevos

---

[22] "Is There Any Privacy?", *Hartford Daily Courant*, 3 de octubre de 1874; "No More Privacy", *Kansas City Star*, 28 de enero de 1889; "The Decay of Privacy", *Boston Daily Globe*, 19 de enero de 1922; "Is the End of Privacy Coming to Human Kind?", *Boston Daily Globe*, 30 de septiembre de 1928.

o incipientes» era un lugar común en sus escritos, que eran sistemáticamente claros acerca de lo que consideraban las principales causas de esas nuevas relaciones: el desarrollo de una cultura de la publicidad facilitada por el surgimiento de los primeros medios de comunicación de masas en forma de industria periodística y la invención de la cámara fotográfica[23]. El inmenso éxito del artículo de Warren y Brandeis da fe de lo bien que expresaba y consolidaba el pensamiento común a este respecto:

> Las fotografías instantáneas y las empresas periodísticas han invadido los sagrados recintos de la vida privada y doméstica; y numerosos dispositivos mecánicos amenazan con hacer realidad la predicción de que «lo que se susurra en el armario se proclamará desde las azoteas de las casas»[24].

---

[23] John Gilmer SPEED, "The Right of Privacy", *North American Review (1821-1940)* 163, n.º 476 (1896), pp. 64-74; George CORKHILL, "Portrait Right", *Washington Law Reporter* 12 (1885, 1884): p. 353; John BASCOM, "Public Press and Personal Rights", *Education* 4, julio de 1884: pp. 604-605.

[24] WARREN y BRANDEIS, "The Right to Privacy", p. 195. Aunque "The Right to Privacy" presenta el caso de un nuevo derecho legal a la privacidad, el argumento de la necesidad de tal derecho tiene lugar en el registro de la teoría moral y política. Es en este sentido que lo leeremos aquí. Aunque la invocación de la ley y los precedentes en el artículo pretendía proporcionar una justificación jurídica pragmática para el nuevo derecho a la privacidad —es decir, una razón para pensar que tal derecho ya está implícito en los precedentes del *common law*, dado que ninguna legislatura lo ha promulgado todavía—, la referencia al *common law* no dará razones para pensar que tal derecho sea necesario o deseable. Podemos soñar con todo tipo de derechos que sean extensiones lógicas de la ley tal y como es, pero esto no nos dará razones para pensar que éramos (o deberíamos ser) acreedores de tales derechos.

Para empezar a ver lo extraño de esta formulación, debemos observar que la nueva amenaza de invasión no es lo que hoy se suele entender como el principal peligro asociado a la privacidad. Su preocupación no era que la invención de la fotografía trajera consigo una nueva amenaza de violar la propia ocultación y obtener algún dato que luego pudiera comunicarse al resto del mundo. No había nada nuevo en la amenaza de que las palabras pronunciadas en confianza o a puerta cerrada llegaran a oídos ajenos. La frase sobre el armario y las azoteas procede

Solo los argumentos morales y políticos pueden hacerlo. Así que nos encontramos con que el núcleo de «el derecho a la privacidad» es un argumento a favor de una determinada visión del bienestar humano, los intereses que genera y las amenazas a las que se enfrentan esos intereses. Lo mismo puede decirse de la decisión judicial en el caso Pavesich, citada a continuación, o del dictamen en el caso de Arne Svenson.

De todos los elementos de la vida moral, los derechos parecen los más susceptibles de estudio histórico. Las nociones de virtud, normatividad y bienes básicos impregnan nuestras vidas más profundamente y, sin embargo, pueden alcanzar su plena expresión sin dejar necesariamente huella en el registro histórico. Pero hay algo en los derechos, más allá del hecho de que surgieron y se desarrollaron en una época de creciente alfabetización y publicación, que parece exigir que las opiniones propias se escriban e impriman. La defensa reflejada en publicaciones de los derechos novedosos es especialmente útil para cualquiera que esté interesado en rastrear la historia y el futuro de los conceptos éticos. Esto se debe a que el discurso normativo sobre los nuevos derechos debe incidir en el pasado y el futuro del propio concepto que se ofrece. Del mismo modo que no se puede argumentar razonablemente a favor de la aceptación de un nuevo derecho sin hacer referencia a una cultura ética preexistente y a los conceptos por los que parece moralmente legible y garantizado, tampoco sería plausible un nuevo derecho si no se pudiera explicar cómo mejorarían las cosas si existiese en el mundo. Los relatos exitosos de nuevos derechos suelen lograr ambas cosas.

de la Biblia, y el peligro del que advierte es tan antiguo como la sociedad humana. Por sí solo, este hecho difícilmente habría justificado el reconocimiento de nuevos derechos morales y legales, sobre todo porque la defensa de la privacidad en el siglo XIX se produjo en un contexto de normas y leyes de larga tradición contra las escuchas, los cotilleos, el abuso de confianza y la revelación de secretos[25]. Sin duda, los teleobjetivos como el de Arne Svenson y las películas de infrarrojos o rayos X pueden permitirnos ver lo que de otro modo sería invisible a simple vista. Sin embargo, Warren y Brandeis y sus contemporáneos no se preocuparon por estos aspectos potencialmente invasivos de la tecnología, en parte porque eran extremadamente raros o aún no se habían inventado, y en parte porque por sí misma una lente potente no difiere de un telescopio o un par de prismáticos, cuyo uso es muy anterior a las demandas de un derecho a la privacidad, pero que nunca se mencionan como amenazas relevantes.

---

[25] Warren y Brandeis habrían estado familiarizados, por ejemplo, con la entrada sobre las escuchas en los *Commentaries* de Blackstone, más que suficiente para proteger contra los fisgones emprendedores sin la molestia añadida de argumentar a favor de un nuevo derecho: «Los fisgones, o los que escuchan bajo las paredes, las ventanas o los aleros de una casa, para oír lo que se dice y, a partir de ahí, inventar historias calumniosas o maliciosas, son una molestia común y pueden ser denunciados ante el tribunal, o pueden ser acusados en las sesiones y castigados con una multa y el pago de una fianza si se comprometen a una buena conducta». William Blackstone, *Commentaries on the Laws of England. In Four Books*, vol. 2, J. B. Lippincott Company, 1893, p. 168. Blackstone se cita con aprobación en un texto de derecho penal estadounidense publicado en Boston en 1872: Joel PRENTISS BISHOP, *Commentaries on the Criminal Law*, 2 v., Boston: Little, Brown and Company, 1872, pp. 657-658.

La queja sobre las «fotografías instantáneas» responde específicamente al desarrollo de las cámaras instantáneas de mano que, para los estándares actuales, eran todavía bastante primitivas. Para obtener una buena imagen, había que estar a una distancia de visión normal (no se disponía de ayudas para acercarse). También existía una preocupación generalizada por el carácter invasivo de las diminutas (para la época) «cámaras de detectives» que podían camuflarse como botones de chalecos, sombreros, paquetes y, en un caso bastante descarado y evocador, una pistola[26]. Pero todo esto no hace sino agravar el rompecabezas de la invasión, ya que estas cámaras solo podían fotografiar lo que sus portadores ya habían visto a simple vista, normalmente *en público*; estaban diseñadas para captar no lo oculto, sino lo no vigilado y espontáneo. Para entender por qué se consideraba que las cámaras representaban una nueva amenaza de invasión cuando no lo hacían los prismáticos o los fisgones, tendremos que examinar detenidamente las características de esta nueva tecnología que eran importantes para los defensores de la privacidad del siglo XIX y comprender por qué se consideraba, como dijeron Warren y Brandeis, que esas características sometían a las personas «a un dolor y una angustia mentales mucho mayores de los que podrían infligirles las meras lesiones corporales»[27].

---

[26] Véase, por ejemplo, Bill JAY, *Cyanide and Spirits: An Inside-Out View of Early Photography*, Múnich, Alemania: Nazraeli, 1991.

[27] Warren y Brandeis, "The Right to Privacy", p. 196. En el capítulo 3 volveremos sobre el papel que desempeñaron los nuevos medios de comunicación de masas en el desarrollo de la privacidad moderna, así que aquí permítame simplemente afirmar lo que sigue. Podríamos

La repentina introducción y rápida difusión de la fotografía por todo el mundo industrializado marcó un antes y un después en la historia del conocimiento de uno mismo y del otro, del orden de la imprenta e internet. Es difícil apreciar lo radical que fue la llegada de la fotografía para quienes la vivieron. Edgar Allan Poe expresó un sentimiento común al calificar la fotografía como «el triunfo más importante, y quizá más extraordinario, de la ciencia moderna»[28]. Oliver Wendell Holmes pensaba que era «el mayor de todos los triunfos humanos sobre las condiciones terrenales»[29]. Lo que entusiasmaba y asombraba era sobre todo «la honestidad innata de la cámara», su facultad de representación aparentemente

---

pensar que el enorme número de lectores de los medios de comunicación de masas emergentes elevó a una nueva magnitud el peligro de que se difundiera información verdadera, pero esto no explicaría la sensación ampliamente compartida de que había algo radicalmente nuevo y moderno en el modo de invasión, distinto de sus consecuencias. Tampoco explicaría por qué preocupaba especialmente la fotografía y no solamente los periódicos. Es mucho más fácil pintar a alguien bajo una luz perniciosa (pero no por ello menos verdadera) con palabras que con una fotografía; para empezar, no es necesario pillarle *in fraganti*. En cualquier caso, "The Right to Privacy" se publicó siete años antes de que apareciera la primera fotografía de medio tono en los periódicos estadounidenses. Las imágenes no desempeñarían un papel importante en el periodismo hasta después de la Primera Guerra Mundial. Michel Frizot, "The All Powerful Eye", en *A New History of Photography*, ed., Köln. Michel Frizot, Colonia, Alemania: Könemann, 1998, p. 365.

[28] Edgar Allan Poe, "The Daguerreotype", en *Classic Essays on Photography*, New Haven, CT: Leete's Island Books, 1980, p. 38.

[29] Oliver Wendell Holmes, "The Stereoscope and the Stereograph", en *Classic Essays on Photography, New Haven*, CT: Leete's Island Books, 1980, p. 82.

objetiva[30]. Por primera vez en la historia de la humanidad parecía posible tomar una parte del mundo y conservarla tal y como era, sin la mediación de la interpretación humana, los prejuicios o las numerosas limitaciones de la percepción sensorial y el recuerdo[31]. Había una sensación prometeica en esta aparente usurpación del poder divino sobre el tiempo y la apariencia, incluso sobre la muerte, por pura astucia humana. El resultado fue una revolución en la relación entre visión y conocimiento:

> Todo lenguaje se queda corto para transmitir una idea justa de la verdad. Tal vez si imaginamos la nitidez con que un objeto se refleja en un espejo positivamente perfecto, nos acerquemos a la realidad tanto como por cualquier otro medio [...] Si examinamos una obra de arte ordinaria, por medio de un potente microscopio, desaparecerá todo rastro de semejanza con la naturaleza; pero el escrutinio más minucioso del dibujo fotogénico solo revela una verdad más absoluta, una identidad de aspecto más perfecta con la cosa representada[32].

Poe revela una verdad sobre cómo vemos y valoramos las fotografías al decir una mentira sobre el medio: si se mira con suficiente atención una impresión fotográfica, no se verá con mayor claridad el objeto allí representado, sino granos de iones de plata en emulsión (hoy en día, píxeles).

---

[30] Edward Weston, "Seeing Photographically", *Complete Photographer* 9, n.º 49 (1943), pp. 3200-3306.

[31] Holmes habla de tomar imágenes del mundo como un cazador toma pieles de un animal. Holmes, "Stereoscope and the Stereograph", p. 81.

[32] Poe, "Daguerreotype", pp. 37-38.

Los primeros espectadores de fotografías tampoco eran tan ingenuos como el entusiasmo de Poe podría hacernos creer: al principio encontraban la perspectiva bidimensional de la fotografía decididamente antinatural, y era de conocimiento común (de hecho, una demanda popular) que las impresiones y los negativos se alteraban con frecuencia[33]. No obstante, se decía que los edificios se habían dibujado a sí mismos con «el lápiz de la naturaleza» en «el espejo con memoria»[34].

---

[33] La rapidez con la que nos adaptamos a la «distorsión fotográfica» y la aceptamos como algo natural e indicativo del mundo tridimensional atestigua el cambio en la visión y la subjetividad que defiendo en esta sección. Lo repentino de este cambio también respalda la idea de lo desestabilizadora que fue esta innovación. Así la describe William Ivins: «A medida que la gente se acostumbró a absorber su información visual de imágenes fotográficas impresas con tinta, no pasó mucho tiempo antes de que este tipo de registro visual impersonal tuviera un efecto muy marcado en lo que la comunidad creía ver con sus propios ojos. Empezó a ver fotográficamente, dejó de hablar de distorsión fotográfica y, finalmente, adoptó la imagen fotográfica como norma de veracidad en la representación. Se depositó en la fotografía una fe que nunca se había depositado ni se podía depositar en las antiguas imágenes hechas a mano. Ha habido muchas revoluciones en el pensamiento y la filosofía, en la ciencia y la religión, pero creo que nunca en la historia de los hombres ha habido una revolución más completa que la que ha tenido lugar desde mediados del siglo XIX en la visión y el registro visual». (William Mills IVINS, *Prints and Visual Communication*, Cambridge, MA: MIT Press, 1969, p. 94).

[34] *The Pencil of Nature* (*El lápiz de la naturaleza*) fue el título del primer libro ilustrado con fotografías publicado comercialmente, impreso por primera vez en 1844. El autor del libro, William Henry Fox Talbot, fue uno de los principales innovadores y primeros teóricos de la fotografía. Inventó la emulsión «calotipo», uno de los primeros procesos fotográficos positivo-negativo y precursor de los que propiciarían denuncias como las de Warren

Nos gusta pensar que somos más sabios que los primeros rapsodas de la fotografía, pero seguimos tratando irreflexivamente la fotografía como si fuera una ventana a través del tiempo y el espacio, a través de la cual vemos literalmente a Abraham Lincoln, a nuestros parientes muertos, a nosotros mismos cuando éramos niños. «¡Mira, ahí estoy! Ese soy yo a los cinco años». Si le enseño una fotografía de granos de arena con un gran aumento que revela que son completamente distintos de la arena que conoce por su experiencia —más parecidos a pequeñas galaxias que a gránulos (*Imagen 1.2*)— creerá que así es la arena *en realidad* no porque confíe en mí, sino porque confía en la fotografía. Esto tiene menos que ver con el medio en sí que con las presunciones epistémicas que hemos desarrollado a su alrededor, cómo confiamos en las fotografías para que nos muestren el mundo del mismo modo que confiamos en las gafas y los prismáticos pero no en las pinturas y los testimonios verbales. Si esto le parece anticuado en la era de la manipulación digital, piense en nuestra fe inquebrantable en la veracidad de las radiografías, tan maravillosas a principios del siglo

---

y Brandeis. En su catálogo, el Museo Metropolitano de Arte de Nueva York califica el libro de Fox Talbot de «hito en el arte del libro mayor que cualquier otro desde la invención de los tipos móviles por Gutenberg», haciéndose eco del cambio de época en la epistemología de la vida cotidiana que trajo consigo la fotografía. En un anuncio sobre la producción del cuarto volumen de *El lápiz de la naturaleza, The Atheneum* se refería al proyecto como «nigromancia moderna», expresando la sensación contemporánea de que las fotografías podían hacer hablar y estar presentes incluso a los muertos, lo que, como veremos más adelante, era fundamental para la idea de la nueva invasión fotográfica. «El espejo con memoria» procede del artículo de Oliver Wendel Holmes "The Stereoscope and the Stereograph", publicado en 1859.

pasado como habituales hoy en día. Aunque usted quiera fotografiarse los huesos con una máquina más nueva o potente, sería absurdo acudir a otra para obtener una segunda opinión. Y aunque pudiera parecer que la llegada de las imágenes *deep fake* producidas por la inteligencia artificial supone el fin de esta fe epistémica en la fotografía, ocurre todo lo contrario. La idea misma de una imagen «profundamente falsa» depende de la contracategoría de la imagen «profundamente real», que las imágenes *deep fake* consolidan más si cabe.

Imagen 1.2. "Granos de arena, Maui", por Gary Greenberg. Una fotografía ampliada de granos de arena revela un maravilloso mundo invisible a simple vista. Cortesía de Gary Greenberg, www.sandgrains.com.

Dada la rápida proliferación y el éxito comercial de la tecnología, la nueva fe epistémica en las fotografías tuvo un efecto sísmico en la relación entre visión y conocimiento en la vida cotidiana. «Vemos todo y a todos en el laberinto de luces cruzadas que nos distraen», escribió un defensor de la privacidad[35]. Por supuesto, la historia de la subjetividad humana está marcada por este tipo de transformaciones en los hábitos de percepción y las consecuencias sociales y políticas que se derivan de ellas. Consideremos, por ejemplo, la invención de las ideas de raza y cómo el hecho de que estuvieran a la vista de todos estructuró posteriormente la vida intersubjetiva de las sociedades racistas, un buen recordatorio de que las transformaciones perceptivas también suelen tener ramificaciones morales y políticas.

Paul Valéry recuerda cómo el cambio en los modos de percepción provocado por la fotografía alteró fundamentalmente el terreno de la vida moral y social:

Se produjo una marcada revisión de todas las normas sobre la visión. La manera de ver del hombre empezó a cambiar, e incluso su modo de vida sintió las repercusiones de esta novedad, que pasó inmediatamente del laboratorio al uso cotidiano, creando nuevas necesidades y costumbres hasta entonces inimaginables[36].

Una revisión de los hábitos y normas sobre la visión entraña una ruptura epistémica, porque supone una alteración de la

---

[35] "The Right of Privacy", *North American and United States Gazette*, 11 de julio de 1874.

[36] Paul VALÉRY, "The Centenary of Photography", en *Classic Essays on Photography*, New Haven, CT: Leete's Island Books, 1980, pp. 193-194.

relación establecida entre la visión y la verdad, ya sea en lo tocante al conocimiento de la historia, del mundo natural, de los demás o de uno mismo. Valéry explica: «Antes de la invención [de la fotografía], cualquier hecho, siempre que un número suficiente de personas jurasen haberlo visto con sus propios ojos, se consideraba incontestable»[37]. La confianza en la propia experiencia —«lo he visto con mis propios ojos»— fue superada por los medios mecánicos, y la autoridad de la persona para hablar por sí misma sobre lo que había visto de primera mano se vio irreversiblemente socavada[38].

Entre las nuevas necesidades y costumbres inimaginables de Valéry destaca el valor moderno de la privacidad. Y es a la luz de su revisión epistémica de la visión como podemos entender un aspecto de lo que era nuevo en el temor de Warren y Brandeis en cuanto a que «lo que se susurra en el armario se proclame desde las azoteas». La aparente objetividad de la fotografía —o de la grabación de audio, cuyo desarrollo fue más o menos contemporáneo al de la fotografía, aunque con un éxito comercial menos inmediato— parecía significar que a quien se graba se le hace aparecer o hablar dondequiera que se reproduzca la imagen o la grabación, incluidas situaciones y contextos de los que el sujeto no es consciente. Esto es preocupante independientemente de si lo que se dice es secreto o de dominio público, ya que tendemos a considerar importante que los individuos tengan la capacidad de

---

[37] VALÉRY, "The Centenary of Photography".

[38] Dejamos aquí un adelanto de lo que se discutirá en el capítulo 4 al señalar la similitud de esta evolución con el auge de internet como archivo global y cómo afectó a la forma en que llegamos a conocer a los demás y a confiar en ellos (también es un avance de la discusión del capítulo 5 sobre la relación entre privacidad y confianza).

controlar dónde y cuándo aparecerán y hablarán. Esta idea moral es la base de la afirmación de Warren y Brandeis de que la analogía más cercana al derecho a la privacidad no es el derecho de un individuo a proteger la propiedad o a controlar la información personal, sino el de «*determinar*, normalmente, hasta qué punto sus pensamientos, sentimientos y emociones serán comunicados a los demás»[39]. En otras palabras, el daño de una invasión de la privacidad se parece menos a que te roben tus secretos que a que te obliguen a divulgarlos. Lo que hace que un acto de este tipo sea malo —es decir, incorrecto y perjudicial— no es principalmente la información en cuestión, sino cómo socava o viola la agencia moral de una persona.

Ahora podemos empezar a entender por qué puede ser invasivo fotografiar a alguien a través de una ventana abierta cuando no lo sería el mero hecho de mirar por la ventana. En primer lugar, en ambos casos se produce una forma diferente de conocimiento. Mientras que la memoria viva de un testigo presencial es fluida, se resiste a ser invocada a voluntad de la misma forma en cada ocasión y está sujeta a una constante remodelación y al desgaste del olvido, una fotografía es fija, estable para que todos la vean y la escudriñen, más parecida a un dato que a un recuerdo. Esto se corresponde con otra diferencia que tiene que ver con la comunicación de lo que se ve. Si uno mira por la ventana de un vecino y cuenta lo que ha visto, habla por sí mismo y da su punto de vista personal sobre lo que había allí. Pero cuando se hace una fotografía o una grabación de audio y luego se muestra esa fotografía

---

[39] Warren y Brandeis, "Right to Privacy", p. 198 (cursivas mías).

o se reproduce la grabación, es la persona fotografiada o grabada quien aparece o habla, a quien se *hace* aparecer o hablar. Warren y Brandeis no eran los únicos que pensaban que la invasión de la privacidad se parecía más a una confesión forzada que a un allanamiento de morada. El temor a que la invención de la fotografía anunciara una nueva era de revelaciones tecnológicamente forzadas apareció con creciente frecuencia hacia el cambio de siglo en forma de sombríos pronósticos. Por ejemplo, en 1896, un escritor del *Atchison Daily Globe* temía esto:

[Pronto] será tan fácil fotografiar lo que hacen nuestros vecinos en la habitación de al lado como mirar por la ventana. Desaparecerá el espionaje a través del ojo de la cerradura [...] No habrá privacidad asegurada para nadie en ninguna parte. El recurso desesperado de tragarse un diamante o un documento valioso para ocultarlo ya no servirá, porque el interior del estómago puede fotografiarse tan fácilmente como la cara.

Si además de esto el invento que fotografiará el pensamiento tiene éxito, no quedará nada para ninguno de nosotros excepto comportarnos de la manera más estricta. Ni siquiera nos atreveremos a pensar algo malo, por miedo a que se presente como prueba en nuestra contra.

En vista de la proximidad de este temible momento, parece buen plan comenzar ahora a practicar para él, en nuestras mentes[40].

O este artículo, titulado "No más privacidad", distribuido por todo Estados Unidos en 1889:

---

[40] "Alarming Possibilities", *Atchison Daily Globe*, 25 de marzo de 1866.

Y ahora un médico entrometido, fisgón, ha inventado una especie de «catalejo» o algo por el estilo a través del cual mira a los ojos de una persona, sin hacerle ni una sola pregunta, y sabe de inmediato si la persona fuma o no, cuántos cigarros al día y de qué tipo. Se está llegando a tal punto que no sirve de nada mentirle a un médico. Y muy pronto los predicadores empezarán a enterarse de lo que hacemos de la misma manera[41].

Lo malo de la confesión forzada o del aparato que haría accesible nuestro pensamiento no es principalmente que revelen un secreto. Es que sea forzado lo que lo hace erróneo. Y no solo erróneo, tendemos a pensar, sino perjudicial. Para nuestro juicio moral sobre la confesión forzada no hay mucha diferencia si lo que nos obligan a confesar es algo que se podría haber descubierto preguntando por ahí, o si es algo que nuestro inquisidor ya sabía, o un hecho completamente anodino, incluso un asunto indiferente como lo que hemos desayunado hoy. Podría ser peor para usted si lo que le obligan a confesar es embarazoso o puede perjudicar sus perspectivas, pero estas consecuencias son independientes de la maldad de la confesión forzada en sí; no es exculpatorio que el inquisidor obtenga solo conocimientos comunes o secretos halagadores.

Para entender lo que invade el fonendoscopio del médico, pensemos en las facultades de juicio e intención por las que uno decide lo que va a comunicar, cuándo y a quién. Estas facultades son internas a la agencia en el sentido de que son necesarias para ella, pero también suelen tener lugar

---

[41] "No More Privacy", *Kansas City Star*, 28 de enero de 1889.

en los ámbitos epistémicamente privilegiados de la autoconciencia. Además, se da aquí un sentido adicional de interioridad asociado al derecho moral que tienen los individuos a decidir por sí mismos, que se corresponde con el sentido en el que tendemos a caracterizar las razones que un individuo no aprueba como «externas» a él. Es precisamente en este sentido en el que se dice que *penetra* la mirada normativa del juicio: uno *interioriza* los ojos vigilantes de un supervisor, un padre o el ojo incorpóreo de la opinión pública, llevándolos a sus procesos de juicio e intención. Desde este punto de vista, la invasión fotográfica de la privacidad no consiste en obtener algún dato del interior humano y sacarlo al ámbito de la publicidad —de nuevo, eso es lo que hace la revelación de secretos—, sino más bien en que el ámbito de acción moralmente privilegiado de una persona es invadido por otra, que entonces decide lo que revela sobre sí misma, lo que dice, dónde aparece y, por tanto, cómo vive su vida y qué será verdad en cuanto a ella. No hay un espacio interior que el médico *pueda penetrar* cuando mira en la mente de un paciente (en contraposición a, por ejemplo, su cráneo o cerebro), no hay un límite físico u óptico que se cruza. Es más bien un límite moral el que se sobrepasa, un límite que tiene que ver con la capacidad de acción y el autoconocimiento del paciente.

Por extraño que parezca, esta fue la denuncia de dos de los primeros intentos de hacer valer un derecho legal a la privacidad. El primero fue una demanda civil interpuesta por una actriz llamada Marion Manola, un año antes de la publicación del artículo de Warren y Brandeis. Manola demandó a un fotógrafo llamado Benjamin Stevens que, en medio de uno de sus espectáculos, tomó una foto de Manola mientras actuaba en el escenario. En las entrevistas, Manola insistió en que no le avergonzaba que la vieran disfrazada, ni creía que se hubiera hablado de su ocultación o secretismo. Al fin y al cabo, se trataba de un teatro público; Stevens era un espectador que había pagado su entrada, que podía y debía verla con sus propios ojos. Incluso posó para fotos publicitarias con el mismo atuendo que llevaba cuando Stevens la fotografió.

La queja de Manola consistía más bien en que, al imprimir y exhibir la fotografía, el fotógrafo la obligaba a aparecer en lugares y circunstancias en contra de su voluntad. No pedía al tribunal ningún tipo de compensación económica, sino solo que se le devolviera el control sobre dónde aparecía en público[42]. Warren y Brandeis tenían claramente este caso en mente al describir la nueva forma de invasión fotográfica: se refieren a él solo unas líneas después de la amenaza de que «lo que se susurre en el armario se proclamará desde las azoteas» junto con tres casos distintos de su cobertura en el *New York Times*[43]. Parece que fue en parte para reivindicar el derecho de Manola a la privacidad por lo que publicaron su artículo.

---

[42] *Marian Manola vs Stevens & Myers*, Tribunal Supremo de Nueva York. Es evidente que Warren y Brandeis seguían de cerca este caso, ya que citan no solo el caso judicial sino tres días de cobertura del *New York Times*: «El *New York Times* del 15, el 18 y el 21 de 1890». Para la cobertura del acontecimiento y el caso, véase "Will Not Be Photographed in Tights", *Chicago Daily Tribune*, 13 de junio de 1890; "The Rights and Tights of an Actress", *Baltimore Sun*, 19 de junio de 1890. Véase también Jessica LAKE, *The Face That Launched a Thousand Lawsuits: The American Women Who Forged a Right to Privacy*, New Haven, CT: Yale University Press, 2016.

[43] WARREN y BRANDEIS, "Right to Privacy", p. 195.

Imagen 1.3. Fotografía «cabinet card» de Marion Manola posando (n.d.) disfrazada. Billy Rose Theatre Division, Biblioteca Pública de Nueva York para las Artes Escénicas.

Unos años más tarde, en un caso similar de reproducción no autorizada de una fotografía, el Tribunal Supremo del Estado de Georgia sería el primero de Estados Unidos en reconocer un derecho legal a la privacidad. Paolo Pavesich demandó a la New England Mutual Life Insurance Company por reproducir un retrato fotográfico suyo en un anuncio (Pavesich aparece a la izquierda).

El negativo del que se reimprimió la fotografía no fue robado a Pavesich —era propiedad del fotógrafo de Atlanta J. Q. Adams— ni le identificaba por su nombre ni le retrataba bajo una luz embarazosa o que lo avergonzase. Al fin y al cabo, era «el hombre que lo hizo», según dice la publicidad. La fotografía tampoco revela nada secreto u oculto. En su pose, Pavesich invoca deliberadamente el lenguaje visual del retrato, por lo que podemos suponer que esperaba que su fotografía fuera vista e interpretada de una determinada manera. La postura encorvada, la mirada de reojo, el bigote retorcido y la llamativa pajarita parecen querer transmitir la sensación de un personaje reflexivo, con éxito económico, aunque quizá un poco más excéntrico y creativo que el burgués medio (al parecer, Pavesich tenía algo de artista). No obstante, el tribunal concluyó unánimemente que la reproducción no autorizada de su fotografía en un periódico constituía una violación de su derecho moral a la privacidad, no en virtud de cualquier derecho de tipo patrimonial que tuviera a su propia imagen, sino porque equivalía, moral y literalmente, a obligarle a comparecer y expresarse en persona.

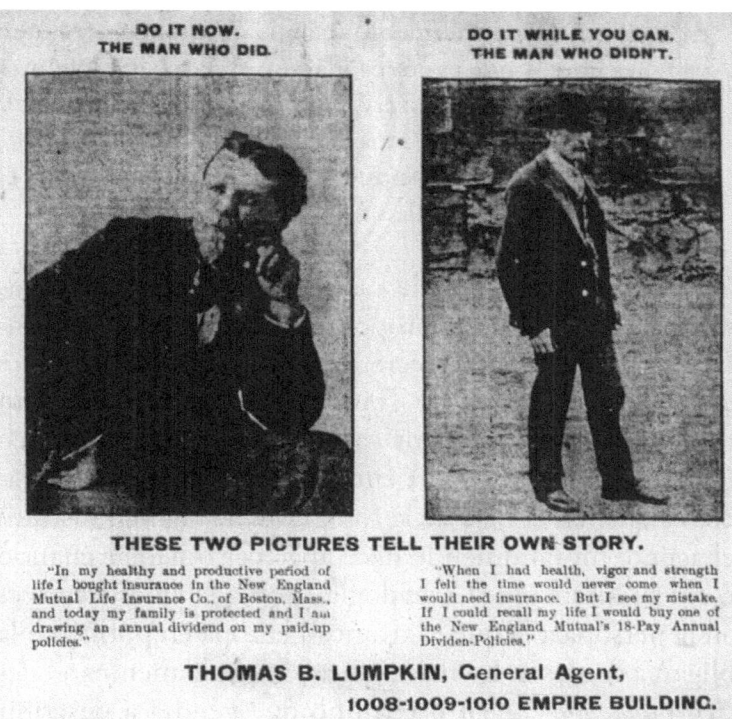

Imagen 1.4. Anuncio de seguros de vida del Atlanta Constitution. Paolo Pavesich (izquierda) aparece en un anuncio de seguros de vida, impreso en la edición del 15 de noviembre de 1903 del Atlanta Constitution (Atlanta History Center).

El hecho de saber que los rasgos y la forma de una persona se utilizan con ese fin y se exhiben en lugares en los que a menudo se encuentran esos anuncios, lleva no solo a la persona de naturaleza extremadamente sensible, sino incluso al individuo de sensibilidad ordinaria, a darse cuenta de que se le ha arrebatado su libertad. Mientras el anunciante lo utilice para estos fines, no puede dejar de ser consciente de que está, por el momento, bajo el control de otro, que ya no es libre, y que es en realidad un esclavo sin esperanza de libertad, sometido al servicio de un amo despiadado; y si es un hombre de instintos verdaderos, o incluso de sensibilidad ordinaria, nadie puede ser más consciente que él de que ha sido víctima de un encantamiento[44].

Conocemos otros tipos de casos en los que las personas aparecen o hablan sin proponérselo, como los sonámbulos, los que cuentan secretos o los que sufren los tics verbales del síndrome de Tourette. No tenemos ningún problema en calificar estos casos de fallos de la agencia. Sin embargo, la diferencia entre estos casos y los fotográficos es que, en el caso de la fotografía, es alguien distinto del agente moral quien le hace aparecer o hablar cuando no era su intención. La analogía adecuada en este caso es con la persona a la que le arrancan la ropa en público o la obligan a confesar. Lo más natural es que llamemos a tales actos *violaciones, el* otro término que vendrá a describir las invasiones de la privacidad.

Sospecho que la idea de que la cámara nos obliga a aparecer o confesar en lugares en los que nuestro cuerpo físico no está puede parecer anticuada a algunos lectores, una superstición de la época de la frenología y el espiritismo. Sin embargo, fue y sigue siendo un tropo común del discurso sobre la privacidad desde el siglo XIX hasta nuestros días. Como veremos a lo largo de este libro, la preocupación por las amenazas tecnológicas a la

---

[44] *Pavesich v. New England Life Ins. Co.*—122 Ga. 190, 50 S.E. 68 (1905), p. 220.

privacidad y su naturaleza han sido más constantes de lo que solemos suponer. Por ejemplo, consideremos el pánico moral desatado ante el desarrollo de las bases de datos en la segunda mitad del siglo xx. Se pensaba que la introducción de cada vez más aspectos de la vida humana en registros documentales suponía una amenaza para el bienestar humano porque contribuía a «la constitución de un yo adicional, uno sobre el que se puede actuar en detrimento del yo "real" *sin que ese yo "real" sea nunca consciente de lo que está ocurriendo*»[45]. Más tarde, con la revolución digital, se pensó que la información recopilada sobre los individuos constituía un *doppelgänger* real llamado «doble de datos» —un término al que se refieren habitualmente los actuales estudios sobre la vigilancia—, que de nuevo significaba nada menos que «la formación y coalescencia de un nuevo tipo de cuerpo, una forma de devenir que trasciende la corporalidad humana y reduce la carne a pura información»[46].

Es difícil no oír en estas declaraciones un eco del asombro de Holmes y Poe ante el daguerrotipo, o el horror moral del tribunal de Pavesich ante el desdoblamiento fotográfico de la persona. Al igual que la fotografía, el doble de datos de un individuo se considera objetivo y directo precisamente porque habla en nombre de su sujeto, pero de un modo que elude la voluntad del agente vivo. Al igual que la fotografía, el doble de datos es

[45] Mark POSTER, *The Mode of Information: Poststructuralism and Social Context*, Cambridge: Polity, 1990, pp. 97-98 (cursivas mías).

[46] Kevin D. HAGGERTY y Richard V. ERICSON, "The Surveillant Assemblage", *British Journal of Sociology* 51, n.º 4 (2000), p. 614.

pasivo, transparente y está abierto al escrutinio. Al igual que la fotografía, se cree que el doble de datos es sincero o *revelador* de un modo que su correspondiente persona puede no serlo. Los sociólogos han documentado cómo los empleadores confían más en lo que el doble de datos de un solicitante revela sobre él que en su propio testimonio porque «tienden a considerar los dobles de datos de los solicitantes como claves para saber quiénes son en realidad»[47]. A diferencia del agente moral vivo, se cree que el doble de datos no tiene nada que ocultar, no porque sea necesariamente comunicativo —siempre queda la ambigua y abierta tarea de la interpretación— sino porque está «compuesto de información pura».

PERSONALIDAD INVIOLABLE, POTENCIAL ROBADO

El pánico moral a la privacidad en las décadas de 1880 y 1890 coincidió con la manía de tomar instantáneas de desconocidos. La primera cámara instantánea de producción masiva fue la Kodak de George Eastman en 1888, pero ya en 1884 el *New York Times* publicaba artículos sobre la «epidemia de las cámaras fotográficas»[48]. Se solía hacer referencia a los fotógrafos como una plaga, se los llamaba lunáticos y diablos, «demonios de la Kodak que están volviendo loco al mundo»[49]. El entusiasmo y el miedo

---

[47] Anna Hedenus y Christel Backman, "Explaining the Data Double: and Self-Examinations in Job Recruitments", *Surveillance and Society* 15, n.º 5 (2017), pp. 640-654.

[48] JAY, *Cyanide and Spirits*, p. 227.

[49] JAY, *Cyanide and Spirits*, p. 227.

a las instantáneas tomadas informalmente se basaban en la visión de la expresión corporal no voluntaria como una ventana privilegiada a la verdad sobre un individuo, una visión que perpetuaban. Tomemos, por ejemplo, este elogio a la cámara ocultable, publicado en una revista de aficionados a las cámaras en 1888: «La belleza del invento es que la víctima no sospecha nada. Recuerda la afirmación de Schopenhauer de que "el rostro es expresión y revelación de todo el carácter"»[50]. No es de extrañar entonces que aquel preludiase a los entusiastas de la cámara oculta en su ensayo sobre la fisonomía, en el que dijo que «la fotografía [...] ofrece la más completa satisfacción a nuestra curiosidad» sobre cómo es realmente una persona, superando con creces lo que esa persona pueda decir sobre sí misma y proporcionando «una información más completa e interesante que su lengua»[51].

Los tribunales llegaron incluso a considerar la posibilidad de fotografiar al acusado en el momento en que se le imputaban los cargos y presentar la imagen en el juicio como prueba de «los rasgos de culpabilidad o inocencia» que revelaba el rostro[52]. Ya era posible acceder a los «estados interiores» de esa persona sin su consentimiento, gracias a los avances de finales del siglo XIX en la tecnología fotográfica, que permitía captar con fiabilidad una expresión franca, quizá a hurtadillas, y separarla después de la corriente de las otras expresiones y examinarla en busca

---

[50] "The Concealed Camera for Newspaper Men", *Photographic Times and American Photographer* 18, n.º 70 (10 de febrero de 1888).
[51] SCHOPENHAUER, "On Physiognomy".
[52] "The Legal Relations of Photographs", *American Law Register*, 1829.

de su significado. Desde este punto de vista, la cámara parece presentar realmente una nueva forma de invasión, lo que explicaría por qué Warren y Brandeis defendían un «derecho general a la privacidad de los pensamientos, emociones y sensaciones [...] ya se expresen por escrito, o en la conducta, en la conversación, en las actitudes o en la *expresión facial*»[53].

Cuando Warren y Brandeis afirmaban que lo que la cámara invade —es decir, lo que el derecho a la privacidad protege— no es ni el secreto, ni la reclusión, ni la propiedad, sino la «personalidad inviolada», se estaban inspirando en la tradición de pensamiento sobre el yo que hemos comentado hace un momento, que se remonta a la idea romántica de que la esencia de la persona humana estriba en su potencialidad. Como dijo Friedrich Schiller,

---

[53] WARREN y BRANDEIS, "Right to Privacy", p. 206. (cursivas mías). Esto también explica por qué la privacidad se desarrolló cuando lo hizo, en lugar de en las décadas de 1840 y 1850, cuando el daguerrotipo y tecnologías fotográficas similares estaban por lo común disponibles en Estados Unidos y Europa. Aunque la fotografía estaba muy extendida en el Occidente industrializado a mediados de siglo, las primeras cámaras eran tan grandes, y sus placas tan delicadas y lentas, que una fotógrafa necesitaba que su sujeto permaneciera quieto durante mucho tiempo a plena luz para que este apareciera en la película. Por eso todos los que aparecen en una fotografía tomada antes de la década de 1870 tienen más o menos la misma expresión en la cara: había que mantenerse perfectamente quieto de quince a veinte segundos o sus rasgos saldrían borrosos en la impresión. La fotografía espontánea, «robada», fue imposible hasta que una serie de avances técnicos en el último cuarto de siglo hicieron posible el tipo de cámara que conocemos hoy: pequeña, portátil, manejable por aficionados y capaz de tiempos de exposición cortos que permitían a quien la utilizaba capturar la acción y las expresiones espontáneas.

uno de los favoritos de Brandeis durante toda su vida, «la personalidad, considerada en sí misma e independientemente de cualquier sentido material, no es más que la disposición para una expresión potencialmente infinita»[54]. Más cerca de la época de Warren y Brandeis, Emerson decía más o menos lo mismo, más o menos todo el tiempo: «En todas mis conferencias, he enseñado una doctrina, a saber, la infinitud del hombre privado»[55]. El valor de que el divino y el estadista entren en contacto con sus hijos interiores, y el peligro de que su imagen espontánea aparezca en una fotografía, dependen igualmente de esta idea de que en el corazón de la persona humana había una potencialidad no fija, que no era solo la base de la personalidad que uno formaba a partir de ella, sino un recurso interior que era valioso en sí mismo[56].

Aquí tenemos un sentido más profundo en el que los «pensamientos, sentimientos y emociones» de uno pueden ser «determinados» por la fotografía y la confesión

---

[54] SCHILLER, *On the Aesthetic Education of Man*, p. 40. Sobre el compromiso vitalicio de Brandeis con Schiller, véase UROFSKY, *Louis D. Brandeis*, pp. 15, 35.

[55] EMERSON, "Self-Reliance." Y William James: "The Mind is at every stage a theatre of simultaneous possibilities". William JAMES, *The Principles of Psychology*, vol. 1, New York: Henry Holt, 1950, p. 288. Por supuesto, el valor de esa potencialidad no era absoluto. Para que los seres humanos se convirtieran en individuos, debían hacer algo de esa potencialidad, aparecer ante los demás y ante sí mismos como seres de una manera y no de otra.

[56] En otras palabras, era bueno «contener multitudes», como decía Walt Whitman, no solo porque significaba que uno podía desarrollar una personalidad individual a partir de esa polifonía, sino también porque contener multitudes es un rasgo humano valioso en sí mismo.

forzada: se hacen determinados. Nuestros pensamientos, sentimientos y emociones no son como archivos secretos guardados en una caja fuerte, donde el fonendoscopio del médico o una fotografía robada pueden descubrirlos. Por supuesto que todos tenemos secretos, pero la mayor parte de lo que sentimos y pensamos lo descubrimos como lo haría el médico con su «catalejo»: se nos aparece, a menudo de repente, de la nada, por así decirlo; o, como argumentaré más adelante en este libro, del olvido dentro de uno mismo, más allá de las fronteras del autoconocimiento. Cuando decimos que un sentimiento, pensamiento o expresión *viene a nosotros*, no queremos decir que emerja de algún escondrijo interior donde ha estado esperando su momento, completamente formado. Lo que queremos decir es que surge en el momento *en que* somos conscientes de ello. Esta es la razón por la que el concepto de expresión (tanto pública como privada) desempeña un papel tan fundamental en el artículo de Warren y Brandeis, y por la que se sienten tan atraídos por la analogía de la vida en privado con los bocetos de un artista, para el que la privacidad es valiosa en virtud de la protección que ofrece *contra* que la expresión pública quede fijada y no, de suyo, por la forma en que faculta a los artistas para ejercer un control sobre quién los ve. Uno puede descubrir lo que piensa o siente expresándose, como ellos dicen, «de palabra, o por signos, en pintura, en escultura o en música» del mismo modo que se expresa en expresiones faciales y actitudes[57]. Sin embargo, una vez que estas expresiones son públicas, la naturaleza

---

[57] WARREN y BRANDEIS, "Right to Privacy", p. 199.

aún indeterminada del borrador se sustituye por la fijeza de la obra publicada. Nancy Rosenblum describe así las raíces románticas de esta visión de la personalidad: «Algo se pierde, no se exhibe ni se gana, cuando la posibilidad infinita deja paso a las limitaciones de lo que ya no es potencial, sino actual»[58]. Esto es lo que parecían hacer el fonendoscopio del médico y el visor de la cámara, salvo que con el fonendoscopio y la cámara era alguien distinto de los individuos a los que iban dirigidos quien producía y fijaba la verdad sobre ellos.

Si el ámbito de la privacidad está delimitado por la distinción entre la expresión fija y la potencialidad no expresada, y no en términos de secreto o control (ya que no se puede controlar lo que no se puede conocer), nos haremos una idea de lo que la cámara invade en realidad: el reino proteico del potencial de la personalidad[59]. Al capturar una expresión momentánea y preservarla para ser escrutada y que desvele su significado, la fotografía cruza el umbral de la personalidad cuya división entre interior y exterior es de un tipo epistémico particular, no una barrera física como una casa o un cuerpo, sino más bien la barrera que separa lo potencial de lo fijo o determinado.

---

[58] ROSENBLUM, *Another Liberalism*, p. 50.

[59] Por supuesto, es importante que los individuos puedan ejercer cierto control sobre los límites de su privacidad; este ejercicio servirá en cierta medida para mantener la frontera entre privacidad y publicidad. Sin embargo, lo que hace que la privacidad sea tal (por oposición a la publicidad, pero también al secreto, la confidencialidad, la ocultación, etcétera) no será una característica de dicho control. Tampoco el valor de la privacidad derivará de la importancia de ejercer cierto control para mantener sus barreras epistémicas, sino más bien al contrario.

111

El fonendoscopio del médico no obtiene su verdad de ver dentro del cuerpo físico, como pueden hacer otros instrumentos médicos. Más bien se cree que ve en el interior de la personalidad porque cruza un límite que separa la fijeza pública de la potencialidad privada. La fotografía representaba una amenaza aguda de este tipo de invasión porque parecía capturar un momento del ambiguo flujo de la vida —o una expresión de la personalidad que de otro modo podría haber pasado desapercibida— y fijarlo permanentemente en un medio epistémicamente apreciado por su objetividad.

No debemos entender esta potencialidad no expresada de la personalidad en términos de que sea desconocida, como podría ser un secreto, sino más bien *incognoscible*, al menos en el sentido proposicional de que un objeto de conocimiento debe ser o bien *x* o bien no-*x*. Es incognoscible no porque esté profundamente oculto o protegido a cal y canto, sino porque aún no se ha plasmado en una expresión definida. A diferencia de lo conocido *y lo* desconocido (es decir, lo por descubrir), lo incognoscible es esencialmente ambiguo, no formado, potencial. Esto significa que el ámbito del potencial de la personalidad debe ser oscuro no solo para los demás, sino también para uno mismo: no oculto para uno mismo, sino incognoscible, porque aún no ha tomado forma. Con todo, incognoscible e inmaduro no significa irreal. Podemos familiarizarnos con estas regiones en penumbra de la potencialidad, entre otras cosas, por la propia experiencia de una idea o acción que nos llega «de la nada», así como al chocar con nuestras propias limitaciones internas de penetración y autoconocimiento.

Estamos hablando de una invasión mucho más profunda que la simple intrusión en el ámbito doméstico o la difamación del buen nombre de alguien, lo cual explica por qué Warren y Brandeis describirían el daño contra el que protege la privacidad como «mental» y «espiritual», en lugar de «material» o «corporal»[60]. No fueron los únicos en utilizar el lenguaje de la espiritualidad y lo sagrado para describir la privacidad. El uso que hacen del término «inviolable» para describir la personalidad, que no significa inexpugnable, sino sagrado, se inspira en una larga tradición de asociar lo sagrado con la ocultación, y se hace eco de una forma habitual de referirse a la privacidad a finales del siglo XIX (recuérdese "La sagrada privacidad del hogar"), que continúa hasta nuestros días[61]. Los misterios interiores del sanctasanctórum no son necesariamente

---

[60] WARREN y BRANDEIS, "Right to Privacy", pp. 195-198.

[61] En el entorno emersoniano del Boston del siglo XIX, era común referirse al individuo y a sus pertenencias como sagrados. Compárese la defensa de la privacidad de Warren y Brandeis con las palabras de Amos Bronson Alcott, impresas en una edición de 1841 de The Dial: «Los individuos son sagrados. El mundo, el Estado, la Iglesia, la escuela, todos son criminales cuando violan la santidad del corazón privado» (Amos Bronson ALCOTT, "Orphic Sayings", The Dial 1, n.º 1, julio de 1840, pp. 85-98). El siglo XIX vería cómo el lenguaje de lo sagrado se aplicaba cada vez con más frecuencia a lugares asociados al autoconocimiento y al conocimiento de los demás: la personalidad, por supuesto, y el hogar, al que aún hoy se sigue llamando sanctasanctórum, pero también la red telegráfica, el correo, los periódicos y los datos censales anonimizados. El lenguaje de lo sagrado se aplicaba tan comúnmente al individuo y a su entorno que en 1911 William James se lamentaba de que tales «sentencias se han vuelto tan habituales que ahora suenan bastante muertas a nuestros oídos» (William JAMES, Talks to Teachers on Psychology, and to Students on Some of Life's Ideals, Nueva York: Norton, 1958).

secretos; incluso cuando la arquitectura de los espacios sagrados se diseña en torno a pergaminos o tablillas ocultos, no suele ser desconocido o secreto lo que hay escrito en ellos. Más bien, el valor del sanctasanctórum como espacio sagrado proviene sencillamente de que no se ve (salvo quizá por unos pocos elegidos, que son necesarios para atestiguar su existencia). Lo sagrado *se aparta*, en el sentido literal, del mundo, y su poder depende de su ambigua existencia en la mente de los creyentes. Si un profano cruza el umbral de un espacio sagrado, tal vez haya traspasado el edificio del templo, pero también ha invadido, y tal vez destruido, el misterio de ese ámbito al adquirir conocimiento de que es de una manera y no de otra. Lo mismo ocurre con la privacidad. He aquí de nuevo las palabras de Warren y Brandeis:

> Un hombre hace constar en una carta a su hijo, o en su diario, que no cenó con su esposa un día determinado. Nadie en cuyas manos caigan esos papeles debería hacerlos públicos, incluso si la posesión de los documentos se hubiera obtenido legítimamente; y la prohibición no se limitaría a la publicación de una copia de la carta en sí, o de la anotación en el diario: la restricción se extiende también a la publicación de su contenido. ¿Qué es lo que se protege? Seguramente, no el acto intelectual de registrar que el marido no cenó con su mujer, sino ese hecho en sí mismo. No es el producto intelectual lo que importa, sino el hecho doméstico[62].

Este pasaje aparece en medio de una extensa argumentación en la que los autores se esfuerzan por disociar el

---

[62] Warren y Brandeis, "Right to Privacy", p. 201.

valor de la privacidad del de la propiedad, tanto física como intelectual. Pero van más allá. Lo que protege la privacidad en este caso no es ni la información ni nada que se oculte deliberadamente, sino la naturaleza privada del suceso. Esta aparente tautología puede resolverse si pensamos que el estatus socio-ontológico de la cena del hombre cambia de manera significativa dependiendo de si se trata de un suceso privado o público[63]. Una vez publicitado el acontecimiento, se altera el carácter del propio acontecimiento, *¡incluso a posteriori!* Como en los otros casos que hemos analizado, el cambio relevante no es que una información pase de ser conocida por unos pocos privilegiados (o por uno solo) a serlo por un público más amplio, sino que hay una información definitiva cuando antes, al menos en lo que respecta al resto del mundo, había un abanico de posibilidades sobre cómo había cenado el hombre. Había misterio y ambigüedad. No importa que fuera algo particularmente cotidiano. El telón se descorre y algo se pierde para siempre.

La idea de que el daño de una invasión de la privacidad en su forma más básica consiste en la privación o solidificación de la potencialidad explica por qué Warren y Brandeis harían la afirmación bastante inusual de que «el principio que protege los escritos personales y todas las demás producciones personales, no contra el robo y la apropiación física, sino contra la publicación en cualquier forma, no es en realidad el principio de la propiedad

---

[63] Para saber cómo entender este cambio, véase el análisis de la ontología social de la privacidad de Hannah Arendt en el capítulo 5.

privada, sino el de la personalidad inviolada»[64]. La analogía que establecen entre los borradores de obras artísticas y la personalidad humana pretende subrayar la potencialidad de cada uno: son en esencia inacabados, mutables, susceptibles de cambio, pero alcanzan una especie de fijeza cuando se publican. Es frecuente oír a pintores o novelistas decir que sus obras les parecen de repente sin vida una vez terminadas, del mismo modo que la potencialidad de la juventud parece, tanto en la experiencia como en el arte, mucho más viva cuando se compara con la creciente dependencia del camino de la vida posterior. La existencia de esta potencialidad es un elemento de bienestar porque, desde este punto de vista, es fundamental para lo que significa ser humano.

La experiencia de tal potencialidad es también un elemento de bienestar psicológico para Warren y Brandeis. El comensal solitario obtiene beneficios psicológicos de la privacidad debido a «la paz mental o el alivio que le proporciona la capacidad de evitar cualquier tipo de publicación»[65]. La paz mental que el comensal obtiene de la privacidad es la misma, argumentan, que la de un artista que puede «evitar la publicación de manuscritos u obras de arte» que aún no han alcanzado la fijeza que conlleva la publicación[66]. ¿Qué otro tipo de tranquilidad puede haber que no sea la tranquilizadora apertura de la potencialidad, la confianza profundamente sostenible de que la propia vida en su aspecto más básico y mundano, como una obra de arte que sigue siendo un borrador o un

---

[64] WARREN y BRANDEIS, "Right to Privacy", p. 205.
[65] WARREN y BRANDEIS, "Right to Privacy", p. 201.
[66] WARREN y BRANDEIS, "Right to Privacy", p. 201.

boceto, es fundamentalmente abierta, mutable y conserva su pleno potencial para ser de otro modo? Una forma de entender este beneficio deriva de la visión romántica descrita anteriormente; pero hay otras. En lo que queda de este libro, ofreceré varios tipos diferentes de argumentos sobre cómo nos beneficia esta «paz mental» que proviene de ser *ajeno* a la publicidad, ninguno de los cuales depende de la idea romántica de la persona. De hecho, la persistencia de la idea de que la persona humana se caracteriza, entre otras cosas, por una potencialidad esencialmente opuesta al conocimiento y a la información —y la persistencia de esta idea como piedra angular del pensamiento sobre la privacidad a lo largo de los años entre los posrománticos, los antirrománticos y todo tipo de personas— aporta fuertes motivos para pensar que es una parte importante de lo que hace humanos a los seres humanos y hace que sus vidas sean buenas.

Una vez más, esta forma de pensar no es una reliquia de la época victoriana, sino que se extiende a lo largo de la historia de la preocupación por la privacidad, desde la protesta inicial por la fotografía hasta las preocupaciones del siglo xxi por los avances de la tecnología de escaneado cerebral. Por ejemplo, en un libro reciente en el que pide nuevas protecciones de la «privacidad mental» para protegerse de los peligros emergentes de la neurotecnología, Nita Farahany expone la amenaza que supone para la privacidad mental el uso de la tecnología de escaneado cerebral en las investigaciones criminales[67]. Aunque

---

[67] Por ejemplo, la policía ha utilizado escáneres cerebrales en tiempo real para comprobar si la actividad neuronal de los sospechosos

la investigación científica arroja suficientes dudas sobre la fiabilidad de esta tecnología como para desacreditar su uso en los tribunales, eso apenas afecta a la convicción de que, no obstante, constituiría una invasión de la privacidad que escanearan el cerebro de una persona para ver qué pensaba realmente sobre algo y si el escáner contradice o confirma su testimonio verbal sobre el asunto[68]. En otras palabras, la tecnología de escáner cerebral puede ser mala para descubrir secretos pero, aun así, sigue suponiendo una amenaza para la privacidad. En un ensayo sobre el libro de Farahany, Sue Halpern se hace eco de los defensores de la privacidad del siglo XIX al sugerir por qué es este el caso: «¿Qué ocurre cuando las empresas, un empleador, los administradores escolares o el gobierno tienen acceso a nuestros pensamientos —o a lo que interpretan que son nuestros pensamientos— antes de que los articulemos o los compartamos?»[69].

Aunque es posible que los defensores de la privacidad del siglo XIX no «anticiparan el uso de los datos neuronales por parte de los gobiernos», como dice Farahany, es un error suponer que «nadie, ni siquiera Brandeis, anticipó que los gobiernos podrían un día intervenir directamente en nuestras

---

mostraba un «patrón de reconocimiento» cuando se les enseñaba una imagen del arma utilizada en un asesinato reciente. Nita A. FARAHANY, *The Battle for Your Brain: Defending the Right to Think Freely in the Age of Neurotechnology*, Nueva York: St. Martin's, 2023, pp. 4, 78-79.

[68] Nita A. FARAHANY, *The Battle for Your Brain*, p. 80. Obsérvese que escanear el cerebro «para ver lo que realmente se piensa» es *producir* lo que realmente se piensa, en un medio que se cree más fiable que el testimonio verbal, y no acceder a ello o leerlo.

[69] Sue Halpern, "The Bull's-Eye on Your Thoughts", *New York Review of Books*, 2 de noviembre de 2023.

mentes, descifrando las emociones, los sentimientos e incluso el habla no pronunciada que detectaran»[70]. Como hemos visto, los defensores de la privacidad de la época victoriana estaban preocupados por la perspectiva de que hubiese tecnologías que leyesen las mentes, tecnologías que parecían anunciadas por la invención de la fotografía (esta es la «alarmante posibilidad» del nuevo fonendoscopio del médico). Es más: Farahany malinterpreta su visión de lo que se creía que protegía la privacidad en relación con «las emociones, los sentimientos e incluso el habla no pronunciada», quizá porque, como el resto de nosotros, es cautiva de la ideología que naturaliza la información («datos neuronales» los llama) como algo que siempre existe en los ámbitos privados de la vida humana[71].

Sin embargo, los sentimientos y el «habla no pronunciada» no son típicamente objetos mentales ya formados a los que se pueda acceder y descifrar[72]. Es extraño y seguramente erróneo pensar que el habla no pronunciada tiene una especie de existencia objetiva en nuestras mentes a la que se puede acceder mediante alguna tecnología de escaneo cerebral, como si todas las frases de uno estuvieran

---

[70] Nita A. FARAHANY, *The Battle for Your Brain*, p. 84.

[71] Este tema recorre todo el libro de Farahany, por lo que huelga decir que no problematiza la existencia o la creación de información como tal. Incluso sus discusiones sobre los límites adecuados del autoconocimiento presuponen la existencia de hechos o información sobre uno mismo que tal vez sería mejor no conocer. Este tipo de ignorancia de uno mismo es fundamentalmente distinta de la relación de uno mismo con sus zonas internas de olvido, por la que abogo más adelante en este libro. Véase especialmente el capítulo 5.

[72] Nita A. FARAHANY, *The Battle for Your Brain*, p. 84.

esperando en la cabeza a que llegara su turno para ser pronunciadas en lugar de llegar a existir en el momento y a través del acto de pronunciarlas. Lo mismo ocurre con los sentimientos, las emociones y los pensamientos aún no pensados. La privacidad que destruye un escáner cerebral es la misma que se creía que invadía la cámara: precisamente ese estado de cosas en que las palabras que no se han dicho (u otras expresiones) existen en la forma que les es propia: una condición de potencialidad desconocida que se extingue al convertirse en información. De ahí el eco y la perspicacia de la descripción que hace Halpern del escáner cerebral que *articula* los propios pensamientos en lugar de limitarse a acceder a ellos o leerlos.

La mitad de mi motivación para desenterrar esta visión olvidada de la privacidad es académica: creo que hemos malinterpretado fundamentalmente el momento y los textos fundacionales de la privacidad y, en el caso de Warren y Brandeis, uno de los artículos de mayor influencia política jamás publicados en una revista académica[73]. La otra mitad de mi motivación es ética y política,

---

[73] El sujeto de esta frase en el original es "la 'vie privée'", que Richard Howard traduce literalmente como «la "vida privada"», pero que también se refiere a aquello que protege el derecho a la privacidad en Francia. Como él, Warren, Brandeis y yo hablamos de lo mismo, he decidido modificar la traducción literal de Howard. El original dice: «La "vie privée" n'est rien d'autre que cette zone d'espace, de temps, où je ne suis pas une image, un objet. C'est mon droit politique d'être un sujet qu'il me faut défendre». Roland BARTHES, *Camera Lucida: Reflections on Photography*, Nueva York: Hill and Wang, 2010, p. 15; Roland BARTHES, *La Chambre Claire: Note Sur La Photographie*, Cahiers Du Cinéma Gallimard, París: Gallimard, 1980, p. 32.

ya que hay un valor en esta antigua visión que haríamos bien en rescatar. He intentado evitar dar la impresión de que las ideas originarias de la privacidad moderna permanecen en la almidonada época victoriana, y he señalado varios lugares en los que estas viejas ideas subyacen a las intuiciones sobre la privacidad de hoy en día, sobre todo en el rompecabezas del ojo que invade. Pero también aparecen en otros lugares. Consideremos, por ejemplo, el texto más famoso del siglo xx sobre fotografía, *Camera Lucida* de Roland Barthes. Barthes hace una afirmación parecida a la de los defensores de la privacidad un siglo antes: «La privacidad no es más que esa zona del espacio, del tiempo, donde no soy una imagen, un objeto». Barthes no opone la privacidad al hecho de aparecer en una fotografía *per se*, sino al modo en que una fotografía parece cosificar la multiplicidad viva de un ser humano en un objeto estático que hay que conocer; el modo en que la instantánea convierte la polisemia fluida de la vida tal y como se vive (y tal y como se disipa en el flujo de la memoria viva) en algo parecido a la información, si no información *per se*: fija, estática, manipulable, transmisible y susceptible de escrutinio. Barthes se hace eco del lenguaje de la personalidad inviolada cuando habla de «la preciosa esencia de mi individualidad» como «lo que soy, más allá de cualquier efigie».

Lo que quiero, en definitiva, es que mi imagen (móvil [fotográfica]), zarandeada entre mil fotografías movedizas, alterándose con la situación y la edad, coincida siempre con mi «yo» (profundo); pero hay que decir lo contrario: ese «yo mismo» nunca coincide con mi imagen; porque es la

imagen la que es pesada, inmóvil, terca (por eso la sociedad la sostiene) y «yo mismo» el que soy ligero, dividido,
disperso; como el geniecillo de la lámpara, ese «yo mismo» no se queda quieto, riéndose desde la lámpara [...]
Desgraciadamente, la (bienintencionada) fotografía me
condena a tener siempre una expresión[74].

El yo profundo y privado de Barthes se caracteriza por
su carácter escurridizo y su ambigüedad y por ser au-
tocontradictorio. La fotografía lo fija como imagen a
costa de sus características esenciales de versatilidad y
potencialidad. De forma reveladora, la fotografía confiere a su rostro «una expresión», que es a la vez una
mirada fija, una unidad de significado y un legado de la
visión de la personalidad que asociaba la acción espontánea con la producción de la auténtica verdad sobre la
persona. La identificación de Barthes con su yo escurridizo recuerda a los románticos, a Emerson («con la con-
sistencia, un alma grande simplemente no tiene nada
que hacer»[75]) y al resto de ese linaje aún en proceso de
ramificación; pero, como muestra Barthes, la visión del
yo como constituido en parte por una valiosa potencialidad no fija, y por tanto incognoscible, no es patri-
monio exclusivo de los relatos de influencia romántica.
Tampoco es una idea necesariamente conectada con el
llamado individuo liberal, interpretado negativamente
por sus críticos como un agente prepolítico, metafísicamente real, que preexiste a su acción y a configurarse

---

[74] BARTHES, *Camera Lucida*, p. 12.
[75] EMERSON, "Self Reliance".

a sí mismo entre el mundo de los otros y en conexión con él[76]. Por poner un ejemplo que resultará pertinente más adelante, podríamos considerar el nominalismo radical de la filosofía poshumanista de Michel Foucault, que rechaza categóricamente la existencia de cualquier subjetividad prepolítica o presocial, pero que, no obstante, repite la idea sobre lo esencial de la potencialidad en la personalidad desde un punto de partida diferente: para que no se tenga la impresión de que ser diferente significa adoptar una identidad transgresora o inconformista, Foucault deja claro que *cualquier* tipo de fijeza conlleva una pérdida similar[77]. «La exigencia de una identidad y el mandato de romper esa identidad se perciben, de la misma manera, como abusivos»[78]. Parecería dar un alto grado de plausibilidad a nuestros argumentos sobre el valor de la ambigüedad en cuanto a uno mismo y la no identidad, de los espacios y protecciones de la potencialidad humana contra la cosificación, que desempeñan un papel importante en una enorme variedad de marcos filosóficos derivados de compromisos fundacionales radicalmente

---

[76] Cf. Alison M. Jaggar, *Feminist Politics and Human Nature*, Totowa, NJ: Rowman and Allanheld, 1983.

[77] Michel FOUCAULT, "For an Ethics of Discomfort", en *Power*, ed. James D. FAUBION, *The Essential Works of Foucault 1954–1984*, vol. 3, Nueva York: New Press, 2000, p. 444.

[78] Michel FOUCAULT, "For an Ethics of Discomfort". Esta es la traducción de Paul Rabinow de esta frase, que aparece en su introducción al primer volumen de las obras completas de Foucault en inglés. Michel FOUCAULT, *Ethics: Subjectivity and Truth, vol. 1, The Essential Works of Foucault*, 1954.

diferentes y a menudo opuestos sobre la naturaleza metafísica del yo, la agencia moral, la sociedad y el valor.

Para Barthes, al igual que para los defensores del siglo xix con los que nos hemos encontrado, las prácticas y los derechos de privacidad son valiosos en parte por la confianza que dan a los individuos de que ciertos aspectos de sus vidas se desarrollarán en condiciones de olvido, y en parte por la potencialidad real que el olvido que es propio de la privacidad protege y produce. La idea de que la privacidad favorece que el ser humano alcance cierta plenitud al crear ámbitos de vida opuestos a la producción de información hace extraños compañeros de cama: el estadista y el divino que juegan tirados por el suelo, listos para sorprenderse a sí mismos; Barthes y su visión del yo profundo como algo proteico, vivaz e imposible de captar o articular sin sufrir daños; el proyecto genealógico de Foucault, preocupado por las muchas formas en que la subjetividad es producida y disciplinada al fabricarse y acumularse información sobre los individuos; y un par de abogados bostonianos del siglo xix escribiendo un artículo para la *Harvard Law Review*. De hecho, es en este sentido que Warren y Brandeis insisten en que no debemos entender el valor de la privacidad del comensal solitario como algo que tiene que ver con su capacidad de controlar quién sabe qué sobre él: puede que cierto control sea necesario para su privacidad, pero el control en sí mismo no está implicado en su explicación de su valor moral. Más bien, la privacidad del comensal es valiosa por «la paz mental o el alivio que le proporciona la capacidad de evitar cualquier tipo de publicación»[79]. Creen que necesitamos un derecho

---

[79] Warren y Brandeis, "Right to Privacy", p. 201.

legal a la privacidad, no solo para evitar daños derivados de la violación de la privacidad de una persona (que consideraban bastante graves, «mucho mayores de los que podrían infligirles las meras lesiones corporales»), sino también para proporcionar una base social para la confianza razonable de que uno puede realmente entrar en el olvido de vez en cuando, y que formará una parte disponible de forma fiable de la estructura de la propia sociedad.

Preguntas invasivas

Apenas he empezado a mostrar cómo estas ideas sobre el valor de la potencialidad no articulada en el núcleo de la persona humana siguen animando nuestro pensamiento sobre el valor de la privacidad, pero ya deberíamos reconocer que, a pesar de su presencia vestigial en nuestras intuiciones morales, estas ideas están en tensión con las defensas estándar de la privacidad en nuestro tiempo, que tienden a centrarse en el valor del control de los individuos sobre pedazos específicos de información o datos.

Abordemos la cuestión de las preguntas invasivas. Reconocemos estas preguntas como «invasivas» menos por su contenido, que puede variar mucho, que por la reacción que suscitan. La respuesta natural a una pregunta invasiva es «no es asunto tuyo» o «eso es privado». Aunque las preguntas invasivas pueden implicar cuestiones tabú, no tienen por qué. En los círculos en los que me muevo, se considera invasivo preguntar a alguien cuánto dinero gana, si hace el amor con su cónyuge o incluso por quién votó en las últimas elecciones. Lo que hace que una pregunta sea invasiva variará de una cultura a otra y de una persona a otra. Esto se debe a que tendemos a pensar que corresponde a los individuos decidir qué tipo de preguntas son invasivas y cuáles no, y precisamente por la misma razón nos opondríamos al «entrometido fonendoscopio» del médico. Las preguntas invasivas no lo son en virtud de que su objeto sea un secreto. Mi mujer y yo tenemos dos hijos no adoptados; no es ningún secreto que probablemente hayamos hecho el amor una o dos veces. La respuesta «eso es privado» a una pregunta invasiva sobre mi vida sexual es muy distinta de «es un secreto», «eso es información privilegiada» o «no puedo decírselo». La respuesta a la pregunta invasiva no es una negación, sino una reprimenda y la afirmación de un límite. Ese límite protege contra la creación de cualquier información, exacta o no, relativa a mi vida sexual.

La reprimenda «eso es privado» o «no es asunto tuyo» reprende al mismo tiempo al interrogador invasivo por intentar sustituir el estado de ambigüedad no articulada entre nosotros (al menos en lo que respecta a mi vida sexual) por uno de información definida, al tiempo que intenta preservar el estado de cosas entre mi interlocutor y yo que excluye cualquier información explícita sobre mi vida sexual. Es a este límite al que nos referimos cuando llamamos invasivas a estas preguntas, y es debido a que la pregunta no lo traspasa —por el éxito del reproche «eso es privado»— por lo que la calificamos de invasiva y no una invasión. Tales preguntas intentan lo mismo que la confesión forzada o la fotografía subrepticia: conseguir que el individuo revele algo sobre sí mismo. Como en el caso de la confesión forzada, la pregunta no es menos invasiva si busca el conocimiento público o si evito que el interrogador sepa la verdad sobre mí respondiendo con una mentira.

Si un colega me pregunta si tengo relaciones íntimas con mi mujer, puede adivinar la respuesta a esa pregunta; mi reticencia no le impide saberlo, aunque sí le impide *oírlo de mí*. La pregunta es invasiva porque no quiero responder a ella de *ninguna* manera, y mi interlocutor ha actuado de forma inapropiada al ponerme en esa situación. Si alguna vez le han hecho una pregunta invasiva, sabrá que da la sensación de que el otro *intenta sonsacarte algo*, como suele decirse. Ahora estamos en mejores condiciones de decir de dónde y en qué sentido intentan sonsacarte algo, y qué es ese algo. Por un lado, la pregunta invasiva intenta llegar, por así decirlo, al ámbito de la interioridad de un individuo, donde los agentes deciden quiénes son y qué van a hacer. Por otro lado, cuando mi colega me hace una pregunta invasiva, no está simplemente intentando saber algo sobre mí, sino que está intentando sustituir, en su mente y en nuestra relación, una condición de ambiguo desconocimiento por un hecho cierto cuando, como indica mi percepción de la pregunta como invasiva, yo preferiría lo primero. Por eso la pregunta no es menos invasiva si no conozco la respuesta, y por eso la respuesta natural a una pregunta invasiva no es mentir u ofuscarse, sino negarse a responder.

Aunque la mentira protege un secreto, no protege lo que hace la privacidad, esa condición de que no haya información sobre el asunto ni en un sentido ni en otro; en otras palabras, no protege el olvido. Lo que quiero es que la pregunta invasiva nunca se haya formulado, o mejor aún, que la pregunta nunca haya pasado por la mente de quien la formula. En otras palabras, quiero que el autor de la pregunta sea inconsciente, que no se equivoque ni se engañe, como ocurriría con una mentira. Es porque queremos proteger este olvido frente al intento de la pregunta de traspasarlo por lo que no respondemos a preguntas invasivas con mentiras («¡no, no tengo relaciones sexuales con mi mujer!») sino diciendo «eso es privado». Y en la medida en que nuestros gestos, nuestro rubor o nuestros ojos bajos parecen dar una respuesta en un sentido o en otro, sentimos que hemos fracasado a la hora de evitar la invasión. Las medidas que tomamos para proteger nuestra expresión en respuesta a la pregunta invasiva, para mantener la cara seria o para mostrar nuestra indignación, son un legado de nuestras creencias y hábitos de percepción heredados sobre la expresividad reveladora del rostro.

Es hora de volver a la pregunta con la que abríamos el capítulo. ¿Fueron las fotografías de Svenson invasiones de la privacidad, como dijo el tribunal, o tal vez fueron meramente invasivas? Las imágenes de la serie *Los vecinos* son tan eficaces porque evocan un amplio complejo de ambivalencias cargadas: parecen tambalearse en el límite entre lo privado y lo público, el respeto y la violación, lo conocible y lo incognoscible, el *voyeurismo* y la mirada inocente, todo ello convergiendo en el nudo de cuestiones sociales, éticas, epistemológicas y políticas que clasificamos ampliamente bajo el nombre de privacidad.

Sin embargo, la fuerza más potente de las fotografías de Svenson, y lo que las convierte en obras de arte perdurables, deriva de una calculada tensión interna entre la invasión del olvido que es propio de la privacidad por parte de las imágenes y la reproducción simultánea que hace de dicha privacidad. Es innegable que Svenson fotografió a sus vecinos sin su conocimiento ni consentimiento, lo cual, como hemos visto, es uno de los pocos ejemplos centrales de invasión de la privacidad que vinculan los orígenes de la privacidad moderna con las preocupaciones del siglo XXI. Pero, al mismo tiempo, las fotos que Svenson decidió exponer, una fracción de las que realmente había tomado, están construidas de tal forma que preservan algo parecido a la privacidad de sus sujetos. Por supuesto, su privacidad no se preserva literalmente en un estado igual al que habría tenido si Svenson nunca hubiera empuñado su cámara. Esta aparente preservación tampoco tiene nada que ver con el hecho de que las personas que aparecen en las imágenes no puedan ser identificadas o sean anónimas. De hecho, varios de los sujetos fueron identificados, y pueden verse los rostros de varias mujeres y de un niño.

La sensación de que las imágenes reproducen algo parecido a la privacidad se debe más bien a la inesperada y a menudo inteligente inclusión por parte de Svenson de los elementos arquitectónicos del edificio dentro del marco de la fotografía. Las ventanas, los muros exteriores y las cortinas, incluso la suciedad y el resplandor de las ventanas, conspiran para ocultar y, al mismo tiempo, revelar el espacio doméstico y los cuerpos de los vecinos. Mezclada con lo invasivo de estas imágenes está la confirmación de que el ojo del espectador nunca puede penetrar totalmente en la vida de los vecinos. (Esto es, valga la redundancia, lo contrario de la lógica de la vigilancia.) Las imágenes de *Los vecinos* reproducen la evidencia de lo incognoscible dentro de lo descubierto y lo conocido al señalar, mediante su propio acto de exposición, ámbitos de la vida de esos vecinos que están más allá de nuestros poderes de percepción y conocimiento y resultan pues inalcanzables. Esto produce en el espectador la sensación de que las vidas de los individuos que aparecen en las fotografías de Svenson tienen una profundidad y una potencialidad que necesariamente nos sobrepasa, por mucho que escudriñemos las fotografías. Y si esto es cierto en el caso de los vecinos de Svenson en el bajo Manhattan, también lo es en el caso del resto de nosotros, lo que quizá respalde la afirmación del artista de que retrata universales humanos en las vidas particulares de sus sujetos.

Esta noción de profundidad, su vitalidad en los asuntos humanos y su relación con el olvido y la privacidad es el tema del capítulo 5, así que, por ahora, nos limitaremos a señalar que es la reproducción de obstáculos al conocimiento del espectador sobre sus temas lo que hace que las imágenes de Svenson sean significativas, vivas y misteriosas. Ante todo, por eso expresan algo particularmente *humano* sobre las personas que aparecen en ellas. Las fotografías de vigilancia y las imágenes tomadas por *paparazzi*, policías y detectives privados, es decir, las imágenes tomadas con el fin de servir como información, carecen de esta cualidad, porque tratan de retratar la vida humana en la forma estática de la información, en lugar de como algo cuya potencialidad, sorpresa y profundidad nunca puede agotarse por ser, en algún nivel fundamental, incognoscible.

2.
PRIVACIDAD, PERCEPCIÓN Y AGENCIA

En 1965, GERALD FOOS compró el motel Manor House de Aurora (Colorado) para satisfacer sus pulsiones *voyeuristas*. Construyó plataformas de observación especiales en el ático, encima de las habitaciones, e instaló falsos respiraderos en los techos a través de los cuales podía observar a sus huéspedes sin ser detectado. Él mismo hizo todo el trabajo para evitar que alguien lo descubriera. Durante casi treinta años, Gerald Foos espió a los desprevenidos huéspedes de la mansión; nunca lo descubrieron, y él nunca se lo contó a nadie, a excepción de su esposa, que guardó el secreto. Cuando Foos confesó finalmente sus décadas de *voyeurismo* al periodista Gay Talese, insistió en que no había hecho nada malo. Según Foos, ni siquiera había invadido la privacidad de sus invitados. Pensó que, como nunca le pillaban ni comunicaba lo que veía, nadie se veía afectado por su espionaje, y mucho menos perjudicado. Y si no había nadie cuya vida se hubiese visto afectada, entonces nadie tenía nada que reprocharle. «Un huésped tiene derecho a su privacidad», dijo, pero «no hay invasión de la privacidad si nadie se queja»[1].

La lógica moral de Foos es obviamente errónea e interesada, aunque mucho más común de lo que podría pensarse. Reaparece en los debates sobre privacidad con una frecuencia inquietante. Por ejemplo, a raíz de la revelación de Edward Snowden y Glenn Greenwald sobre la vigilancia generalizada sin orden judicial de ciudadanos estadounidenses por parte de la Agencia de Seguridad Nacional (NSA, por sus siglas en inglés), un entrevistador preguntó a Greenwald si tenía pruebas de que alguien hubiera resultado *realmente perjudicado* por el programa, es decir, además de las pruebas de que había sido espiado[2]. Si esto parece una pregunta de más, es porque tendemos a pensar que violar la privacidad de alguien es perjudicarle de alguna manera. Sin embargo, resulta bastante difícil explicar de qué manera las vidas de esos huéspedes y ciudadanos habrían empeorado si las violaciones de su privacidad nunca hubieran salido a la luz o no se hubieran utilizado en modo alguno contra ellos.

Para comprender mejor esta dificultad y ver cómo apunta a un importante rompecabezas en el corazón de nuestros conceptos y prácticas de privacidad, veamos una versión algo simplificada de la historia de Foos.

---

[1] Gay Talese, *The Voyeur's Motel*, New York: Grove Press, 2016, p. 26 [*El motel del voyeur*, Madrid: Alfaguara, 2017].

[2] Steve Inskeep, "Glenn Greenwald: NSA Believes It Should Be Able to Monitor All Communication", radio, 12 de mayo de 2014.

VOYEUR

Ben es un viajante de comercio lejos de casa que se detiene en el Motel Manor House para pasar la noche. Alquila una de las habitaciones donde, sin que él lo sepa, Gerald Foos ha instalado una abertura para observar a los incautos huéspedes. A lo largo de la noche, Foos ve a Ben ver la televisión, ajustarse la ropa frente al espejo y leer un libro. En un momento dado, Ben entra en el cuarto de baño y sale vestido con el chándal y la camiseta con los que se acuesta y que, por la mañana, también llevará al bufé del desayuno. Foos es un simple *voyeur* y un total desconocido para Ben. Nunca llega a saber nada más de Ben que lo que observa a través del agujero, y nunca le cuenta a nadie lo que ha visto. Ben nunca se entera de que Foos lo ha espiado. Algún tiempo después, Foos se olvida de Ben, y algo más tarde se lleva a la tumba el conocimiento de su *voyeurismo*.

La historia de Ben plantea un rompecabezas para nuestra comprensión de la privacidad porque tendemos a suponer que dos cosas son ciertas. En primer lugar, parece obvio que Foos violó la privacidad de Ben. Por muy amplio que sea nuestro concepto de privacidad, nadie puede dudar razonablemente de que la privacidad de Ben fue violada y que fue Foos quien la violó al espiarle. En segundo lugar, damos por sentado que es malo que se viole la privacidad. La suposición de que las violaciones de la privacidad dejan a sus víctimas en peor situación de alguna manera es la base de la idea de que los derechos de privacidad obtienen su fuerza moral de la prevención del daño a los violados, en lugar de un interés que los potenciales violadores de la privacidad tienen en meter sus narices en los asuntos de otras personas.

El enigma surge porque no es fácil decir en qué empeora Ben como consecuencia del *voyeurismo* de Foos. El espionaje no afecta a los estados mentales, los proyectos o las relaciones de Ben con los demás. De hecho, es difícil ver cómo la vida de Ben se ve afectada en absoluto. Esto tiene consecuencias significativas para nuestra comprensión del valor moral de la privacidad, ya que si no somos capaces de identificar un daño en el caso de Ben, entonces nos enfrentamos a un par de alternativas desagradables. O bien tendremos que renunciar a la primera suposición y decir que en el caso de Ben cualquier interés que proteja la privacidad no se ve afectado, lo que sugiere que estábamos equivocados al pensar que Foos violó su privacidad (y por lo tanto que Ben tiene un derecho moral a la privacidad que lo proteja de tal espionaje). O tendremos que abandonar el segundo supuesto y decir que no todas las violaciones de la privacidad son perjudiciales.

Estas alternativas son desagradables porque lo que está en juego al abandonar cualquiera de los supuestos es bastante importante. Es casi impensable que abandonemos la primera suposición y aceptemos la conclusión de que Foos, de hecho, no violó la privacidad de Ben. El mirón es un tropo central en nuestro pensamiento sobre la privacidad, y tendemos a imaginar que tendríamos una queja contra Foos si estuviéramos en el lugar de Ben. Sin duda nos sorprendería descubrir que hemos malinterpretado, durante tanto tiempo y de manera tan profunda, lo que nos importa en cuanto a la privacidad. Es casi igual de difícil imaginarse abandonando el segundo supuesto.

Ben tiene razones para protestar contra Foos, pensamos, porque el espionaje de Foos afecta a Ben de alguna manera que le deja en peor situación. Pero si no podemos decir por qué es malo para Ben, o incluso cómo afecta a su vida, entonces debemos considerar que las razones que tenemos para suponer que Ben tiene derecho a la privacidad son mucho más débiles de lo que creíamos, tal vez incluso más débiles que las razones que tenemos para permitir todo tipo de fisgoneo no descubierto en nombre de la seguridad pública u otros beneficios para los ciudadanos y los consumidores. En un sistema de gobierno liberal reacio a prohibir comportamientos inofensivos, siempre hay un paso corto entre enjuiciar algo como inofensivo y el dicho anglosajón «no harm, no foul» («sin daño no hay falta»). La noción de que cuando se trata de la privacidad «lo que no sabemos no puede hacernos daño» autoriza que se produzca una gran cantidad de vigilancia. Además, abandonar el segundo supuesto podría generar razones morales, basadas en el bienestar del espiado, para que sus espías se esfuercen por no ser descubiertos nunca. Es bastante perverso pensar que Foos respeta el interés por la privacidad de Ben manteniendo en secreto el modo en que la viola.

Por todos estos motivos, vamos a dar por sentado que la visión ordinaria del escenario *voyeur* es correcta: que Foos viola la privacidad de Ben, y que es malo para Ben que esto haya sucedido. El resto de este capítulo se ocupará de entender qué tipo de apoyo puede haber para tal punto de vista, y lo que un relato justificado de la visión ordinaria revela acerca de la privacidad. Resulta que la comprensión de este enigma revela muchas cosas sobre el valor moral de la privacidad, muchas de las cuales han pasado desapercibidas o no han sido valoradas. Sin duda, nuestra explicación de la visión ordinaria del *voyeur* podría no explicar todo lo que decimos cuando hablamos de privacidad. Se abordará ese asunto en el resto de este libro. Sin embargo, sea lo que sea lo que incluya una teoría de la privacidad, debería incluir una explicación de la visión ordinaria *del voyeur*.

Daños a la privacidad y el bienestar

Calificar de perjudicial o inocua la violación de la privacidad de Ben es invocar un sentido específico en el que las cosas pueden ser malas para alguien. Una persona resulta perjudicada, supongo, cuando le sucede algo que lesiona, frustra o interfiere con algún interés, entendido como un componente general del bienestar humano[3]. Hay una variedad de maneras de entender por qué es *malo* que Foos viole la privacidad de Ben —y en ciertos puntos de vista del carácter moral, cómo es malo para Foos, así como incorrecto—, pero la idea general detrás del derecho moral a

---

[3] Esta es una definición de daño asociada sobre todo con Thomas Nagel y Joel Feinberg, que llama a los daños «contratiempos para los intereses». Joel FEINBERG, *The Moral Limits of the Criminal Law, Volume 1, Harm to Others*, Nueva York: Oxford University Press, 1984, p. 31; Thomas NAGEL, "Death", en *Mortal Questions*, Cambridge: Cambridge University Press, 2012, pp. 1-10. El hecho de que los daños le sucedan a uno, en lugar de ser hechos brutos de su vida, explica por qué, aunque pueda suponer una desventaja nacer pobre o ser miembro de un grupo desfavorecido en una sociedad racista u homófoba, no podemos decir que uno se vea perjudicado por nacer de una forma en lugar de otra.

la privacidad es que es como el derecho a no ser golpeado. Ese derecho se basa en la idea de que tenemos interés en no ser golpeados porque esa condición (comoquiera que la entendamos) es un aspecto del bienestar humano. Del mismo modo, el derecho moral de Ben a la privacidad protege un interés en el bienestar que se ve frustrado por la clase de acciones contra las que protege el derecho. Por eso no es excusa que Foos diga que Ben no se enteró de nada.

Si estamos en lo cierto al suponer que la violación de la privacidad de Ben es mala para él, obviamente no lo será por la variedad de perjuicios que pueden derivarse de la violación de la privacidad, ya que no se obtiene ninguno de ellos. Es importante señalar que esto se aplica no solo al caso concreto del *voyeur*, sino a la privacidad en sentido más amplio. Consideremos la idea de que lo que convierte un acto en violación de la privacidad no depende del contenido de lo que percibe el infractor. Si alguien se asoma a su habitación de hotel o lee su diario, no importa que lo que observe sea ya información pública o algo que ya sabía. El contenido de lo que se observa puede influir en que usted sufra daños secundarios en los ámbitos de la reputación, el control sobre la propia imagen, la capacidad de presentar diferentes imágenes de sí mismo en diferentes contextos, etcétera. Sin embargo, ninguno de estos daños se deriva necesariamente de la violación de la privacidad en sí[4]. Como

---

[4] Un corolario de esta observación nos permitirá descartar rápidamente una posible visión del perjuicio que sufre Ben. Se podría suponer que este perjuicio es análogo al que sufriría si le robasen el número de su tarjeta de crédito sin que nadie la utilice. Él está en poder de Foos, en cierto sentido, lo que podríamos caracterizar como un daño más allá del que produciría un eventual uso de ese poder. Pero esto todavía no

ya he mencionado, situar el daño a Ben en cualquier cosa que no sea el acto de la violación en sí también conduce a consecuencias perversas, ya que Parecería generar un interés en que Ben nunca se entere de lo que pasó, y que Foos guarde su secreto y tenga cuidado de no ser descubierto nunca. Sería extraño, por decirlo suavemente, que el interés protegido por el derecho de Ben a la privacidad estuviera también protegido por el hecho de que Foos se saliera con la suya en la violación de ese derecho.

Hay muchas cosas en la vida que son malas sin ser perjudiciales. Aunque puede ser malo tener un virus estomacal o ser abandonado, no solemos considerar estas experiencias como perjudiciales. Esto se debe a que los daños afectan a los intereses, entendidos como elementos fundamentales del bienestar de una persona. Seguramente a uno le interesa estar sano, pero no es razonable suponer que ese interés se vea perjudicado o frustrado por una enfermedad de corta duración de la que uno se recupera pronto. Lo mismo puede decirse de una gran variedad de agravios, decepciones e incomodidades de la vida. Sin embargo, en el caso Foos, si es malo para Ben que se haya violado su privacidad, no puede ser malo para él como lo sería un virus estomacal. Puesto que Ben nunca descubre lo que hizo Foos, y puesto que cualquier consecuencia que pueda haber se limita al momento y lugar del espionaje de Foos, la violación de la privacidad de Ben no será mala para él en ninguna de las formas en que las cosas pueden ser desagradables, indeseadas o hirientes.

---

explica en qué sentido, en particular en lo relativo a la privacidad, Ben estaría en poder de Foos, especialmente porque no hay manera de que Foos pueda utilizar la información que obtiene en detrimento de Ben.

Más bien, lo ocurrido tiene que ver con una alteración de un estado de cosas que (1) puede decirse que afecta a Ben, (2) en un ámbito del bienestar lo suficientemente importante como para que impongamos a los demás el deber de no interferir en él. El resto de este capítulo examina estas cuestiones de manera sucesiva.

No obstante, antes de seguir adelante deberíamos preguntarnos si he confundido un indicio de violación de la privacidad en cuanto a su *categoría*. Tal vez podamos admitir que lo que le ocurre a Ben es una muestra de la categoría «violación de la privacidad» sin conceder que esta muestra específica (*voyeur*) comparte todas las características de la categoría (específicamente las que tienen que ver con el daño)[5]. Dicho de otro modo, podría ser que Foos hubiese violado el derecho moral de Ben a la privacidad, que es un caso específico de un derecho más general que protege contra la categoría de daños que típicamente acompañan a las violaciones de la privacidad, pero no en todos los casos. Lo que le ocurrió a Ben sería entonces la excepción que confirma la regla. Desde este punto de vista, podríamos admitir que Foos perjudicó a Ben sin tener que admitir que le causó ningún daño, aunque todavía nos preocuparan las consecuencias desagradables que he planteado antes. Esto sería un error.

Una razón para desestimar esta objeción es que nos pide que entendamos al *voyeur* como un caso especial y,

---

[5] Un ejemplo rápido del análisis de la *categoría* para los lectores que no estén familiarizados con esta jerga un tanto técnica: los perros (categoría) son cuadrúpedos, pero este solo tiene tres patas. Sin embargo, sigue compartiendo un conjunto suficiente de características con el tipo que nos permiten identificarlo como perro.

por tanto, que el derecho a la privacidad de Ben está justificado no por los hechos de su caso, sino indirectamente, en virtud de ciertas similitudes entre el espionaje de Foos y otros casos más centrales de violación de la privacidad. Pero esto no puede ser correcto. Al igual que el mirón es fundamental para nuestra comprensión de la privacidad, también lo es la idea de que es irrelevante para la privacidad lo que ve Tom, solo que lo ve en determinadas condiciones. Otra razón para resistirse a la objeción parte de la idea de que los casos excepcionales lo son por su aparición relativamente rara en el mundo, y no por las dificultades conceptuales que presentan. Me parece razonable suponer que las violaciones de la privacidad no descubiertas son más o menos tan comunes como las que descubrimos. De hecho, dada la sofisticación tecnológica de los fisgones digitales en relación con la del usuario medio de ordenador, supongo que las violaciones de este tipo son, o al menos podrían ser, más comunes que las que descubrimos. Si eso es al menos plausible, entonces tenemos razones para pensar que el *voyeur* no presenta solamente un tipo central de caso de privacidad, sino también que parte de lo que cuenta para su centralidad es precisamente que no se descubra. Por lo tanto, una teoría que hiciera una excepción de este caso parecería inadecuada. Nuestra sensación de que Ben estaría mejor sin la violación de Foos de su privacidad no se basa en la aplicación excepcional de un principio moral general. Más bien, expresa el juicio de que la vida de Ben habría ido mejor si esto no hubiera sucedido.

Por lo tanto, si la violación de la privacidad de Ben por un *voyeur* es mala para él, debe ser porque afecta negativamente a algún interés suyo. Y si tiene un interés que puede verse afectado por el espionaje de Foos, entonces debe ser un interés que Ben posee en un estado de cosas independiente de sus estados mentales, planes de vida y relaciones con los demás. Esto es significativo, porque viene a recalcar que subyace a la visión ordinaria del *voyeur* la suposición de que el interés de Ben corresponde a una visión externalista de su bienestar. La idea básica de la visión externalista es que hay al menos algunos elementos de la vida de una persona que pueden ir mejor o peor independientemente de que esa persona sea consciente de ellos. Se trata de un pensamiento venerable cuya articulación moderna más conocida es probablemente la máquina de las experiencias de Robert Nozick[6]. Lo que se suponía que la máquina de las experiencias demostraba es que, para ciertos aspectos de la vida humana, lo que cuenta para el bienestar es un estado de cosas que se obtiene realmente, no simplemente que uno tenga la experiencia

---

[6] «Queremos *hacer* ciertas cosas, y no solo tener la experiencia de hacerlas. En el caso de ciertas experiencias, es solamente porque para empezar queremos hacer esas acciones que queremos tener la experiencia de hacerlas o pensar que las hemos hecho»; Robert Nozick, *Anarchy, State, and Utopía*, Malden, MA: Blackwell, 2012, p. 43. Esto también se conoce como la «visión objetiva del bienestar»; prefiero personalmente el lenguaje de la externalidad, por dos razones. En primer lugar, para destacar la idea de que los acontecimientos externos a los procesos mentales de un individuo y sus relaciones con los demás pueden afectar a su vida. Y segundo, para evitar verme envuelto en controversias metaéticas sobre la naturaleza del valor. Agradezco a Michael Rosen varias discusiones sobre este punto. En cualquier caso, la visión de la privacidad que ofrezco a continuación no depende de la verdad de la visión externalista del bienestar, aunque la visión ordinaria de *Voyeur* pudiera hacerlo.

psicológica correspondiente. La visión ordinaria del *voyeur* expresa el pensamiento de que lo que queremos para Ben, y por tanto para nosotros mismos, no es solo experimentar la privacidad, sino realmente tenerla. Esto es significativo porque sugiere, en contra de una fuerte corriente de pensamiento contemporáneo sobre la privacidad, que hasta cierto punto nos preocupamos por la privacidad por sí misma, y no solo porque tenga un valor instrumental en relación con otras cosas que son importantes para nosotros, como la autonomía, la reputación y la ganancia material.

Si se muestra escéptico antes esta idea, considere la posibilidad de elegir entre un mundo en el que unos alienígenas lejanos, que de algún modo no pudieron o se les prohibió establecer contacto con la Tierra, le observaran en el baño y en el dormitorio, y un mundo en el que no lo hicieran. O, en lugar de extraterrestres, quizás un *hacker* al otro lado del mundo que se guarda su espionaje para sí mismo. Supongo que en ninguno de los dos casos consideraríamos la elección como indiferente o propiamente sujeta a juicios no morales, como las cuestiones de gusto. Más bien, creo que la mayoría elegiría el mundo sin los alienígenas vigilantes y que, si se nos presionara para explicar nuestra elección, diríamos que con los alienígenas estaríamos peor en términos de privacidad —es decir, en términos de lo que sea que la privacidad protege—, incluso si todavía no fuésemos capaces de decir exactamente qué queremos decir con eso[7].

---

[7] Andrei Marmor piensa que no tendríamos interés en la privacidad frente a tales alienígenas porque, dada la imposibilidad de contacto, «no podemos tener interés en cómo nos presentamos ante ellos». «¿En qué sentido empeorarían nuestras vidas», pregunta retóricamente, «de saber que los alienígenas nos observan?». En efecto. El punto de vista

Percepción y privación

El primer reto para explicar cómo Ben podría verse perjudicado por la violación de su privacidad, incluso en el sentido externalista, es explicar de qué modo Ben se ve afectado por el espionaje de Foos. Para que Foos perjudique a Ben, es obviamente necesario que Foos afecte a su vida de alguna manera, y todavía no está claro que Foos, de hecho, haya afectado a la vida de Ben simplemente por mirarle. Comparemos la violación de la privacidad que produce un *voyeur* con otro par de delitos no descubiertos, uno en el que nunca se plantea la cuestión del daño, y otro en el que la descripción de delito inofensivo parece adecuada.

Abuso que no se descubre

X toma pastillas para el insomnio que le proporcionan ocho horas del sueño más profundo e insoportable. Una noche, Y entra en el dormitorio de X con la intención de abusar de ella o él. Poco después, Y se marcha, sin dejar rastro en el cuerpo de X ni en ningún otro lugar, y sin decírselo a nadie.

Allanamiento de morada que no se descubre

---

de Marmor sobre lo que protege la privacidad es el interés por controlar cómo aparecemos ante los demás, basado en el valor de dicho control para «dar forma a la vida social que queremos tener». El caso Foos plantea problemas para esta clase de puntos de vista que retomaremos al final de este capítulo. Andrei MARMOR, "What Is the Right to Privacy?", *Philosophy and Public Affairs* 43, n.º 1 (2015), p. 11.

De nuevo X está dormido. Y entra en la casa de X por la puerta sin cerrar, pero en lugar de entrar en el dormitorio de X, Y explora un poco, mira a su alrededor, no molesta nada y vuelve a salir, dejando todo exactamente como estaba. Una vez más, nadie más que Y sabe lo que ha pasado[8].

En los tres casos, las consecuencias que se derivan son irrelevantes para la cuestión de qué hace que el acto sea ilícito. Sin embargo, el *abuso* difiere del *allanamiento* —y se asemeja a la visión ordinaria del *voyeur*— *en* que nunca se plantea la cuestión del daño. Mientras que es concebible decir que el intruso perjudicó a X pero no le causó ningún daño, el abuso de Y sería *ipso facto* perjudicial para X. Si Y no perjudica a X en el *abuso*, entonces estamos obligados a asumir que, una vez dentro de la habitación, Y cambió de opinión y no abusó de X. Si Y abusa de X, también puede ser malo o perjudicial que Y cuente a los demás lo sucedido —X puede sentirse humillado o avergonzado, o simplemente puede no querer que nadie le conozca como víctima de abusos—, pero este tipo de perjuicios secundarios no guardan una relación necesaria

---

[8] Es posible que Y incluso beneficie a X en este escenario, por ejemplo, apagando una vela potencialmente peligrosa. Por analogía, podemos imaginar invasiones secretas de nuestra privacidad por parte de un Estado benéfico o de un agente privado y suponer que el fisgoneo constante nos beneficia de alguna manera parecida, todo ello sin que lleguemos a saberlo. Creo que este tipo de paternalismo discreto y antiprivado nos seguiría pareciendo preocupante, posiblemente incluso más que el simple espionaje. Por qué debería preocuparnos, especialmente si parece que salimos ganando sin sufrir ningún daño aparente, es la cuestión de este capítulo. El ejemplo de la intrusión inofensiva tiene su origen en Arthur RIPSTEIN, "Beyond the Harm Principle", *Philosophy and Public Affairs* 34, n.º 3 (2006), pp. 215-245.

con el perjuicio de que abusen de uno, ni responden a la pregunta básica de por qué es esencialmente perjudicial para X sufrir abusos. Lo mismo parece ocurrir en el caso del *voyeur*. De hecho, los tipos de daños secundarios que pueden derivarse de un abuso son los mismos de los que se supone que la privacidad debe protegerse: daños a la posición social, a la propia imagen, a la relación con los demás, a la capacidad de presentar diferentes imágenes de uno mismo en diferentes contextos, etcétera[9]. Sin duda, estas son consecuencias negativas, pero su relación con la privacidad no es más necesaria que con el abuso.

Creo los casos de abuso y *voyeur* nos parecen similares, al menos cuando se contraponen al allanamiento, porque son casos en los que una persona hace algo a otra. Por el contrario, la forma más natural de describir lo que ocurre en el allanamiento es que Y hace algo a la propiedad de X (entra en su casa, mira sus cosas, etcétera). Por supuesto, los objetos inanimados no son el tipo de cosas que típicamente entendemos que tienen intereses, y por lo tanto una intrusión debe ser perjudicial para alguna persona o no será perjudicial en absoluto. Lo que quiero destacar al enfrentar el *allanamiento* con el *voyeur* y el *abuso* es el tipo de violación cuyo objeto es la propia persona.

---

[9] Para una muestra de estas opiniones, véase Ferdinand David SCHOEMAN, ed., *Philosophical Dimensions of Privacy: An Anthology*, Cambridge: Cambridge University Press, 1984; MARMOR, "What Is the Right to Privacy?"; Helen NISSENBAUM, "Privacy as Contextual Integrity", *Washington Law Review* 79, n.º 1 (2004), pp. 119-157. Este punto también parece reivindicar la afirmación frecuentemente ridiculizada de Warren y Brandeis de que los daños asociados a la privacidad no son de naturaleza «material», sino «espiritual».

Sin embargo, la idea de que el objeto de la violación de la privacidad de Foos es la persona de Ben es precisamente lo que explica su aire de paradoja: Ben parece a la vez tocado y no tocado por la mirada de Foos. Podemos aclararnos distinguiendo entre *voyeur* y *agresión*. Obsérvese que en ambos casos se ven afectados distintos aspectos de la persona de la víctima. Mientras que el objeto del abuso es el cuerpo físico, el objeto de la violación de la privacidad no lo es, o al menos no de la misma manera. Consideremos una variante del caso del *voyeur*.

HACKER

Un *hacker* desarrolla un programa informático para infiltrarse aleatoriamente en ordenadores de todo el mundo, al tiempo que le resulta imposible identificar o ponerse en contacto con sus propietarios. El programa permite al *hacker* acceder a los correos electrónicos, fotos, documentos, etcétera de una persona. Al igual que Foos, el *hacker* es un simple *voyeur* que nunca cuenta a nadie lo que ve, y nadie se entera nunca.

Al igual que en el caso del *voyeur* y el abuso, es natural decir que si el *hacker* ataca tu ordenador te hace algo *a ti* en lugar de a tu ordenador, aunque técnicamente lo cierto es lo contrario. Esto se debe a que el objeto de las violaciones de la privacidad no es el cuerpo físico o el espacio doméstico, sino las dimensiones epistémicas de la personalidad, es decir, aquellos aspectos de la vida humana sobre los que se puede producir conocimiento. (Perdonen la locución incómoda, pero es importante no cometer el error común de dar por sentado que las protecciones de

146

la privacidad se refieren a aspectos de la vida humana que solo son conocibles porque ya consisten en información). Esto es cierto tanto en el caso del *voyeur* como en el del *hacker*, ya que sería más exacto decir que el objeto del espionaje de Foos es la *apariencia* de Ben, más que su cuerpo físico. Si Foos entrara en contacto físico no deseado, y no meramente perceptivo, con el cuerpo de Ben, probablemente diríamos que se ha cruzado la línea que separa la violación de la privacidad del abuso. También por eso puede parecer una violación mayor de la privacidad que alguien entre en la casa de uno y no, por ejemplo, en un piso de su propiedad pero alquilado: uno probablemente sentiría que el primero, por ser el lugar donde guarda todas sus cosas, está más estrechamente relacionado con uno mismo que el segundo. Del mismo modo, *voyeur* y *hacker* difieren de quien abusa en el modo de violación, que en los casos de privacidad podría describirse como aprender algo sobre la víctima, o llegar a conocerla de un modo particular.

Llamemos *dimensión biográfica* de la vida de Ben al aspecto de la persona sobre el que podemos aprender sin preguntarle a la propia persona[10]. La dimensión biográfica de Ben incluye lo que se puede decir sobre su aspecto físico y su comportamiento, entre otras muchas cosas, y no se limita a lo que se puede aprender de primera mano. Gran parte de ella consistirá en información de segunda mano: hechos sobre él, comentarios sobre su aspecto y comportamiento, y afirmaciones normativas de segundo

---

[10] Tomo prestado el término de James Rachels, *The End of Life: Euthanasia and Morality*, Oxford: Oxford University Press, 1986.

orden. La dimensión biográfica de la vida de una persona se compone de creencias sobre cómo es y lo que ha hecho, que pueden existir en la mente de otros (como en el caso del *voyeur*), así como en otras formas más permanentes como la escritura y las fotografías (como en el caso del *hacker* y las biografías reales).

Lo más importante aquí es que el conjunto de creencias sobre cómo es Ben, ahora y en el pasado, no es meramente descriptivo, sino también constitutivo de quién es Ben. Las creencias forman parte de lo que él es. Por ejemplo, que Ben sea generoso o un bailarín dependerá de si, de hecho, da gratuitamente o baila en público. Aun así, es posible que nadie le tome en serio. Puede que para todo el mundo su generosidad esté contaminada por motivos ocultos, su baile sea poco serio y menos elegante, de modo que la respuesta a la pregunta de si Ben es generoso o un bailarín sea «no» o «en realidad no». Aunque este aspecto de Ben es externo a sus estados mentales y a su cuerpo físico, en realidad no podemos decir que esté por tanto separado de él, o que forme menos parte de su vida que su cuerpo físico. Porque si las únicas cualidades de Ben que pudiéramos llamar integrales consistieran en propiedades independientes de su relación con los demás y de lo que estos pensaran de él, entonces nos encontraríamos con muy poco que decir sobre esa persona. Podríamos describir su organismo físico y su ubicación en el espacio y el tiempo, pero no ninguno de los elementos que hacen de él un individuo en un sentido robusto, nada de lo que da a su vida color, dirección y sentido. Sin referencia a su dimensión biográfica, Ben ya no aparece en absoluto como un individuo, sino como un simple miembro de una especie.

En este sentido, Ben no deja de verse afectado por el *voyeurismo* no descubierto de Foos. Al observar a Ben, Foos formó parte de su dimensión biográfica. Si una parte de Ben está constituida por las percepciones y evaluaciones independientes de los demás, entonces esa parte de él puede verse afectada independientemente de cualquier efecto sobre sus estados mentales, sus proyectos vitales o sus relaciones con los demás[11]. Esto nos acerca a la comprensión de cómo Ben podría verse perjudicado por el espionaje de Foos, si bien no nos da para comprenderlo del todo, ya que la impresión que Foos se forma de Ben es idéntica a los aspectos de su dimensión biográfica preexistentes a que Foos fisgonease en su vida. No se da el caso de que Ben se vea perjudicado porque lo que Foos ve se refleje negativamente en él o no se ajuste a cómo quiere ser visto o cómo se comporta en público. Podríamos incluso suponer que Foos sale de su escondrijo abrumado de admiración, sin que ello afecte a la intuición de que, a pesar de todo, fue malo para Ben que se violara su privacidad. Es difícil ver cómo Foos altera la dimensión biográfica de Ben, excepto en el sentido de formar una impresión de Ben donde antes no la había.

---

[11] Es importante recordar aquí que la dimensión biográfica de la vida de Ben es diferente de su reputación, y que un cambio en la primera no implica necesariamente ningún efecto en la segunda. Obviamente, la reputación de Ben no se ve afectada por el espionaje. Además, no es infrecuente que la reputación de individuos o grupos no se vea afectada cuando sale a la luz información contradictoria.

Ahora podemos dar una explicación provisional y parcial del daño que hace este *voyeur.* Foos perjudica a Ben no simplemente formando parte de su dimensión biográfica, sino privándole de un grado de posibilidad en esa dimensión que habría existido de no ser por el espionaje de Foos. En otras palabras, el daño no consiste en la *impresión* que Foos se hace de Ben, ya que lo que dicha impresión podría no ser diferente de la que se habría formado coincidiendo en el *check-in* o tomando el desayuno del hotel. Más bien, al formarse cualquier impresión, Foos priva a Ben de algo que de otro modo habría tenido. Entendiendo el del *voyeur* como un caso de privación, más que de imposición o interferencia, encaja con una forma común de describir la acción de Foos: priva a Ben de su privacidad. Cuando Foos se acerca a la mirilla, Ben se encuentra de repente y por esa razón sin la privacidad de la que de otro modo habría disfrutado, lo que, desde este punto de vista provisional, significa que Ben ha sido privado de un estado de cosas en el que, hasta ese momento, no había información biográfica sobre cómo era. Antes de que Foos vea a Ben frente al espejo y durmiendo en chándal, el hombre podría haber tenido cualquier tipo de características para él; no infinitamente muchas, pero el abanico de posibilidades es vasto.

Admito que esta es una forma poco habitual de entender el perjuicio que causa un *voyeur.* Dentro de un momento iré más allá de esta explicación, pero antes debemos señalar algunos de sus puntos interesantes para una teoría de la privacidad. En primer lugar, encaja con los orígenes de la privacidad que desenterramos en el capítulo 1. La idea allí era que el valor moderno de la privacidad se originó en una visión del yo según la cual «algo se pierde, no se exhibe ni se gana, cuando la posibilidad infinita deja paso a las limitaciones de lo que ya no es potencial, sino actual»[12], una idea que tenía sus raíces en el pensamiento romántico, pero que también desempeña un papel importante en las ideas postrománticas e incluso antirrománticas sobre el yo. A continuación, valida nuestra sensación de que Foos hace algo a Ben como individuo particular y no como portador abstracto de derechos o dignidad. La incomodidad que sentimos al ser observados («sus ojos estaban sobre mí»), y que podemos sentir indirectamente a través de Ben, se asemeja a la repulsión ante un contacto no deseado. Podemos entenderlo si admitimos que una parte de lo que somos existe más allá de nuestros cuerpos físicos y de nuestra capacidad de autogobierno, concretamente en las mentes de los demás, y por tanto puede verse afectada o «tocada» por el simple hecho de que otro nos considere de una determinada manera. Una mirada lasciva o sexualizada en la calle nos incomoda no porque creamos que una mirada pueda tocar realmente el cuerpo físico, como dice la metáfora, sino más bien porque imaginamos que los pensamientos sucios del mirón afectan, aunque sea mínimamente, a las partes de nosotros mismos que existen más allá de los límites de nuestros cuerpos y mentes. La mirada sexualizada parece tocarnos porque nos da la sensación de que el mirón realmente nos está formando de cierta manera (no deseada) en su mente. A esto nos referimos cuando

---

[12] Rosenblum, *Other liberalism: Romanticism and the Reconstruction of Liberal Thought*, Cambridge, MA: Harvard University Press, 1987, p. 50.

decimos en inglés *what do you make of him?* (*make* es «hacer»; «¿qué te parece él?») para preguntar cómo es alguien.

Además, este punto de vista ofrece una explicación de por qué no importa para la privacidad lo que Foos ve, solo las circunstancias en las que lo ve, ya que el que viola la privacidad de otro le priva de alguna posibilidad, incluso si lo que el violador observa no es diferente de lo que cualquiera puede ver en público. Esto nos da razones para pensar que sería más perjudicial (en lugar de menos o igual) si Foos espiara a Ben durante una semana seguida sin ver ningún cambio en la apariencia y el comportamiento de Ben. De hecho, una de las ventajas de esta interpretación de la privacidad frente a las que se basan en el valor de mantener una imagen pública, la reputación o la libertad de configuración personal, es que no tiene problemas para explicar el interés por la privacidad de alguien que es el mismo en público y en privado. Tanto contra el argumento de que «la privacidad es solo para los que tienen algo que ocultar» como contra la débil respuesta de que «todo el mundo tiene algo que ocultar», este punto de vista llama nuestra atención sobre un interés y una fuente de valor en la vida humana que todo el mundo tiene por el mero hecho de ser humano y que se pierde incluso en la violación de la privacidad de alguien cuyo comportamiento público y privado son completamente coherentes entre sí. Lo importante no es que haya muchas personas así —¿cómo podríamos saberlo? —, sino que la idea de la privacidad como derecho o interés fundamental es incoherente con la posibilidad de que haya ciertas personas a las que no se les pueda aplicar debido a cómo viven sus vidas.

152

Este concepto de privacidad también contribuye a que entendamos por qué no pensamos que los animales que se asoman a nuestras ventanas —los gatos, los pájaros y las ardillas— violan nuestra privacidad. Supongamos que un mapache entra en el ático del motel y mira a Ben por la mirilla. Seguramente no pensamos que el animal haya violado su privacidad. No es porque tendamos a pensar que los animales no humanos no son objetos adecuados para cuestiones de culpa y responsabilidad moral; lo que nos interesa ante todo es si un mapache es *capaz* de hacer lo que sea que Foos le hace a Ben, lo cual es independiente y previo a la cuestión de culpar al mapache o considerarlo moralmente responsable por mirar por la mirilla. Tampoco se trata de que un mapache sea incapaz de comunicar lo que ve: ¿qué daño le haría eso a Ben? Más bien, el juicio de que el mapache no viola la privacidad de Ben se basa en la suposición de que los mapaches no hacen inferencias sobre cómo es una persona a partir de una serie de atributos observados. Si los mapaches hablaran inglés pero no tuvieran el concepto de que los atributos de una persona contribuyen a una imagen general de la identidad o el carácter personal, sospecho que seguiríamos pensando que son incapaces de violar nuestra privacidad. En un mundo así, nos preocuparía, en términos de privacidad, que un mapache de habla inglesa pudiera observarnos a través de la ventana y comunicar a alguien los hechos escuetos de su observación, por lo que tendríamos cuidado de bajar las persianas. Pero esto no significa que el mapache sea capaz de violar mi privacidad más que una cámara.

Lo que parece importar para la privacidad es que la información llegue a una inteligencia humana (o similar)

que sea capaz de entender que esa información no solo emana de mí como la luz de una estrella, sino que trata de mí
en un sentido más profundo de mi dimensión biográfica. Si
un día descubrimos que los animales no humanos atribu-
yen, de hecho, características a las personas de esta forma,
entonces espero que lleguemos a pensar que son capaces de
violar nuestra privacidad *aunque* carezcan de lenguaje humano. (Si descubriera a un hombre espiándole en su habitación de hotel, pero luego se enterase de que es un turista
extranjero sin conocimientos de inglés, supongo que no se
sentiría aliviado, y dudo que revisara su opinión sobre si su
privacidad había sido violada o no). De ahí lo inquietante de
ser observado por ciertos animales, como los mapaches y los
perros. La sensación de extrañeza proviene de la similitud de
los ojos del animal con los ojos humanos, y de la inteligencia
que destella en ellos, que nos remite a la nuestra, sin dejar
de ser reconociblemente no humana. Esto también ayuda
a explicar nuestra inquietud ante los algoritmos que elabo-
ran perfiles de nosotros rastreando el uso que hacemos de
internet. Estos algoritmos no son inteligentes como lo son
los humanos o incluso los mapaches, pero están diseñados
para imitar precisamente la parte de la inteligencia que nos
preocupa aquí: la imputación de atributos observados a un
yo subyacente y unificado[13].

---

[13] Esta idea reaparecerá en la discusión del capítulo 4 sobre la documentación desenfrenada de la vida humana, donde nos encontraremos
con la genealogía y la crítica de Michel Foucault a «la constitución de
un individuo como objeto descriptible, analizable [...] para mante-
nerlo en sus rasgos individuales [...] bajo la mirada de un corpus permanente de conocimientos». Michel FOUCAULT, *Discipline and Punish:
The Birth of the Prison*, New York: Vintage, 1995, p. 190.

Este punto de vista arroja luz sobre otro enigma de la privacidad que, para mi sorpresa, suele pasar desapercibido. A pesar de los desacuerdos sobre el valor de la privacidad, más o menos todo el mundo piensa que, como cuestión descriptiva, lo que *hace* la privacidad es proteger contra la percepción sensorial de uno mismo y una gama asociada de información y objetos. Y, sin embargo, lo que concebimos sobre las violaciones de la privacidad se limita casi por completo a lo visual y lo auditivo. ¿Por qué no violaría la privacidad de Ben que Foos lo oliera, o lo probara, o lo tocara? Una teoría de la privacidad debería ser capaz de explicar por qué las violaciones tienen que ver solo o principalmente con la vista y el oído. La respuesta no puede ser que el tacto, el olfato y el gusto no aporten información sobre una persona, o que esos sentidos sean menos refinados que los demás. Tampoco puede ser que estar lo suficientemente cerca como para tocar, saborear u oler a alguien nos sitúe en una proximidad tal que haya obviado cualquier posibilidad de privacidad, ya que esto plantea la cuestión de la privacidad como protección solo contra la vista y el oído. Una visión de la privacidad como algo que tiene que ver con la posibilidad en la dimensión biográfica de una persona puede dar sentido a esto, ya que no hay muchas formas en las que una persona pueda sentir, oler o saborear. Más o menos sabemos de antemano cómo sería tocar la piel de otro (de ahí la agonía de la anticipación), y las formas en que un cuerpo puede saborear u oler son bastante limitadas y comunes entre los seres humanos. Cualquiera que tenga un cuerpo sabe de qué va el asunto. Por ser más concreto, no es que no se aprenda nada nuevo sobre alguien al tocarlo o intentarlo

—Foos no necesita aprender nada nuevo sobre Ben para violar su privacidad—, sino que simplemente no hay nada nuevo que aprender[14]. Cuando se trata del olfato, el gusto y el tacto, simplemente no hay muchas posibilidades de privar. Por el contrario, en el *voyeur*, aunque Foos no aprende nada sobre Ben que no hubiera podido aprender viéndolo en público, lo aprende en un ámbito caracterizado por una amplia gama de posibilidades para que las personas sean diferentes entre sí y de sí mismas[15].

Por último, el debate hasta ahora nos ha llamado la atención sobre un error flagrante en las descripciones estándar

---

[14] Sin duda, al olerme se enterará de que huelo mal, y puede que yo no quiera que se entere de eso. La diferencia entre esta información y la que solemos transmitir a través de la vista y el oído es que no tendemos a entender que el mal olor refleje mi personalidad, es decir, la parte de mi vida que depende de mí.

[15] En *Metafísica*, Aristóteles afirmaba que «preferimos la vista, en general, a todos los demás sentidos. La razón de ello es que, de todos los sentidos, la vista es el que mejor nos ayuda a conocer las cosas y revela muchas distinciones» (980a). Lo hace quizá por la amplitud y riqueza del campo visual en comparación con otros, pero sobre todo porque es el sentido primario en el que la percepción de diferencias particulares conduce a la percepción de elementos comunes generales. En otras palabras, la idea de las diferencias carece de sentido, como si el lenguaje tuviera una palabra distinta para cada objeto o apariencia, a menos que el concepto de las diferencias se aplique en un contexto de similitud. Por ejemplo, a través de la vista llegamos a saber que las personas pueden aparecer de todo tipo de formas diferentes, pero también que son personas, etcétera. Michel Foucault plantea esta interpretación en la primera de sus conferencias de 1970 en el Collège de France, titulada en inglés Michel FOUCAULT, *Lectures on the Will to Know*, ed. Arnold I. DAVIDSON y trad. Arnold I. DAVIDSON y. Graham BURCHELL, Nueva York: Picador, 2015.

de la privacidad, y es que plantean la cuestión de que la privacidad, incluso como cuestión descriptiva, tiene que ver con la protección de la información. Está claro que lo que resulta de una violación de la privacidad es que alguien sale con una información que no tenía antes, aunque solo se trate de que Foos sepa que Ben es el mismo en su habitación de motel que fuera de ella. Pero es un error suponer que porque la información es el resultado de una violación de la privacidad, la información es por tanto lo que la privacidad protegía antes de que se produjera la violación. Todavía hay que demostrar que lo que la privacidad protegía antes de su violación era la información obtenida (de nuevo, esto es lo que hace el secreto).

Para entender lo que obtenemos de la privacidad, en contraposición a lo que obtenemos de su violación, podríamos considerar un ejemplo de alguien que realmente tiene privacidad —en cuanto a nosotros, es decir, los lectores de un texto o los espectadores de una película— en lugar de alguien cuya privacidad ya se ha visto comprometida. Esto es más difícil de hacer de lo que cabría imaginar. Un ejemplo así no puede tomar la forma de la historia de Ben, o de una persona en la ducha, o de una foto en una caja fuerte, o de cualquiera de los ejemplos que se dan en la literatura sobre la privacidad, porque esa persona, en lo que a nosotros los lectores se refiere, nunca ha tenido privacidad. Es bastante sorprendente lo difícil que resulta encontrar un solo ejemplo de privacidad, en contraposición a su violación, en toda la historia del pensamiento filosófico sobre el tema. Un ejemplo de privacidad tendría que demostrar algo parecido a lo que Joshua Rothman identificó como la cualidad de impenetrabilidad y misterio que Virginia Woolf otorgaba a sus personajes. Si hubiéramos construido el ejemplo de Ben como un ejemplo de privacidad en lugar de su violación, entonces no habríamos sabido lo que no sabíamos sobre él. No habríamos podido decir cómo iba vestido, cómo actuaba o, en realidad, nada sobre él mientras estaba en su habitación. En otras palabras, habríamos sido inconscientes. Solo entonces tendría Ben lo que da la privacidad: olvido para nosotros y, como diré dentro de un momento, no tener que rendir cuentas en su caso. La mejor manera de entender lo que ocurre cuando se viola o invade la privacidad no es que una información reificada pase, como un título de propiedad, de su legítimo propietario a otra persona, con o sin consentimiento, sino que se crea una información donde antes no la había.

La agencia y su relación con no tener que rendir cuentas

El problema con nuestra explicación provisional es que ofrece una condición necesaria pero insuficiente para el daño que causa un *voyeur*. Por ejemplo, si cambiáramos el escenario del *voyeur* a una calle de la ciudad, pero mantuviéramos todo lo demás igual, no habría duda de que Foos no viola la privacidad de Ben, aunque sí forma un poco de su dimensión biográfica donde antes no existía. Para explicar cómo podría ser perjudicial para Foos privar a Ben de alguna posibilidad en la habitación del motel, tendremos que decir más acerca de lo que distingue a la habitación de la avenida, y por qué Ben tiene un interés en no ser observado en uno pero no en el otro. Mi afirmación va a ser que la diferencia es que las barreras fiables de la habitación del motel contra la percepción protegen y permiten un estado de cosas en el que Ben puede ser inobservable. Explicaré lo que quiero decir con esa frase y daré algunas razones para pensar que es el tipo de cosas en las que Ben tiene interés, pero antes permítame empezar ofreciendo un punto de vista ligeramente diferente sobre el *voyeur*.

Otra forma de describir lo que Foos le hace a Ben es que altera su condición de privacidad a una de publicidad. Una vez alterada, puede decirse que la nueva condición de Ben tiene ciertas características que la distinguen de su anterior condición de privacidad, características que son independientes de su conciencia de ellas. La más obvia es que estar en una condición de publicidad significa que Ben tiene un público o audiencia donde antes no la tenía. Para ser más precisos, es la llegada de un público (compuesto de una sola persona) lo que le empuja a tal condición. Cuando Foos monta la mirilla, pone a Ben en escena, por así decirlo, y es irrelevante para que Ben esté en escena que sea consciente de ello[16]. También es irrele-

---

[16] Según esta descripción, podríamos entender el daño que sufre Ben en términos de dignidad. Ben podría tener interés en no ser tratado meramente como un medio para la satisfacción de deseos *voyeuristas*; o podría tener un interés según el cual la dignidad consiste en no ser empujado al escenario, en sentido literal o metafórico, independientemente de su conciencia de lo que le ha sucedido.

Es cierto que se podría argumentar en este sentido, pero creo que esta forma de pensar es demasiado vaga e insatisfactoria. Por un lado, no necesita las particularidades del caso; de hecho, no tiene por qué tener nada que ver con la privacidad. Esto significa que no será capaz de

vante para la cuestión de si uno tiene público lo grande que sea ese público: una sola persona es suficiente.

Una diferencia entre la nueva condición de Ben y la anterior es que tener público (estar «en escena») le da motivos para considerar el hecho de su publicidad, concretamente que aparece para los demás. En un sentido básico, esto es simplemente lo que significa ser consciente de uno mismo. Caminar junto a un precipicio da a Ben motivos para preocuparse por su equilibrio, y estar en escena le da motivos para tener en cuenta ese hecho. Son razones que responden a características de la situación de Ben, independientes de sus estados mentales. La diferencia entre estar en el escenario y cerca de un precipicio (o del borde del escenario) es que estar en el escenario da motivos para ser consciente de aparecer ante los demás. Puesto que es

---

responder a la pregunta de este capítulo: es decir, por qué ser observado por un *voyeur* lesionaría la dignidad de Ben —si la dignidad es lo que nos interesa— mientras que Foos observando a Ben en la calle no hace otro tanto. La dignidad puede estar implicada en este caso, pero no nos dirá qué es lo que nos lleva a pensar que lo está en el hecho de ser vistos en determinadas circunstancias.

Del mismo modo, podríamos pensar que la razón por la que el espionaje de Foos es una afrenta a la dignidad de Ben es porque las paredes de una habitación de hotel envían un mensaje implícito de no consentimiento a ser visto (como no lo hace estar en la calle). Pero eso seguiría sin explicar por qué debería importarnos el consentimiento en el caso de la habitación de hotel y no en el caso de la calle (es decir, nadie piensa que viole la privacidad de Ben verle en la calle si sale pero desea que todo el mundo mire hacia otro lado). Contemplar el valor de no tener que rendir cuentas, para los individuos y para la sociedad, nos permite hacer una distinción entre el motel y la calle, y otorgar un peso moral al consentimiento en el primer caso, pero no en el segundo.

razonable esperar que cualquiera que nos vea inferirá a partir de lo que percibe un juicio sobre cómo somos; y puesto que ese juicio, aunque provisional, comprende una parte de lo que somos, tenemos motivos para preocuparnos por el hecho de nuestra publicidad en la medida en que nos importe cómo somos.

Ben tiene motivos para preocuparse por su publicidad porque es responsable de sí mismo en dos aspectos relacionados importantes para su agencia moral y la creencia de que su vida es suya para dirigirla. La primera está relacionada con la observación de que a Ben le importa cómo es. Hasta cierto punto (moralmente significativo), depende de Ben el tipo de persona que llegue a ser. Rendir cuentas de uno mismo significa adoptar una postura sobre quién es uno y abordar el asunto de una manera u otra, no una vez, por supuesto, sino con frecuencia a lo largo de la vida. No podemos querer ser como queramos ni crearnos a nosotros mismos *ex nihilo*, pero es un supuesto básico de la capacidad de actuar y de la responsabilidad moral que estemos en condiciones de decidir qué tipo de personas queremos ser y guiar nuestras acciones en consecuencia. Y para que Ben sea responsable *de* sí mismo en este sentido, debe ser responsable *ante* sí mismo. Es decir, para dirigir su vida y entenderla como *suya* en algún sentido significativo, debe ser capaz de distanciarse de la multitud de cosas empíricamente ciertas que pueden decirse de él y decidir cuáles de ellas afirma y cuáles rechaza[17].

---

[17] Esta es una opinión bastante común entre los filósofos de la agencia y el autoconocimiento. Véase, por ejemplo, Frankfurt, "Freedom of

La segunda forma en que Ben rinde cuentas acerca de sí mismo se expresa en la idea de que los demás le harán responsable de cómo actúa y aparenta ser. Esto incluye ideas de responsabilidad moral y de ser «llamado a rendir cuentas», pero es más amplio que eso. Lo que quiero invocar aquí es cómo, al percibir a Ben *como una persona*, Foos asume una cierta relación entre la apariencia y el comportamiento de Ben, por un lado, y quién es en el sentido más profundo de su personalidad o carácter, por otro. Esto es precisamente lo que hace que las características sean características[18].

Por supuesto, rendir cuentas sobre uno mismo de estas maneras da a Ben motivos para considerar cómo aparece incluso cuando está solo y en privado. La diferencia es que en privado la actividad de considerarse a sí mismo presenta un tipo diferente de necesidad. Cuando uno aparece en público, la consideración del hecho de aparecer es una necesidad práctica debido a las características de la situación. En cambio, reflexionar sobre cómo uno aparece y actúa en el mundo —aunque solo sea para

_____

the Will and the Concept of a Person"; Charles Taylor, "What Is Human Agency?", en *Human Agency and Language, Philosophical Papers 1*, Cambridge: Cambridge University Press, 1985, pp. 15-44; Christine M. KORSGAARD, *Self-Constitution: Agency, Identity, and Integrity*, Oxford: Oxford University Press, 2009.

[18] No estoy comprometido con una afirmación sobre si esta inferencia está justificada o no; solo digo que la hacemos todo el tiempo, y que deberíamos esperar que otros tantos la hicieran cuando aparecemos nosotros. Compárese la discusión de Gilbert Harman sobre el «error fundamental de atribución» en Gilbert Harman, "Moral Philosophy Meets Social Psychology: Virtue Ethics and the Fundamental Attribution Error", *Proceedings of the Aristotelian Society* 99 (1999), pp. 315-331.

compararlo con cómo uno desea o pretende ser— es una necesidad conceptual. Hay muchas teorías sobre qué tipo de necesidad conceptual es esta, pero si es algo que hay que hacer para ser una persona, o un agente, o para disfrutar de la libertad de la voluntad, en cualquier caso no es algo que haya que hacer todo el tiempo[19]. De hecho, alguien que nunca dejara de reflexionar sobre cómo es parecería profundamente narcisista, tal vez estropeado por la autorreflexión. El narcisista está excesivamente centrado en dar cuenta de sus rasgos; el estropeado por la autorreflexión, como una persona obsesionada con tener las manos limpias en sentido ético, socava su capacidad de acción al no dejarse nunca libre de culpa. A cualquiera de ellos podríamos decirles: «Tienes que salir de tu cabeza», en un intento de expresar la opinión de que hay ámbitos de la vida y formas de estar con nosotros mismos y con los demás en los que merece la pena e incluso es necesario desprenderse de esa mirada hacia uno mismo. Nótese que no se trata de cambiar la atención de una actividad a otra, por ejemplo, de revisar una redacción problemática a preparar la cena. El mandato de salir de la cabeza tampoco se refiere a un yo trascendente capaz de escapar de la «cabeza» de sus pensamientos hacia algún «exterior» donde

---

[19] Por ejemplo, Harry G. FRANKFURT, "Freedom of the Will and the Concept of a Person", en *The Importance of What We Care about: Philosophical Essays*, Cambridge: Cambridge University Press, 1988, pp. 11-25; Christine M. KORSGAARD, *Self-Constitution: Agency, Identity, and Integrity*, Oxford: Oxford University Press, 2009; CHARLES TAYLOR, "What Is Human Agency?", en *Human Agency and Language, Philosophical Papers 1*, Cambridge: Cambridge University Press, 1985, pp. 15-44.

pueda estar al margen de ellos. Más bien, la recomendación de salir de la cabeza o dejarse llevar significa aflojar por un momento la insistencia en dar cuenta de uno mismo. En otras palabras, el consejo es distanciarse[20].

Esta toma de distancia desempeña un papel importante en la agencia, además de los beneficios psicológicos y existenciales de «dejarse llevar» de vez en cuando. Un abanico extraordinariamente amplio de visiones filosóficas de la agencia y de lo que significa dirigir libremente

---

[20] No necesitamos entrar en debates sobre la metafísica de la subjetividad para darnos cuenta de que la idea común de salir de la cabeza o el ser de uno no depende ni presupone la existencia de un yo trascendente que se salga o abandone algo, a pesar de la implicación gramatical. De hecho, en su significado ordinario, el modismo de «salir de uno mismo» o «dejarse ir» no requiere ni implica la existencia de un yo trascendente (o la idea nietzscheana que Judith Butler describe como «la metafísica de la sustancia» en *Gender Trouble: Feminism and the Subversion of Identity*, Nueva York: Routledge Classics, 2006). Más bien, el significado ordinario de esas frases es algo más cercano a «deja de insistir tanto en ser tú mismo» o «deja de lado por un momento la actividad de ser de una manera en lugar de otra» para que esa actividad no se convierta en una carga o una fuerza deformante. Como dice Robert Creeley en su maravilloso poema "La lluvia", «¿Qué soy para mí mismo | que deba ser recordado, | insistido tan a menudo? | [...] he de estar encerrado en este | desasosiego final». Creeley contrapone la experiencia de tumbarse en la cama y escuchar la lluvia a la insistencia desasosegante de la identidad. Creo que la mayoría de nosotros probablemente nos hemos tumbado en la cama alguna noche y hemos escuchado la lluvia. Si lo ha hecho, recordará que, al entregarse al sonido de la lluvia, siente que el control sobre sí mismo se relaja lentamente de un modo saludable y reparador (y no peligroso, en el sentido de la pérdida negativa de responsabilidad sobre uno mismo que indica la orden de «controlarse»). Robert CREELEY, *The Collected Poems of Robert Creeley, 1945-1975*, Berkeley: University of California Press, 2006, p. 207.

164

la propia vida reconoce que la capacidad de distanciarse de los compromisos constitutivos de la propia autoconcepción —distanciarse en términos de autoconocimiento e identidad personal— es una condición necesaria para afirmar que, para empezar, esos compromisos son los de uno[21]. Por ejemplo, supongamos que crecí en un hogar políticamente conservador. Durante mucho tiempo mi concepción de mí mismo y del mundo es la que heredé de mis padres y su entorno. Pero un día reflexiono sobre esas creencias y me pregunto si son las que realmente necesito, las que considero adecuadas para guiar mi vida, o si chocan con otras creencias y compromisos que he adquirido de otras fuentes y experiencias a lo largo del camino. Se trata de un proceso que suele comenzar en torno a la adolescencia, lo que concuerda con nuestra idea de que esa autorreflexión forma parte del hecho de ser una persona madura, cuya autonomía nos sentimos obligados a respetar porque, en parte, su vida es *suya* precisamente en este sentido. Independientemente de que se responda sí o no a estas preguntas reflexivas sobre la autoconcepción, es la propia postura reflexiva del distanciamiento de uno mismo la que nos lleva a creer que la forma en que vivimos

---

[21] Para ejemplos de este punto de vista de tres filósofos con compromisos filosóficos previos significativamente diferentes, véase TAYLOR, "What Is Human Agency?"; FRANKFURT, "Freedom of the Will"; KORSGAARD, *Self-Constitution*. Como veremos en el capítulo 4, incluso un crítico exhaustivo de la agencia como Michel Foucault (o incluso Nietzsche) defendió el valor de las experiencias y oportunidades en las que se puede decir que el yo se desintegra o se separa de sí mismo (*se déprendre de soi-même*), aunque sea en nombre del bienestar humano y no del buen funcionamiento de la agencia.

nuestras vidas (aunque sea de conformidad con la forma en que fuimos educados) es nuestra, sobre todo si la comparamos con la de alguien que pasa por la vida sin pasar nunca por esa experiencia de autorreflexión.

Sin embargo, como señala Charles Taylor, este ejemplo parece implicar que el yo trascendente da un paso atrás y examina *algunos* de sus compromisos mientras permanece fundamentalmente intacto: ¿cómo podemos decir que una persona así se ha considerado realmente a sí misma si la actividad de autorreflexión siempre deja una parte del yo (es decir, la parte del juicio, que es bastante central para la autocomprensión) fuera de los límites de la interrogación reflexiva? La respuesta de Taylor es que debemos estar abiertos a la «reevaluación radical» de nuestras creencias y compromisos más profundos. Este es un acto que debe hacerse desde un punto de vista de ninguna parte, por así decirlo, no contra una «vara de medir» moral, sino con referencia a «mi más profundo sentido no estructurado de lo que es importante, que es todavía incipiente y que estoy tratando de definir. Para ello intento abrirme, utilizar mi percepción más profunda y desestructurada de las cosas para llegar a una nueva claridad»[22]. La experiencia consiste en dejarse llevar por completo, ser radicalmente abierto y ambiguo con uno mismo en ausencia del autoconocimiento que normalmente estructura nuestra comprensión de quiénes somos.

El uso que Taylor hace del término «incipiente» para describir el ámbito del yo que esperaríamos encontrar en una experiencia de este tipo es muy apropiado. Lo

---

[22] TAYLOR, "What Is Human Agency?", pp. 41-42.

incipiente existe en un estado de potencialidad que aún no ha asumido un grado de fijeza que permita conocerlo como una cosa u otra. Lo incipiente no es imaginario ni meramente posible, sino que tiene una existencia verificable, aunque de un tipo proteico que todavía no ha asumido el grado de fijeza por el que podamos decir que es una cosa u otra. Como señala Taylor, podemos entrar en contacto con lo incipiente y familiarizarnos con ello, aunque no podemos conocerlo del modo proposicional en que podemos conocer la información, ya que haber alcanzado las cualidades fijas de la información significa dejar de ser incipiente[23]. El conocimiento de estas regiones no estructuradas e incipientes del yo ofrece un poderoso recurso para la autodeterminación y la sensación de que la propia vida tiene profundidad y capacidad de cambio. Por supuesto, para que a una persona se la pueda llamar agente, tendría que volver a unirse tras una experiencia de apertura radical. No hay razón para pensar que se trata de una experiencia fácil o cotidiana. El propio Taylor reconoce que «los obstáculos que se interponen en el camino de la profundización son innumerables»[24]. Entre esos obstáculos se encuentra la condición de la publicidad.

Ahora quiero revisar la visión provisional caracterizando el interés de Ben por no ser observado por un *voyeur* como un interés por no tener que rendir cuentas. No rendir cuentas combina la idea de posibilidad y ambigüedad del yo expresada por el punto de vista provisional, a la vez que incorpora la idea de que la agencia y el bienestar

---

[23] TAYLOR, "What Is Human Agency?", p. 42.
[24] TAYLOR, "What Is Human Agency?", p. 42.

en sentido más amplio requieren oportunidades para encogerse temporalmente de hombros y no rendir cuentas, un aspecto que es necesario para el autoconocimiento y la acción.

Podemos empezar a construir este punto de vista recordando la idea de que la dimensión biográfica de una persona forma parte integrante de quién es, a lo que podemos añadir que no siempre es fácil ser el tipo de criatura sobre la que esto es cierto. No quiero decir que sea un reto acabar siendo la persona que uno pretende ser, sino que hace falta un esfuerzo sostenido para llegar a ser alguien. Ya nos hemos dado cuenta de que gran parte de lo que somos se nos escapa de las manos. Además, las partes que dependen de nosotros o que son sensibles a nuestras actitudes de orden superior —como los deseos, las creencias y las aspiraciones que dan dirección y profundidad a nuestras vidas— difícilmente son autosuficientes. Para que Ben sea amable, no basta con que lo desee, pretenda o entienda. Debe actuar de manera realmente bondadosa para que sea cierto que es bondadoso, o incluso que desea ser bondadoso en algo que no caiga en el sentido más trivial de serlo[25]. Incluso entonces, no hay garantía de que la bondad se refleje en su dimensión biográfica, es decir, no hay garantía de que sea

---

[25] Este es el argumento de Harry Frankfurt sobre la centralidad del cuidado y la impermanencia y dependencia del cuidado del valor. Véase, por ejemplo, Harry G. FRANKFURT, "The Importance of What We Care About", en *The Importance of What We Care about: Philosophical Essays*, Cambridge: Cambridge University Press, 1988, pp. 80-94; Harry G. FRANKFURT, *Taking Ourselves Seriously and Getting It Right, The Tanner Lectures in Moral Philosophy*, Stanford, CA: Stanford University Press, 2006.

bondadoso en el sentido más robusto según el cual podríamos decir, después de su muerte, que Ben era un alma bondadosa. Y, sin embargo, un supuesto básico de la agencia y la responsabilidad moral es que somos, en gran medida, responsables del tipo de personas que resultamos ser. Todo esto significa que, para los agentes humanos, vivir una vida requiere un esfuerzo persistente[26]; se ha de perseverar para llegar a ser alguien.

Pero esta persistencia, como cualquier otra forma de esfuerzo, puede ser agotadora si no va acompañada de periodos de descanso. Cuando el esfuerzo no da tregua, la persistencia se repliega sobre sí misma; tomar el timón de la propia vida se convierte en atormentarse a uno mismo, agotando lo que esperaba sostener. Cualquier imagen de bienestar debería incluir, además de la importancia de la agencia y la responsabilidad moral, un espacio y un tiempo para encogerse de hombros ante la persistencia que requiere vivir una vida. Ese reposo no conllevaría el abandono de los propios fines y valores, ni preocuparse por cosas distintas o por nada en absoluto, sino simplemente no ser definitivo, de un modo u otro, durante un tiempo. En otras palabras, sería un periodo de no rendir cuentas acerca de uno mismo, ante uno mismo y ante los demás. Sin embargo, una forma de ser definitivo (o al menos de no ser indefinido) y de rendir cuentas es presentarse ante los demás. Cuando Foos monta la mirilla, Ben pasa de no ser necesariamente nada para nadie, a ser definitivamente algo para alguien, aunque él no lo sepa. Si esto le parece un poco como si Ben trabajara dormido, recuerde que

---

[26] FRANKFURT, "What We Care About", p. 84.

es Foos quien está aquí haciendo el trabajo. Si el reposo consiste en no rendir cuentas (ni ante uno mismo ni ante los demás), entonces Ben no está descansando en el sentido pertinente mientras Foos lo observa, aunque él crea que sí. Esto no quiere decir que Ben ciertamente hubiera estado descansando de esta manera si Foos nunca se hubiera acercado a la mirilla, sino que Foos privó a Ben de las condiciones que hacen posible tal descanso.

Para mí, alguien que no utilizara ese reposo parecería plano o unidimensional, del mismo modo que alguien que nunca deja de lado las labores de individualidad me parece carente de la profundidad que hace interesante a una persona. Alguien así puede resultar ser un genio monomaníaco, aunque la mayoría de las veces nos parecen personas demasiado esforzadas, deformadas por su empeño en hacerse de una manera y no de otra. Y luego está el anverso patético de este personaje, que tal vez se sienta incómodo con la multiplicidad de la personalidad, y cuya manía por ser reconocido a toda costa le deja indiferente al tipo de reconocimiento que obtiene[27]. Ambos personajes «insisten demasiado», por así decirlo; una frase, como la línea de pensamiento que he estado desarrollando aquí, suscrita por una imagen del bienestar que incluye un tiempo y un espacio para dejarse llevar. Este es el aspecto del bienestar que el monomaníaco sacrifica en la búsqueda incesante de lo que parece tener un valor superior. Esto

---

[27] «Qué tediosa puede ser una persona cuando se esfuerza por impresionar al mundo con su personalidad». Yiyun Li, *Dear Friend, from My Life I Write to You in Your Life*, Nueva York: Random House, 2017, p. 28.

es lo que, en el ámbito de la privacidad, sacrifican por la fama quienes viven en el ojo público. Tanto es el caso del monomaníaco como en el de la estrella de cine podemos señalar aquí un interés, incluso cuando se lo sacrifica por algo percibido como un bien superior.

El valor de esta forma de reposo se basa en la imagen más amplia del bienestar que subyace y anima la visión ordinaria del *voyeur*. Ahora centraré más esa imagen preguntándome si estar en ese estado en el que no se rinden cuentas no solo es bueno en virtud de su relación con la persistencia agencial, sino también por sí mismo, y si la privacidad es una condición necesaria (o algo parecido) para que se dé ese estado. Creo que la respuesta a ambas preguntas es afirmativa, aunque para demostrarlo habrá que abstraerse un poco de los hechos del *voyeur*. Sin embargo, la idea de que lo que queremos en ese caso no es solo tener la experiencia psicológica de la privacidad, sino que ese estado de cosas se dé realmente, dependerá para su fuerza moral de una visión más amplia del bienestar. La visión más amplia que tengo en mente es, a grandes rasgos, una que incluya la lista habitual de bienes, incluidos muchos que tienen que ver con el autocontrol y el conocimiento —libertad, autonomía, autoconocimiento, amistad, etcétera—, pero que también incluya bienes aparentemente opuestos a estos, bienes como la oscuridad para uno mismo y para los demás, y el disfrute de las partes de la experiencia humana que existen más allá de los límites del control, la autodefinición y el autoconocimiento. A continuación comenzaré a esbozar los que considero los elementos más relevantes y convincentes de esa visión en lo que respecta al debate sobre la agencia. El resto de este libro estará dedicado en gran parte a ampliar, refinar y defender este punto de vista.

Lo primero que hay que decir es que la idea de no tener que rendir cuentas no solo es valiosa por el papel que desempeña en la agencia, sino que también constituye un bien en sí mismo. Podríamos concretar más esta afirmación argumentando que es un aspecto del bienestar tener suficientes oportunidades para enfrentarse a ámbitos ambiguos o contradictorios del yo sin intentar resolver la situación y sin que otros la resuelvan por nosotros. Pero ¿no es esto sugerir un interés por el fracaso de la agencia? Alguien incapaz de adoptar una postura sobre sí mismo cuando se enfrenta a una contradicción o ambigüedad sobre su forma de ser parecería ciertamente, como dice Harry Frankfurt, un «espectador pasivo de sus deseos y de lo que hace»[28]. Este tipo de pasividad importa a Frankfurt y a otros porque, en sus palabras, la «diferencia entre pasividad y actividad está en el corazón del hecho de que existimos como seres y agentes y no meramente como lugares en los que ocurren ciertos acontecimientos»[29]. Una diferencia importante entre el tipo de criaturas que, como nosotros, viven una vida, y las que están meramente vivas es que «no estamos preparados para aceptarnos tal y como somos»[30].

---

[28] Harry G. FRANKFURT, "Three Concepts of Free Action," en *The Importance of What We Care About: Philosophical Essays*, Cambridge: Cambridge University Press, 1988, p. 54.

[29] Prefacio de Harry G. FRANKFURT, *The Importance of What We Care about: Philosophical Essays*, Cambridge: Cambridge University Press, 1988, p. xi.

[30] FRANKFURT, *Taking Ourselves Seriously*, p. 2.

Sin embargo, la experiencia de asumirnos tal y como somos solo parece pasiva desde la perspectiva de la agencia y la reflexión práctica. Hay otras formas de estar en el mundo y de relacionarse con uno mismo (y con los demás) que son abiertas y receptivas, y no necesariamente pasivas. Me refiero en particular a las formas de apertura receptiva asociadas a lo estético y lo erótico. La forma en que nos relacionamos con un cuadro o una caricia no es *meramente* pasiva en el sentido de Frankfurt. Más bien, lo erótico y lo estético ofrecen diferentes maneras de estar con y conocer el objeto, ya sea un cuadro, un amante o uno mismo[31]. Son modos de experiencia caracterizados en parte por la interacción placentera y enriquecedora de la contradicción y la oscuridad, más allá del alcance del autocontrol y el autoconocimiento. En consecuencia, tienden a marchitarse o retroceder a la luz de la reflexión práctica y la autoconciencia, especialmente cuando consideramos el hecho de nuestra apariencia. La afirmación más famosa de este tipo de estado es probablemente la

---

[31] Sin duda, cuando se trata de experimentar obras de arte, a menudo lo hacemos en público, aunque también hay que señalar que tendemos a describir las experiencias profundas en este ámbito con analogías a la privacidad: «Se me cayó el mundo encima» o «sentí que era el único en la habitación y que ella estaba cantando solo para mí». Creo que las experiencias eróticas de intimidad física se acercan más a una visión de lo que la privacidad habría dado a Ben de no cruzarse con su *voyeur*. La idea aquí es que alguna cualidad de la experiencia erótica no se obtendría si esos alienígenas estuvieran mirando. Y no porque sintiésemos vergüenza, sino por razones que tienen que ver con la forma de relacionarse con el otro en el espacio abierto de lo erótico. Por eso es posible que uno no quiera que su mejor amigo y confidente vea cómo hace el amor, aunque ya le haya contado todos los detalles jugosos.

noción de Keats de «capacidad negativa»: la de «estar en incertidumbres, misterios, dudas, sin ninguna irritable búsqueda de hechos y razones»[32]. Del mismo modo que podemos relacionarnos con un cuadro o un amante de esta manera, también podemos hacerlo con nosotros mismos. Asumirse a uno mismo tal y como es, con todas sus múltiples contradicciones y oscuridades, está reñido con dar cuenta de uno mismo y ante uno mismo en el sentido de decidirse. Pero en la medida en que hay más en nuestras mentes que lo que inventamos, y que los seres humanos somos más que agentes morales, la oportunidad de estar con nosotros mismos de esta manera parece ser una parte importante de nuestro bienestar. En otras palabras, es el tipo de experiencia que nos interesa y que, a su vez, puede fundamentar derechos y deberes.

Si alguna vez ha visto a amantes besándose apasionadamente en un espacio público —o si usted mismo has sido uno de esos amantes— sabrá que su olvido del mundo más allá de la persona a la que besa crea una especie de análogo temporal y móvil a la privacidad de la habitación del motel, de forma que ambos parecen disfrutar de lo que hemos descrito como no rendir cuentas en el caso de Ben, a pesar de hacerlo en público.

---

[32] John KEATS, *Letter to George and Tom Keats*, 22 de diciembre de 1818. Compárese esta glosa de Fitzgerald, que relaciona la idea con la agencia: «La prueba de una inteligencia de primer orden es la capacidad de mantener dos ideas opuestas en la mente al mismo tiempo, y aun así ser capaz de seguir funcionando». F. Scott FITZGERALD, "The Crack-Up", en *The Crack-Up*, Nueva York: New Directions, 1993, p. 69. John KEATS, *Selected Letters*, Oxford World's Classics, Oxford: Oxford University Press, 2009.

La pseudoprivacidad de la ensoñación y el éxtasis («el mundo se desvaneció», «sentí que era el único en la habitación») también sugiere que estar en privado no es necesario para la experiencia psicológica de no rendir cuentas, aunque pueda ser muy beneficioso. Sin embargo, la visión externalista del bienestar que subyace al caso del *voyeur* sugiere que no debemos entender la no rendición de cuentas solo en el plano de la psicología humana. Más bien, la idea de que Foos priva a Ben de ese estado que habría obtenido en ausencia del espionaje de Foos sugiere que lo que queremos en realidad es estar en algo como la capacidad negativa de Keats, y no solo tener la correspondiente experiencia psicológica (valiosa). Esta es una visión del bienestar en la que no rendir cuentas de vez en cuando es una característica de una vida buena. En el curso ordinario de las cosas, habitar dicho estado requiere soportes materiales fiables contra la percepción (muros, persianas, etcétera). Y puesto que no ser percibido es una condición necesaria para no rendir cuentas, podríamos considerar que los demás tienen el deber de no saltarse esos medios materiales.

Hay otra forma en la que no rendir cuentas contribuye al bienestar, que tiene que ver con el sentido de ese estado que quizá sea el más cercano al olvido: lo que es oscuro al escrutinio, resistente a la explicación racional, misterioso o inefable. Lo inexplicable en este sentido es aquello que se resiste a la explicación exhaustiva a la que aspiramos cuando hablamos de dar cuenta de algún fenómeno o acción. Aunque como agentes necesitamos dar cuenta de nosotros mismos, esa capacidad es imperfecta. Los límites del autoconocimiento, el autocontrol y la autodeterminación hacen que nunca podamos dar cuenta plenamente de nosotros mismos. No hay un lugar fuera de uno mismo o de la propia vida desde el que llevar a cabo esa rendición de cuentas, y, en cualquier caso, todos tenemos nuestros puntos ciegos u oscuros que se niegan a renunciar a su opacidad por mucho tiempo que los miremos fijamente. Pero estas lagunas no son —o no son solo— fallos de introspección y autogobierno; también son fuentes de la sensación de que la propia vida tiene sentido, profundidad y una cualidad esencialmente resistente a la instrumentalización y el control. La poesía y la música apuntan en la dirección de estas zonas inefables de la experiencia humana; la tragedia les confiere carácter moral. La existencia de tales elementos inexplicables del yo es una afirmación empírica, pero podemos convertirla en normativa y orientarla hacia la privacidad añadiendo la idea de que esta zona de experiencia y relación con uno mismo es inexplicable no porque esté oculta o sea secreta, sino más bien porque algo se pierde en el intento de exponerla o traducirla en información[33].

------

[33] Nótese de nuevo la desconexión con el tacto, el olfato y el gusto: es difícil imaginar que estas áreas inefables puedan expresarse, ya sea intencionadamente o por accidente, en cualquiera de estos dominios sensuales. Mi punto de vista aquí también se acerca un tanto a la postura de Arendt sobre el olvido de la privacidad del dominio de la ontología social al de la relación con nosotros mismos. Y puesto que nos ocuparemos de Erving Goffman en capítulos posteriores, vale la pena señalar que este punto de vista está en desacuerdo con su distinción entre el frente y el fondo del escenario. Lo que le da a uno un sentido de profundidad, significado e independencia fundamental de la instrumentalidad son aquellas partes de la propia vida que son oscuras incluso para uno mismo, y no están meramente ocultas. Erving GOFFMAN, *The Presentation of Self in Everyday Life*,

176

El resto de este libro estará dedicado a defender estas afirmaciones. Por ahora, detengámonos un poco más en este último aspecto, y reforcemos su conexión con el debate sobre la posibilidad anterior, utilizándolo para distinguir una vez más entre los conceptos a menudo eludidos de privacidad y secreto. Si lo que Foos hizo a Ben fue percibir algún secreto suyo, que él nunca comunicó posteriormente, entonces diríamos que Foos estaba ahora «en el ajo», que ambos compartían ese secreto, y no que privó a Ben de su secreto o lo destruyó[34]. Por el contrario, Foos no puede compartir la privacidad de Ben, solo puede destruirla. Este tercer aspecto de rendir cuentas da una explicación de por qué. Para que algo sea secreto, hay que saber lo que es; no puede ser oscuro, ambivalente o incipiente. Para que algo sea inexplicable en el sentido que he desarrollado aquí, debe ser justo lo contrario. Lo inexplicable se pierde o se destruye cuando puede ser conocido del modo proposicional en que lo son los secretos.

EL MAPA DE LA NO RENDICIÓN DE CUENTAS

Aunque nuestro debate sobre la no rendición de cuentas se limitará aquí a lo expuesto, donde ha demostrado ser útil para comprender la importancia de la privacidad para la agencia, deberíamos detenernos un momento para considerar una posible objeción al vocabulario que

---

Nueva York: Doubleday, 1990 [*La presentación de la persona en la vida cotidiana*. Madrid: Amorrortu, 2021].

[34] Bien podríamos decir que Foos ha alterado el secreto de Ben de una o varias maneras, pero desde luego no lo ha destruido.

hemos empleado. La objeción que tengo en mente es la idea de que la privacidad está relacionada de algún modo con la no rendición de cuentas *en términos morales,* además del tipo epistémico que discuto aquí, que ayudará a sacar a la luz dos de los argumentos más comunes contra la privacidad, uno bueno y otro no tan bueno.

El argumento bueno procede de una antigua preocupación feminista por la idea de una esfera privada o doméstica cuya frontera marca el límite normativo de la interferencia estatal o social justificada en la vida de las personas y, especialmente, en las vicisitudes de la familia nuclear tradicional[35]. En su forma más común y poderosa, este argumento no es en realidad una crítica de la privacidad *per se,* sino de la dicotomía público-privado de la teoría política liberal, que surgió en respuesta al hecho de que, hace no tanto tiempo, la familia nuclear era tratada por la ley y la sociedad civil como un ámbito que estaba a la

<hr/>

[35] Véase, por ejemplo, Judith Wagner DeCew, "The Feminist Critique of Privacy: Past Arguments and New Social Understandings", en Beate Roessler y Dorota Mokrosinska (eds.), *Social Dimensions of Privacy: Interdisciplinary Perspectives,* Cambridge: Cambridge University Press, 2015, pp. 85-103; Jean Bethke Elshtain, *Public Man, Private Woman Women in Social and Political Thought,* Princeton, NJ: Princeton University Press, 1993; Anita L. Allen, *Uneasy Access: Privacy for Women in a Free Society,* Totowa, NJ: Rowman and Littlefield, 1987).

Para una clara distinción entre los diversos usos de «lo privado» que traza un contraste conceptual entre la esfera privada liberal y la preocupación feminista por lo privado como lo doméstico, véase la contribución de Jeff Weintraub en general, y en concreto Jeff Alan Weintraub y Krishan Kumar (eds.), *Public and Private in Thought and Practice: Perspectives on a Grand Dichotomy,* Chicago: University of Chicago Press, 1997.

vez gobernado por hombres y fuera del alcance justificado de la intervención estatal y social. A lo largo de la historia de este régimen patriarcal —que, por supuesto, era en sí mismo una confluencia de poder público y privado que operaba al amparo de la estricta separación entre ambos—, las mujeres vivieron una especie de existencia sometida, en la que no solo se les negaban los mismos derechos que a sus maridos, sino que sufrían abusos domésticos y otros atropellos que, tanto legal como culturalmente, se consideraba que no eran asunto de nadie más que de la familia. Los hombres que violaban, maltrataban o dominaban de cualquier otra forma a las mujeres y niñas de sus hogares no eran considerados moral ni legalmente responsables de sus actos. Esto es obviamente terrible y censurable, y es en parte para evitar cualquier sugerencia de que estoy defendiendo este tipo de no rendición de cuentas moral o legal por lo que he puesto tanto énfasis en la naturaleza epistémica de mi concepto.

Pero quizás esta distinción entre lo moral y lo epistémico resulte espuria. De hecho, existe otra corriente de argumentación, algo menos común, que considera que la oscuridad de la privacidad en sí misma sirve de tapadera para la dominación. La idea es que, aunque se resolviera el problema de la dicotomía liberal entre lo público y lo privado, las barreras a la percepción seguirían sirviendo para encubrir la dominación y otros tipos de fechorías[36]. Sería difícil no estar de acuerdo con esta

---

[36] La más famosa de ellas fue probablemente Catharine A. MACKINNON, *Toward a Feminist Theory of the State*, Cambridge, MA: Harvard University Press, 1989, p. 191. Judith Wagner DeCew ofrece una

objeción a los *usos* que se dan a la privacidad (también es, por cierto, una objeción a los usos que se hacen de la libertad o la autonomía). Sin embargo, la respuesta no es eliminar la privacidad —o la libertad—, sino hacerla compatible con los valores igualitarios, pluralistas y feministas. En palabras de Seyla Benhabib: «Tras dos décadas de criticar la división entre lo privado y lo público, y el modo en que esta dicotomía ha servido para camuflar la violencia doméstica, el abuso de menores y la violación conyugal en el ámbito privado, la teoría feminista contemporánea está entrando en una nueva fase de reflexión sobre estas cuestiones. El carácter binario de las esferas pública y privada debe reconstruirse, y no solo rechazarse»[37].

Deberíamos seguir a Benhabib y decir que los bienes de la privacidad son como otros bienes fundamentales en este otro sentido: están sujetos a cuestiones de justicia distributiva. En esta línea, las feministas de la segunda ola criticaron la esfera doméstica del patriarcado de mediados de siglo por ser a la vez insuficientemente pública *e* insuficientemente privada para las mujeres

---

elegante crítica del argumento de MacKinnon por confundir la privacidad con la esfera privada liberal o por atacar al hombre de paja que describo en un párrafo más adelante. En cualquier caso, el argumento de MacKinnon rara vez se escucha hoy en día, en la era del capitalismo de la vigilancia, cuando se tiende a considerar que las estructuras de poder y dominación tienen más interés en la transparencia que en la oscuridad de la esfera doméstica. DeCew, "Feminist Critique of Privacy".

[37] Seyla Benhabib, *The Reluctant Modernism of Hannah Arendt*, Thousand Oaks, CA: Sage, 1996, p. 214.

allí relegadas[38]. Más recientemente, Simone Browne ha argumentado que deberíamos considerar la privacidad (de hecho, que no se rindan cuentas) entre los bienes que una sociedad racista distribuye injustamente en detrimento de los grupos raciales marginados[39]. Édouard Glissant ha acuñado el grito de guerra: «Clamamos por el derecho a la opacidad para todos»[40]. El acceso insuficiente a la privacidad en el sentido más amplio es un fracaso de la justicia que debería preocupar a todo el mundo.

Sin embargo, en la medida en que esta crítica de la privacidad no es un subconjunto de un argumento más general contra los abusos y las malas distribuciones de todo tipo de bienes, sino que considera que las barreras epistémicas de la privacidad tienen algún tipo de conexión específica con las malas acciones, es una especie de argumento aún más común: que la privacidad permite a la gente mala hacer cosas malas. No se trata de un argumento de buena fe, sino de un modo de propaganda. Por un lado, es inusual que se señale a la privacidad como la que permite a los malos actores hacer cosas malas, ya que a otras condiciones propicias (de nuevo, como la libertad, el libre albedrío, etcétera) nunca se las ataca de este modo. También

---

[38] Sarah Elizabeth IGO, *The Known Citizen: A History of Privacy in Modern America*, Cambridge, MA: Harvard University Press, 2018, p. 117. Betty FRIEDAN, *The Feminine Mystique*, Nueva York: Norton, 2001.

[39] Simone BROWNE, *Dark Matters: On the Surveillance of Blackness*, Durham, NC: Duke University Press, 2015.

[40] Édouard GLISSANT, *Poetics of Relation*, trad. Betsy WING, Ann Arbor: University of Michigan Press, 1997, p. 194.

se vale de un hombre de paja: nadie piensa que la privacidad sirva para hacer cosas malas o salirse con la suya, sino que sirve para algo más relacionado con el bienestar humano. La ocultación de la privacidad, como los secretos o la soledad, puede utilizarse para diversos fines, algunos de los cuales, naturalmente, podrían calificarse de abusos. Es contra esos abusos de la privacidad contra los que debería dirigirse este argumento, no contra la privacidad en sí misma. Pero es fácil argumentar contra cualquier abuso. Más bien, lo que este argumento necesita demostrar es que la privacidad pertenece a la clase de cosas que son tan peligrosas que deben ser fuertemente reguladas o abolidas, y no a la clase de cosas —como la libertad, la agencia o la intimidad— que consideramos vitales para que el ser humano acceda a una vida plena y que solo desacreditamos cuando se emplean para cometer abusos. Y no es el caso.

Podríamos seguir. Por ejemplo, podríamos darnos cuenta de que una vez que vamos más allá de los ejemplos consensuados de malas acciones, como los malos tratos domésticos, el tipo de «malas acciones» ocultadas por la privacidad empiezan a diferir según sea la inclinación política de cada uno. ¿Es mala la privacidad que permite quemar una bandera o adorar a Satán? Probablemente dependerá de a quién se le pregunte. Se puede ver a qué peligro nos exponemos. De todos modos, el peligro también indica que, a otro nivel de análisis, este tipo de argumento racional no viene al caso. La afirmación de que la privacidad promueve o permite que la gente se salga con la suya en actos malvados no es parte de un argumento de buena fe sobre el valor de la privacidad, sino más bien una pieza de propaganda destinada a socavar su valor, que tiene menos que ver con el ajuste de las circunstancias humanas al bienestar que con los objetivos de la vigilancia y la dominación.

PRIVACIDADES DE LAS QUE NO SE RINDEN CUENTAS

Si nos ponemos en el lugar de Ben, podríamos objetar que cuando estamos en privado no siempre o necesariamente habitamos ese estado en el que no rendimos cuentas. Es cierto. Del mismo modo que sería agotador persistir incesantemente en ser nosotros mismos, sería terrible ser siempre múltiples o ambiguos, no tener una dirección o un sentido de uno mismo que valore una alternativa por encima de otra, y que nunca nadie se tome en serio la relación entre uno mismo y su apariencia. Del mismo modo que la posibilidad de reintegrarse en una comunidad es necesaria para que la experiencia de la soledad sea reparadora —de lo contrario, se convierte en exilio y alienación—, el valor de no rendir cuentas depende de su relación dialéctica con la rendición de cuentas. Los intereses que he tratado en este capítulo son intereses en el funcionamiento saludable de la agencia y el bienestar humano en general, y no en evitar el reconocimiento o las consecuencias de la propia acción como tal. Es importante señalar que la relación es recíproca. Como agentes, también nos interesa que los demás nos tomen en serio, lo que incluye que se tomen en serio la idea de que somos lo que parecemos ser. Estos intereses contribuyen a la misma imagen de agencia no alienada y bienestar más amplio a la que también pertenece la no rendición de cuentas.

Está fuera del alcance de este debate dar una explicación completa de qué hace que consiga cierta plenitud un ser humano, en el que figuraría el ser inexplicable. Mi objetivo aquí es simplemente haber empezado a hacer plausible que tal imagen existe, y que proporciona apoyo suficiente, si no irrefutable, para mi explicación de la visión ordinaria del *voyeur*. La verdad es que esta visión de la privacidad y el bienestar me parece no solo plausible, sino correcta y convincente, en parte porque dirige nuestra atención a áreas de valor pasadas por alto en los debates sobre la privacidad y no apreciadas en la vida contemporánea. Tendremos mucho más que decir sobre la visión más amplia del olvido y el bienestar más adelante en este libro, así que por ahora vamos a cerrar la discusión conectándola con algo más que hace que una vida vaya bien: la intimidad física y emocional, cuya relación con la privacidad se hace más clara cuando se ve a través de esta lente de la no rendición de cuentas.

La visión que presenté de cómo Ben empeora por el mero hecho de ser percibido implicaba una explicación de un derecho moral a la privacidad basado no en intereses de control, autonomía o autodeterminación, sino justo en lo contrario. Como hemos visto, esto está en desacuerdo con una gran parte del pensamiento actual sobre la privacidad, que entiende el valor de la privacidad como una función del control que da a los individuos sobre su información personal o el acceso perceptivo que otros pueden tener a sus personas y cosas. Una versión destacada de esta idea es que dicho control es necesario para crear y mantener relaciones íntimas, ya que la privacidad nos permite compartir

ciertas cosas con nuestros íntimos que no compartimos con el resto de nuestras relaciones sociales. James
Rachels ofrece una de las versiones más interesantes e
influyentes de esta idea. En su opinión, la privacidad es
valiosa porque la necesitamos para mantener una serie
de relaciones sociales, y es necesaria a tal fin porque las
distintas relaciones se caracterizan por diferentes niveles de lo que es apropiado que los demás sepan sobre
nosotros. No queremos que nuestros padres sepan todo
lo que nuestros amantes saben de nosotros y viceversa;
cierta información puede ser apropiada para compartirla con los amigos, pero no con los estudiantes. Rachels apoya su argumento con un ejemplo extraído de
una fuente maravillosamente inesperada: la sección del
Miami Herald que recoge la guía televisiva.

«Creo que fue una de las escenas más incómodas que
he rodado nunca», dijo la actriz Brenda Benet después de
hacer una escena romántica con su marido, Bill Bixby,
en su nueva serie de la NBC, *The Magician*. «Incluso me
resultaba difícil besarle», continuó. «Era la misma boca de
siempre, pero fue terrible. Era tan anormalmente tímida;
supongo que porque no creo que sean asunto de nadie
esos besos. La escena habría sido más fácil si la hubiera
hecho con un completo desconocido, porque eso sería actuar de verdad. Con Bill, era como estar exhibiéndome».

Esto es lo que Rachels cree que revela esta historia
sobre la privacidad:

> Debo subrayar que, desde el punto de vista que defiendo,
> no es una «timidez anormal» ni otra timidez de ningún
> tipo lo que está detrás de esos sentimientos. Más bien, se

trata de un sentido de lo que es apropiado con y alrededor de las personas con las que uno tiene diversos tipos de relaciones personales. Besar a otro actor delante del equipo de cámara, el director, etcétera, es una cosa, pero besar al marido delante de todas esas personas es bien distinto. Lo que hacía confusa la posición de la señora Benet era que su marido era otro actor, y el comportamiento que se permitía en una relación se desaconsejaba en la otra[41].

Dejemos a un lado la idea de que la relación conyugal desaconseja de algún modo besarse delante de un equipo de rodaje, lo que me parece claramente erróneo. En la lectura más obvia, la declaración de incomodidad de Brenda Benet no apoya la teoría de Rachels. Seguramente el reparto y el equipo no se sorprenderían ni escandalizarían al saber que un marido y su mujer comparten besos; seguramente no es inapropiado que lo sepan. Cualquiera lo habría supuesto ya (eso y más) sin tener que pararse a pensarlo. Es difícil ver cómo *alguna* de las relaciones de Brenda se vería dañada por esto. El equipo no aprende nada por el hecho de presenciar cómo un marido y su mujer comparten un besuqueo, a menos que, en un sentido muy literal y técnico, ganen algo parecido a «el conocimiento de que Brenda y Bill se han besado al menos una vez». Por supuesto, nadie piensa de ese modo. Pero incluso si lo hicieran, es muy difícil imaginar cómo ese conocimiento podría dañar o incluso alterar la relación

---

[41] RACHELS, "Why Privacy Is Important", p. 330. Jeffrey Reiman ofrece una crítica diferente y más devastadora de esta visión de la información y la intimidad en "Privacy, Intimacy, and Personhood", *Philosophy and Public Affairs* 6, n.º 1 (1976), p. 26.

de Brenda o Bill con el equipo o entre ellos. La contorsionada expresión de lo que el equipo podría haber averiguado sobre Brenda y Bill a partir de su escena es otro indicio de lo extraño que puede ser a veces pensar en la privacidad en términos de control de los «flujos de información». Una vez más, nos encontramos con la distinción entre privacidad y secreto: puede que Brenda no quiera que nadie la vea besar al actor con el que tiene una aventura porque no quiere que esa información salga a la luz, pero, por supuesto, ese no es el caso cuando se trata de besar a su marido, Bill. En cambio, la afirmación de Brenda «no creo que sea asunto de nadie» se hace eco de la respuesta típica a la pregunta invasiva: no invoca una barrera tras la cual se oculta información a unos pero no a otros, sino una que protege contra la creación de información o conocimiento.

Rachels tiene razón al pensar que aquí entran en juego cuestiones de privacidad, información e intimidad, solo que no de la forma que él supone. Lo que incomoda a Brenda es la sensación de «estar exhibiéndose». Con esto no quiere decir que lo que se exhibe sea alguna información desconocida hasta ahora sobre su vida privada, en parte debido a las suposiciones ordinarias sobre la vida amorosa de las parejas casadas, pero también porque la escena romántica no da de hecho *ninguna* información sobre cómo son Brenda y Bill más allá de los límites de la escena. Dado que el acto romántico es una pieza guionizada de fantasía explícita, no da al equipo ninguna razón para pensar que lo que ven refleja de algún modo cómo son Brenda y Bill más allá de los límites de la «acción» y el «corte», aunque puede decir algo sobre la calidad de su actuación. La queja sobre la exhibición tampoco tiene que ver con que el tipo de comportamiento que se muestra sea el tipo de cosa que se oculta adecuadamente: ella admite que no le habría importado hacerlo con un actor que no fuera su marido. Nuestro análisis de las experiencias sobre las que no se rinden cuentas ayuda a entender la queja de Brenda Benet, al poner de manifiesto la oposición entre la conciencia de estar exhibiéndose, por un lado, y la intimidad física real, por otro. «Estar exhibiéndose» es contrario a la intimidad con su marido, pero no al acto de intimidad llevado a cabo con un extraño, porque es perjudicial para el estado psicológico que conlleva no rendir cuentas, que suele acompañar a las experiencias más plenas de intimidad física.

Al igual que en el caso de Ben, que Brenda se exhiba es perjudicial no por las normas que rigen lo que es apropiado que los demás sepan, sino porque exhibirse engendra el tipo de autoconciencia que está en contradicción con la no rendición de cuentas. Cuando se trata de besar a un actor que no es su marido y de «estar exhibiéndose» mientras lo hace, a Brenda no le importa cómo la exposición y la autoconciencia socavan la irresponsabilidad de la intimidad física porque, para empezar, no quiere tener ese tipo de experiencia. Hay un riesgo en la experiencia real de la intimidad que está ausente en su fingimiento: la desaparición del yo que rinde cuentas lo hace a uno vulnerable, abre de par en par las partes no estructuradas e incontrolables (animales, incluso) de uno mismo. Al igual que decíamos del hombre de Estado y lo divino en el capítulo anterior que jugaba tirado por el suelo, en las experiencias de intimidad física uno se entrega a la potencialidad impredecible en el núcleo de la persona y se encuentra con su fuerza dentro de uno mismo —y también dentro del otro—, que es por lo que la experiencia puede ser tan excitante, pero también aterradora.

Basta con conocer mínimamente la intimidad física para saber que se trata de una experiencia en la que el agente consciente de sí mismo tiende a desaparecer. El yo y la frontera que lo separa del otro parecen disolverse, mientras que la atención consciente y la presencia corporal se intensifican. Esta experiencia comparte ciertas características clave con el estado de apertura radical de Taylor, en el que nos encontramos con las dimensiones profundas, incipientes y desestructuradas del yo, salvo que, en el caso de la intimidad física, nos encontramos al mismo tiempo con el otro. En este acto, los individuos renuncian temporalmente al control deliberado y racional de sus vidas y cuerpos para encontrarse con las regiones del yo y sus relaciones que están más allá del conocimiento y el control. Por eso se suele pensar que no perderse en el acto es un error de la relación amorosa, a lo que la respuesta natural es, una vez más, «tienes que salir de tu cabeza» o «dejarte llevar un poco».

Debido a las limitaciones de conocimiento y control, consideramos que el sexo es una de las formas más profundas e íntimas de estar con otra persona y llegar a conocerla[42].

---

[42] El tipo de conocimiento que adquirimos sobre otro o sobre nosotros mismos por esta experiencia (si se da) no es del tipo que puede adoptar la forma de hechos o información, sino más bien un tipo de familiaridad que se resiste a la traducción en información. Los filósofos llaman a este tipo de conocimiento «conocimiento por familiaridad» para distinguirlo del «conocimiento proposicional». Esta incómoda terminología es necesaria en inglés, pero no en muchos otros idiomas, que tienen dos palabras para los distintos tipos de conocimiento: por

Pero no es solo a los demás a quienes llegamos a conocer de este modo; también aprendemos sobre nosotros mismos. Las experiencias de intimidad física pueden ser ocasiones de autodescubrimiento, además de placer. En cualquier caso, como el objeto del descubrimiento, aparte de las predilecciones y los placeres, son las regiones inexplicables del yo, estos descubrimientos del autoconocimiento parecen perder inevitablemente su fuerza cuando intentamos expresarlos con palabras. Incluso un buen beso tiene esta naturaleza. Pablo Neruda escribe: «El amor lo aprendí de un solo beso, | y no pude enseñar a nadie nada», captando a la vez el poder revelador y la profunda incomunicabilidad del tipo de comprensión que se obtiene de tal experiencia[43].

Una descripción del sexo, o incluso de un beso, es pornográfica en comparación con la experiencia en sí, porque incluso la expresión más aguda y exhaustiva parece perder el punto o reducirlo a un cliché, a un esquema[44]. La experiencia se desinfla con la descripción, pero también con la forma descriptiva de la autoconciencia, que consiste en dar cuenta de uno mismo en tiempo real a través de la narración, la justificación o la consideración de cómo nos interpretan los demás. Frente a las muchas exigencias de rendir cuentas de uno mismo, la protección de la privacidad del espacio y el tiempo para lo que no hay que explicar nos ofrece la oportunidad

---

ejemplo, *conocer*, *connaître* y *kennen* para el conocimiento por familiaridad, y *saber*, *savoir* y *wissen* para el conocimiento proposicional.

[43] Pablo Neruda, "Oda al Libro (I)" (traducción mía).

[44] La analogía «la descripción es a ciertas formas de experiencia como la pornografía es al sexo» la tomo de Blake Smith, "Against Description", *Substack*, 7 de julio de 2023.

de vivir con nuestras partes oscuras siendo oscuros nosotros mismos, de experimentar las partes de nosotros
mismos y de los demás que escapan a nuestro control
y comprensión. No es de extrañar que busquemos la
privacidad para disfrutar al máximo de la experiencia de
perdernos con los demás.

3.
ESCONDERSE EN LO PRIVADO

Durante años viajé en tren de Providence (Rhode Island) a Cambridge (Massachusetts). Una mañana, subí al tren y me encontré con los típicos vagones tranquilos de oficinistas soñolientos repletos de juerguistas ataviados con la equipación de los Red Sox, ya medio borrachos y gritando cuando no eran ni las ocho. Todos los vagones estaban llenos de gente de pie, y me encontré entre dos grupos de alborotadores aficionados que, como pronto supe, se dirigían al desfile de la victoria en las Series Mundiales de Boston. Durante un rato estuve entre la multitud, hablando con desconocidos, escuchando conversaciones, rechazando educadamente las numerosas y generosas ofertas de aguardiente y *whisky* con sabor a canela de mis compañeros de viaje. En un momento dado, saqué mi teléfono y empecé a enviar mensajes de texto sobre la situación a mi mujer, mi hermano y algunos amigos. Sus respuestas llegaron casi al instante, y entonces, tan extraño de decir como habitual de hacer, me encontré participando en varias conversaciones a la vez. Era como si de repente me hubiera ausentado del tren. El jaleo desapareció. Dejé de sentir los cuerpos de los demás rozándome; mi propio cuerpo parecía alejarse incluso de la presencia física mientras mi mente se concentraba en los mensajes que enviaba y recibía en rápida sucesión. Estaba, como se suele decir, en otra parte, porque mi mente estaba en otra parte. Mi mente y mi atención estaban activamente ocupadas con partes del mundo distintas de la que habitaba mi ser físico.

La experiencia se repite con frecuencia en circunstancias menos exóticas; para ser honestos, en cualquier lugar donde lleve mi *smartphone*. Mi mujer y yo estamos juntos, en privado, y uno de los dos baja la vista para mirar el teléfono. Nuestra atención se dirige al dispositivo, ya sea atraído por el soniquete de una notificación o por los hábitos pavlovianos que hemos desarrollado a lo largo de los años. Cuando miro la pantalla, ella sabe inmediatamente que ya no estoy con ella, no al menos del todo, que al mismo tiempo que la trato estoy atendiendo también a otra persona o mirando a través de una pequeña ventana portátil otros lugares y otras vidas. Cuando estoy solo en casa, en privado, ya casi nunca estoy realmente solo. ¿Sigo teniendo un espacio privado?

Mis experiencias de distanciamiento, fragmentación y atención pueden parecer pintorescas en nuestra era de conectividad constante. Por *conectividad* me refiero en general a las tecnologías de comunicación móvil que, en palabras de Sherry Turkle, «están siempre activas y van siempre contigo» y al conjunto de normas, expectativas, comportamientos y hábitos que las permiten y promueven[1]. Cualquiera que posea un dispositivo móvil participa constantemente en una danza de atención y presencia mucho más compleja que el envío de mensajes de texto desde un tren abarrotado. Mantenemos múltiples conversaciones simultáneas con amigos y familiares, nos desplazamos rápidamente por vídeos grabados en todo el mundo, publicamos nuestros pensamientos para un público disperso por todo el planeta y pasamos el dedo por perfiles de posibles parejas románticas, todo más o menos a la vez y con la facilidad irreflexiva de una segunda naturaleza. Aunque este gran poder de conexión con otras vidas y mundos fue acogido inicialmente con entusiasmo, pronto empezamos a oír una nota más oscura. «A medida que nuestras vidas mentales se fragmentan», escribe Matthew Crawford, «lo que suele estar en juego parece ser nada menos que la cuestión de si uno puede mantener un yo coherente»[2]. Bernard Harcourt también opina que los recientes cambios en nuestros hábitos de atención llegan a amenazarnos con «la mortificación del yo»[3]. Justin E. H. Smith califica el asunto de «crimen contra la humanidad»[4]. El consenso sobre los peligros de las

---

[1] Véase, por ejemplo, Sherry TURKLE, "Always-on/Always-on-you: The Tethered self", en *Handbook of Mobile Communication Studies*, ed. James E. KATZ, Cambridge, MA: MIT Press, 2008.

[2] Matthew B. CRAWFORD, *The World beyond Your Head: On Becoming an Individual in an Age of Distraction*, Nueva York: Farrar, Straus and Giroux, 2015.

[3] Bernard E. HARCOURT, *Exposed: Desire and Disobedience in the Digital Age*, Cambridge, MA: Harvard University Press, 2015, p. 25.

[4] Justin E. H. SMITH, *The Internet Is Not What You Think It Is: A History, a Philosophy, a Warning*, Princeton, NJ: Princeton University Press, 2022, p. 11.

nuevas tecnologías está casi tan extendido como su adopción: nuestra conexión constante con los demás y con públicos virtuales en la era digital se considera por lo general una grave amenaza para el bienestar y una merma de la calidad de nuestra privacidad.

La idea de que los nuevos medios de comunicación suponen una amenaza para la subjetividad debido a sus efectos sobre nuestra atención fue de vital importancia para los primeros defensores del derecho a la privacidad en el siglo xix. Por ejemplo, una columna de 1874 en *The Hartford Courant* titulada "¿Hay privacidad?" se queja de cómo los nuevos medios de comunicación «invaden el estudio del clérigo, la oficina y la casa del político, el santuario del profesor, y exigen saber de cada uno lo que piensa sobre el nuevo libro o el último escándalo, y si bebe vino o leche con la cena, y lo que piensa de su suegra»[5]. Cualquiera podría pensar que el columnista estaba hablando de las redes sociales y no, irónicamente, de los periódicos. John Ruskin replantea el problema para dejar claro que no puede achacarse exclusivamente a los nuevos medios de comunicación que alimentan lo que los contemporáneos describieron como «la era de la publicidad», una expresión que hoy parece tan miope como «la Gran Guerra», pero que también indica, una vez más, una continuidad con lo que nos preocupa en nuestra propia era. El individuo, pensaba Ruskin, también tenía cierta responsabilidad por dar la bienvenida a demasiada publicidad en su esfera privada, con el resultado de que

---

[5] "'Is There Any Privacy?", *Hartford Daily Courant*, 3 de octubre de 1874.

la privacidad del hogar se estaba transformando en algo peor y menos sostenible.

La verdadera naturaleza del hogar radica en que es el lugar de la paz: el refugio, no solo de todo daño, sino de todo terror, duda y división. En la medida en que no es esto, no es un hogar; en la medida en que las ansiedades de la vida exterior penetran en él, y el marido o la esposa permiten que la sociedad, con esa mentalidad parpadeante, fría u hostil del mundo exterior, cruce el umbral, deja de ser un hogar; entonces es solo una parte del mundo exterior que has techado y en la que has encendido un fuego[6].

La opinión de Ruskin sobre los peligros de la penetrante publicidad fue ampliamente compartida entre sus contemporáneos. «Hemos llegado a la era de la publicidad», proclamó George Lorimer en un sermón de 1892 que más tarde se reprodujo en el *Boston Globe*. «Y el resultado de ello es que nos olvidamos de nosotros mismos»[7]. En la anotación del diario de Henry James del 17 de noviembre de 1887, leemos: «Uno esboza su época de forma imperfecta si no toca ese asunto en particular: la invasión, el descaro y la desvergüenza, del periódico y del entrevistador, la devoradora *publicidad* de la vida, la extinción de toda barrera entre lo público y lo privado»[8]. Warren y

[6] "Sesame and Lilies" (1865), citado en Richard SENNETT, *The Conscience of the Eye: The Design and Social Life of Cities*, Nueva York: Knopf, 1990, p. 20.

[7] "Mind Your Own Business: Rev. George C. Lorimer Says This Is an Age without Privacy", *Boston Daily Globe*, 11 de julio de 1892, p. 2.

[8] Henry JAMES, *The Notebooks of Henry James, ed. Francis O. Matthiessen*, Chicago: University of Chicago Press 1981, p. 82.

Brandeis trataron de expresar y solidificar el pensamiento común también sobre este aspecto de la privacidad, argumentando que la llegada de los periódicos de gran tirada perjudicaba tanto a los individuos como a la sociedad al ofrecer un suministro constante de información novedosa y excitante, pero esencialmente frívola: «La trivialidad destruye a la vez la solidez del pensamiento y la delicadeza de los sentimientos. Ningún entusiasmo puede florecer, ningún impulso generoso puede sobrevivir bajo su influencia»[9]. Aunque su preocupación suena en un tono decididamente más romántico que el que encontramos en James, Harcourt y Crawford, la comprensión de las amenazas al bienestar que plantean las nuevas tecnologías de la información y los hábitos de atención que fomentan es esencialmente la misma.

La idea de que la privacidad de una persona se ve mermada —incluso invadida— por la publicidad a la que uno invita a entrar en su vida, y además por la publicidad del tipo equivocado, fue también un estribillo constante a lo largo del siglo xx. Por ejemplo, Wallace Stevens se preocupaba por la creciente presencia de radios en los hogares, lamentando que la imaginación de su época sufriera por estar demasiado conectada al mundo en general y, por tanto, atrofiada por la «extraordinaria presión de las noticias» que llegaban a cada vez más hogares a través de las ondas. «Estamos muy pegados los unos a los otros en todos los sentidos», escribe. «Nos tumbamos en la cama y escuchamos una emisión desde El Cairo, y así

---

[9] WARREN y BRANDEIS, "The Right to Privacy", *Harvard Law Review* 4, n.º 5, 15 de diciembre de 1890, p. 196.

sucesivamente. Ya no hay distancia»[10]. Gertrude Stein se hacía eco del sermón de Lorimer medio siglo después, en 1946: «Todo el mundo recibe tanta información durante todo el día que pierde el sentido común»[11]. En las décadas siguientes se produjeron quejas similares sobre la creciente popularidad de la televisión.

Lo que ahora predomina a través de la televisión en casa es el mundo exterior —real o ficticio— retransmitido; el reinado del artefacto es tan absoluto que convierte la realidad del hogar —no la de las cuatro paredes y los muebles, sino la vida comunitaria— en algo fantasmagórico e inválido. Cuando el fantasma se convierte en realidad, la realidad se convierte en fantasma[12].

---

[10] Wallace STEVENS, "The Noble Rider and the Sound of Words", en *The Necessary Angel*, Nueva York: Vintage, 1951, pp. 18, 20. Al igual que la indignación moral que suscitaron los periódicos antes y la televisión después, la queja de Stevens era característica del sentir de la época. Por ejemplo, Marshall McLuhan escribe: «La radio acelera la información de un modo que también provoca una aceleración en otros medios. Ciertamente contrae el mundo al tamaño de una aldea, y crea insaciables gustos aldeanos por el cotilleo, el rumor y la malicia personal» (Marshall MCLUHAN, *Understanding Media: The Extensions of Man*, Cambridge, MA: MIT Press, 1995, p. 306. Stevens y McLuhan (y Stein en la nota siguiente) se hacen eco de la vieja queja sobre la difusión de la publicidad que nos acompaña desde los orígenes de la privacidad moderna en el siglo XIX.

[11] Gertrude STEIN, "Reflection on the Atomic Bomb", en *Gertrude Stein: Writings 1932-1946*, ed. Catharine R. STIMPSON y Harriet CHESSMAN, Nueva York: Library of America, 1998, p. 823.

[12] Günther ANDERS, "Die Antiquiertheir des Menschen" (1956), citado en Peter WEIBEL, "Pleasure and the Panoptic Principle", en *CTRL [Space]: Rhetorics of Surveillance from Bentham to Big Brother*, Cambridge, MA: MIT Press, 2002, p. 210.

Hoy en día hemos abandonado en gran medida la idea de que la privacidad de una persona puede verse mermada de algún modo por cómo gasta su atención, además de las cuestiones del fisgoneo, la vigilancia y el exhibicionismo. La razón de ello, como sugerí en la introducción, es que la idea anterior de la privacidad ha sido gradualmente suplantada por una concepción neoliberal y voluntarista según la cual la privacidad es más una propiedad personal o una preferencia que un interés fundamental[13]. Si el valor de la privacidad depende de que la elijamos, entonces la cuestión normativa de disminuirla de algún modo dando la bienvenida a una determinada cantidad o calidad de publicidad en nuestras vidas queda anulada por el simple hecho de que hemos consentido en ello mediante esa invitación. Sin embargo, hay lucidez en el punto de vista de quienes negaron esa invitación, una lucidez que haríamos bien en rescatar.

En este capítulo defenderé la recuperación de estas ideas antiguas sobre la atención y la privacidad, o al menos parte de ellas, lo que a su vez me servirá para desarrollar mi argumento sobre la importancia de la privacidad para el bienestar. Pero procederé por lo que a primera vista podría parecer un camino algo tortuoso, empezando por hablar no explícitamente de la atención, sino de la diferencia entre ocultamiento y privacidad. Esta diferencia —que, como veremos, tiene importancia moral— depende en gran medida de cómo sea la atención de cada uno. Esto tiene graves consecuencias para las visiones teóricas y políticas estándar de la privacidad, a las que les cuesta

---

[13] Harcourt, *Exposed.*

expresar la diferencia entre ocultamiento y privacidad, y que por tanto tienden a perder parte de su significado moral. Si perdemos de vista la diferencia entre privacidad y ocultación, como parece que hemos hecho en gran medida, corremos el riesgo de basar nuestras defensas de la privacidad en un concepto empobrecido.

Un ejemplo especialmente flagrante de este tipo de razonamiento moral es la idea de que la privacidad solo tiene valor para quienes tienen algo que ocultar. Obviamente, este lema es malintencionado. Se ha utilizado durante siglos para presionar a ciudadanos, correligionarios y familiares para que hicieran sus vidas más transparentes a los mecanismos de poder; más recientemente, ha servido como potente justificación para la expansión del estado de vigilancia. Lo más desesperante del lema y de las respuestas que se le dan es que nadie parece darse cuenta de que también es engañoso. *Ocultarse* es una acción propia de aquellos que tienen algo que ocultar. La privacidad, deberíamos decir, sirve para otra cosa. Sin embargo, para decir esto, tendremos que desaprender la elisión entre ocultación y privacidad y comprender qué hace que las dos formas de ocultación sean distintas. Porque si la ocultación y la privacidad son solo dos formas de decir lo mismo, entonces tenemos motivos para pensar que las personas que no tienen nada que ocultar quizá no tengan realmente nada que temer de la vigilancia. Como mucho, perderían la capacidad de ocultarse, lo que lleva a preguntarse por qué querrían tener esa capacidad. Esto, a su vez, alimenta la hermenéutica de la sospecha que se encuentra en el estado de vigilancia y más allá de este, el hecho de considerar la simple ocultación como un motivo de sospecha y un motivo para la vigilancia. Sin embargo, si el uso ordinario es correcto y los dos conceptos son distintos, entonces incluso aquellos que no tienen nada que ocultar tienen algo que perder: a saber, lo que sea que les proporcione la privacidad. Aclarar qué podemos perder en tal caso, y por qué debería importarnos, es sin duda una de las cuestiones políticas y éticas más apremiantes de nuestro tiempo.

Otra razón para detenerse en lo de ocultarse es que en nuestra era de conectividad móvil y medios sociales, la condición de nuestra privacidad ha empezado a parecerse bastante más a la ocultación de lo que solía. Así me lo parece a mí, al menos, y a muchos otros cuyas opiniones se reflejan en estudios etnográficos de la vida conectada. Sin duda, es un poco paradójico pensar que podríamos experimentar un estado como el de la ocultación gracias a nuestra conexión constante con los públicos discursivos. Del mismo modo, la cultura de la exhibición, la confesión y el «compartir de más» que promueven las redes sociales ciertamente se parece más a una cacofonía de llamadas al reconocimiento que a la evasión intencionada del descubrimiento. No obstante, existen ciertas similitudes fenomenológicas y normativas entre la ocultación y la reclusión personal en la era de la conectividad constante. Lo más destacable es que ambas son formas de experiencia en las que estar aislado del mundo común depende de un tipo de conexión con él; ambas experiencias comparten ciertas características psicológicas; y ambas, consideradas en su conjunto, tienden a ser normativamente desfavorecidas, en contraposición a, por ejemplo, el aislamiento ampliamente deseado de la privacidad o el tipo de ataduras que entraña estar enamorado.

Por último, quiero conectar la cuestión de la privacidad, la atención y la conectividad con otro problema de la era digital que también se considera novedoso y a la vez acuciante. Se trata de este hecho paradójico: aunque estamos más conectados que nunca, al mismo tiempo estamos más aislados, solos y alienados. La relación entre conectividad y alienación surgirá de nuestra distinción entre ocultación y privacidad, así que por ahora permita que plante esta semilla en su mente. Compare la queja de Stevens sobre la radio con el relato de Hannah Arendt sobre cómo un cambio en la calidad de la reclusión humana, de la soledad buscada a la sufrida[14], sienta las bases para el totalitarismo y es, de hecho, un medio y un objetivo de los totalitarios:

Encaja [a una persona] en la férrea banda del terror incluso cuando está sola; la dominación totalitaria intenta no dejarla nunca sola, excepto en la situación extrema del confinamiento solitario. Destruyendo todo espacio entre los hombres y presionándolos unos contra otros, se aniquilan incluso las potencialidades productivas que tiene estar solo[15].

La férrea banda de terror que se siente incluso cuando se está solo es otra forma de describir el miedo (o la

---

[14] Pressly emplea dos palabras distintas que en nuestra lengua significan lo mismo, «soledad», *sollitude* (soledad que buscamos, porque es benigna) y *loneliness* (la soledad que nos hace sufrir). Y realmente hacen falta dos palabras, porque nada más distinto que ambas clases de soledad (N. del t.).

[15] ARENDT, *The Origins of Totalitarianism*, Nueva York: Harcourt, 1994, p. 478 [*Los orígenes del totalitarismo*, Madrid: Alianza, 2006].

emoción) de una persona escondida que la conecta con quien la busca, aunque con la tensión psicológica propia de lo que supondría ser descubierta llevada al extremo. Es una forma de conexión y orientación psicológica hacia el otro que se obtiene incluso cuando se está solo. Pero «no estar nunca solo» es también la condición básica de la conectividad, y la degradación de la soledad buscada en soledad sufrida es, como veremos, análoga a la degradación de la privacidad en ocultación.

Por supuesto, tendré que decir algo más sobre la ocultación antes de poder dejar esto claro y poder —espero— ser convincente, así que por ahora permítame ofrecer una imagen y una vista previa de adónde quiero llegar. Se trata de dos ojos. El primero es el ojo cansado de la persona que se oculta y mira desde su escondite en busca de quienes la buscan; el segundo es el ojo cansado que mira fijamente la pantalla del smartphone o del ordenador. Dos ojos agotados que persisten en la actividad que los agota. La analogía de estos ojos refleja ciertas similitudes en el tipo de experiencia que hay tras ellos y que es desmentida por ellos. Está sería la vista previa. Privacidad y ocultamiento no son lo mismo, y es malo confundirlos. Nuestra experiencia actual de lo que hasta ahora había sido la privacidad se parece bastante al escondite (es decir, nuestros ojos fijos en los públicos virtuales son realmente como los ojos de quien se oculta y espera tenso la aparición de quien le busca), lo cual resulta perjudicial por varias razones, todas las cuales debería abordar una teoría de la privacidad.

¿Qué relación hay entre esconderse y la privacidad? Piense en un niño que, jugando al escondite, sale corriendo y se mete en un tronco hueco. Imagine a un fugitivo en un pajar. Recuerde a Ana Frank y su familia en su anexo secreto del Prinsengracht. La forma natural de describir lo que ocurre aquí, como indica el nombre del juego, es que estas personas se están escondiendo. Ante la pregunta de qué hacen el niño, el fugitivo o los Frank, nadie describiría su ocultación en términos de privacidad. De hecho, describir a los Frank en el lenguaje de la privacidad no solo es inexacto, sino perverso, a pesar de las muchas formas en que su alojamiento no se distinguía de una casa privada. Asemejar los aposentos de los Frank a una residencia privada es un gesto paródico, ya que en aspectos importantes y quizás obvios su anexo secreto se parecía más a un árbol hueco que a la casa privada que podría haber sido en otras circunstancias. Esta sensación de parodia, junto con el hecho de que en inglés nos referimos naturalmente a su espacio doméstico como «the secret annex» y «hiding place» —no «private annex» o «private space»—, indica que aquí hay una diferencia significativa. El sentimiento de que asemejarlos es perverso sugiere que esta diferencia tiene incidencia moral.

¿Es bueno o deseable esconderse? ¿Es una parte importante de la vida humana, un signo de que va como debería? La respuesta es «depende». En general, esconderse tiene para nosotros una connotación negativa, aunque también es algo que nos gustaría poder hacer en caso de ser necesario. En una vida buena, el valor de esconderse cuesta encontrarlo. Puede formar parte de juegos emocionantes para niños y amantes, pero normalmente nadie elegiría esconderse sin que alguna compulsión externa lo forzase a ello. Sin embargo, si se hace la misma pregunta sobre la privacidad, se obtiene la reacción contraria. No importa cómo se defina, se suele pensar que la privacidad guarda una relación importante y fundamental con el bienestar, el tipo de cosa que podríamos elegir por sí misma.

Hasta aquí, esta distinción verbal no tiene nada de particular. Todos los idiomas están llenos de términos casi sinónimos que resaltan las diferencias entre objetos por lo demás similares. Codazo, empujón, empellón. Oculto, secreto, privado. El asunto solo parece extraño o contraintuitivo cuando se aborda desde la perspectiva de la privacidad, especialmente de las teorías de la privacidad. En efecto, las teorías habituales de la privacidad no distinguen entre ocultamiento y privacidad ni explican la sensación de perversidad y parodia que supone llamar al anexo secreto de los Frank su «anexo privado». Pudiera parecer que este es exclusivamente un problema para filósofos y quisquillosos. Sin embargo, resulta que el reto de distinguir entre ocultación y privacidad está ligado a varios retos acuciantes de la era digital, y nos ayudará a entenderlos[16].

---

[16] Dentro de un momento me extenderé más sobre los errores que hay en estos puntos de vista y su enfoque general del tema, pero antes detengámonos un minuto más en la sensación de perversidad que se deriva de describir la condición de los Frank en el anexo secreto en términos de privacidad y no de ocultamiento. Los pocos enfoques de la cuestión de la privacidad que consideran la ocultación (que yo conozca) plantean la cuestión de su identidad con la privacidad; determinan

Empecemos con un ejemplo poco controvertido de privacidad. Imaginemos a una chica sola en su habitación con las puertas cerradas y las cortinas echadas, y supongamos por un momento que el año es 1999, o 1899, y que no tiene acceso a un *smartphone* ni conexión a internet. A pesar de los desacuerdos sobre qué es la privacidad, nadie discute que esta chica goza de ella. Entre los teóricos de la privacidad de hoy en día, la forma estándar de entender su privacidad se basaría normalmente en las nociones de «control» y «acceso»[17]. Según los puntos de vista estándar, estamos en lo cierto al decir que esta chica disfruta de su privacidad porque tiene control sobre quién puede

_____

que la privacidad es una forma de ocultación con respecto a la percepción de uno mismo o de algún objeto, ven que su descripción también podría describir la ocultación y, por tanto, concluyen que ambas deben ser lo mismo. No quiero dar la impresión de que yo también asumo la verdad de lo que pretendo demostrar al suponer sin justificación que la privacidad y la ocultación son distintas. Por un lado, en este capítulo se argumenta extensamente a favor de la validez de esta distinción. Además, el sentido de perversidad o transgresión moral que conlleva el uso del término «privacidad» para describir el caso de los Frank, y la larga historia y el sentido común sobre el uso no idéntico, dan pie a suponer que la ocultación y la privacidad no solo son formas distintas de ocultación, sino que podríamos tener razones para no querer que lo que una vez fue privado se parezca más a la ocultación. Creo que esta presunción es muy sólida. Un argumento que sostuviera que privacidad y ocultación son idénticos exigiría, para ser robusto, entre otras cosas, dar un significado especial y técnico a «ocultación» que difiere y en muchos casos se opone al uso ordinario de la palabra. Y entonces, creo, estaríamos hablando de algo totalmente distinto.

[17] Para un análisis exhaustivo del debate sobre el control y el acceso, véase Jakob MAINZ, "An Indirect Argument for the Access Theory of Privacy", *Res Publica* 27, n.º 3, pp. 309-328 (2021).

conocer cierta información sobre ella (es decir, lo que usted podría saber si le abriera la puerta) o porque hay «limitaciones extraordinarias» en la capacidad de otros para acceder a ella o a la «información» sobre ella. Pero esto también es cierto si trasladamos a la niña de su dormitorio al diario; es tan cierto sobre los Frank el 6 de julio de 1942, en su anexo secreto, como lo fue un día (o una década) antes, tras las puertas cerradas de su propia casa.

Examinemos algunos de los intentos de describir lo que queremos decir cuando afirmamos que la niña tiene privacidad. Dado que extraigo los siguientes relatos del campo de la filosofía analítica, permítame un par de palabras para preparar a los lectores no familiarizados con la disciplina para lo que podría parecer una abstracción innecesaria o el tipo de abstrusas sutilezas que la academia incentiva. Probablemente no haya ningún lugar en el mundo, y menos en su parte anglófona, en el que la cuestión de cómo entender la privacidad se debata más acaloradamente que en el campo de la filosofía moral analítica. En estos debates participan muchas mentes brillantes en torno a un sinfín de ejemplos y enfoques creativos, aunque también suelen emplear un lenguaje formal muy abstracto destinado a precisar con la mayor exactitud posible de qué hablamos cuando hablamos de privacidad. En los siguientes ejemplos extraídos de ese debate, se ruega ignorar el pleonasmo «privacidad *informativa*», que, como ya hemos visto, es un vestigio de la errónea distinción entre el significado ordinario de privacidad y la llamada privacidad decisional. Lo que es importante tener en cuenta es que cada uno de estos relatos rivales trata de explicar lo que queremos decir cuando afirmamos que la niña en su habitación tiene privacidad, y que, en conjunto, representan la mayor parte del pensamiento contemporáneo sobre lo que es la privacidad y cómo estructura nuestras relaciones con los demás.

«Un individuo A tiene privacidad informativa en relación con otro individuo B y respecto a un hecho personal *f* sobre A si y solo si A controla si B conoce *f*».

«Un individuo A tiene privacidad informativa en relación con otro individuo B y respecto a un hecho personal *f* sobre A si y solo si existen limitaciones extraordinarias a la capacidad de B para conocer *f*».

«Un individuo A tiene privacidad informativa en relación con otro individuo B y con un hecho personal *f* sobre A si y solo si (1) *f* no está documentado y (2) B no conoce *f*».

«Un individuo A tiene privacidad informativa en relación con otro individuo B y respecto a un hecho personal *f* sobre A si y solo si B no conoce *f*».

«Un individuo A tiene privacidad informativa en relación con otro individuo B y respecto a un hecho personal *f* sobre A si y solo si B no accede realmente a *f*»[18].

Se supone que el lenguaje analítico despojado de estas definiciones capta la privacidad en su esencia, pero si no

---

[18] Proceden de Mainz, "An Indirect Argument for the Access Theory of Privacy", quien cita estas fórmulas de otros filósofos o las compone él mismo con el objetivo de sintetizar los puntos de vista de un amplísimo abanico de filósofos. Para obtener abundantes referencias a la multitud de puntos de vista que Mainz destila en estas descripciones abstractas, véase su artículo.

pueden distinguir la privacidad de la ocultación —o del secreto, para el caso— difícilmente puede decirse que hayan logrado su objetivo o incluso completado el análisis. Si la privacidad solo existe para impedir el acceso a una información (o a la propia persona), entonces parece que la chica del diario también la tiene, del mismo modo que los Frank en el anexo secreto. Y no vale decir que el que se esconde puede ser encontrado en cualquier momento por quien le busca, o que el que se esconde es vulnerable de una manera que no lo es cuando se está en privado. Quien se esconde puede no ser encontrado —los que saben a menudo no lo son— y, en cualquier caso, lo mismo ocurre con la privacidad. Que uno tenga privacidad no significa que no vaya a venir un fisgón y la traspase. La privacidad puede socavarse, romperse y destruirse tanto como la ocultación. Lo mismo ocurre si intentamos replantear la respuesta al modo de la teoría política republicana y decimos que, hasta que se le encuentra, el que se esconde vive bajo la amenaza constante de ser descubierto. Quien está en la privacidad también está bajo la amenaza constante de que se viole su privacidad, solo que lo que está en juego tiende a ser algo menor (aunque no necesariamente).

Estas teorías no describen con precisión la privacidad porque quieren decir lo que es sin tener en cuenta para qué sirve. Se supone que existen dos tipos de teorías de la privacidad: «descriptivas», que pretenden analizar y describir solo lo que queremos decir con nuestros conceptos y prácticas de privacidad, y «normativas», que consideran su base moral y su papel en el bienestar humano. Se considera que las primeras tienen la ventaja de no basarse en compromisos morales o políticos previos y, por tanto, son más objetivas y están relativamente a salvo de objeciones normativas. Sin embargo, como revela el fracaso de las teorías anteriores a la hora de *describir* en qué se diferencia la privacidad de la ocultación, esta es otra de las falsas distinciones que enturbian nuestra comprensión del tema. Cuando hablamos de privacidad, nos estamos refiriendo a un complejo de prácticas sociales normativas, y las prácticas siempre son para algo más allá de la descripción más exhaustiva de cómo funcionan. Una descripción, aunque sea sucinta, que evite el fin de una práctica será tan superficial que apenas merecerá el nombre[19]. Sencillamente, no se puede entender la diferencia entre las dos chicas, o el apartamento de los Frank y su anexo, o una vida oculta y otra privada, sin abordar la cuestión de para qué sirve la privacidad.

El fracaso de los llamados relatos descriptivos a la hora de captar la diferencia entre ocultación y privacidad demuestra que si se quiere entender qué es la privacidad, hay que saber para qué sirve, y que eso para lo que sirve la privacidad es de algún modo contrario a aquello para lo que sirve esconderse. La razón para pensar esto es que, como formas de ocultación, la privacidad y esconderse parecerían idénticas de no ser por los fines que se persiguen y por lo que se siente al experimentarlas. Esto

---

[19] Incluso las disciplinas más propiamente «descriptivas» de la sociología y la antropología considerarían las descripciones anteriores como inaceptablemente escuetas, pues nos dicen poco sobre la práctica real y los valores de la privacidad a los que pretenden referirse (si bien revelan mucho sobre las culturas de la filosofía analítica y la teoría política contemporáneas).

significa que lo que protege la privacidad, al igual que esconderse, es algo más que un simple estado de cosas con respecto a la información[20].

Llegados a este punto, podría plantearse una objeción. ¿Y si esconderse no es más que un subtipo de privacidad? Es decir, ¿y si la privacidad se refiere al concepto general de erigir barreras a la percepción no deseada, mientras que esconderse es seleccionar un tipo de razón para desear esas barreras? Pero no es cierto que la privacidad sea necesaria para la ocultación. Puedes esconderte yendo de incógnito o adoptando una identidad falsa en público; puedes esconderte de la ley «huyendo»; y puedes esconderte a plena luz del día como la carta robada de Poe o mezclándote entre la multitud. De todos modos, si la ocultación fuera una subespecie de la privacidad, solo exacerbaría el enigma de lo perverso que es describir el anexo secreto de los Frank como «su anexo privado». En su lugar, sería mejor describir tanto esconderse como la privacidad como subtipos distintos de la ocultación. Dado que nuestro objetivo es aclarar qué es lo que distingue a la privacidad de la ocultación, no podemos empezar

---

[20] Considero que se trata de un serio desafío a una amplia gama de puntos de vista contemporáneos sobre la privacidad. Pero, dado que el objetivo de este libro no es refutar sus puntos de vista, sino elaborar los míos propios, dejo este desafío de lado por el momento. Muchas teorías «normativas» de la privacidad, aunque no todas, tampoco distinguen entre ocultación y privacidad. Sin embargo, para los fines actuales dejo de lado estas teorías, ya que mi argumento no es solo que las teorías de la privacidad fracasan porque no distinguen entre ocultación y privacidad, sino que este fracaso nos señala los elementos que debería tener una teoría más completa de la privacidad.

dando una definición de privacidad. En su lugar, vamos a empezar por pensar en el concepto mucho menos discutido de esconderse como una forma de describir la privacidad por referencia a lo que no es.

ABYECCIÓN DE LO OCULTO

El hecho más evidente de esconderse es que depende de la existencia de alguien que busque a quien se ha escondido. La diferencia evidente entre los Frank en su apartamento de antes de la guerra y más tarde en su anexo secreto es que en este último su ocultación es una respuesta a que alguien intente encontrarlos. La motivación y el valor de su ocultación están relacionados con un fin concreto: impedir que los descubran quienes podrían descubrirlos. Lo mismo ocurre con el niño oculto en la oquedad el tronco. Uno puede ocultarse a sí mismo, un objeto o cierta información a un solo individuo, a un grupo de ellos o a todo el mundo, pero esconderse es esencialmente esconderse *de* alguien o de algo. Nos escondemos del pasado, de nuestras responsabilidades, etcétera, que, significativamente, siempre «van tras nosotros». La cosa de la que uno se esconde no tiene por qué ser dañina y ni siquiera indeseada —el chico oculto en el tronco no pierde la partida por ser descubierto, y a menudo nos ocultamos a nosotros mismos o escondemos objetos con la intención expresa de que puedan ser encontrados—, pero en todos los casos quien busca es consustancial a la experiencia de quien se esconde. Esto es cierto incluso en los casos de delirio paranoico, en los que alguien se siente buscado por otros cuando en realidad no lo es. Aunque el buscador sea imaginario, es fundamental para la condición de estar escondido.

Esta dependencia del acto de esconderse respecto al buscador tiene consecuencias sobre cómo entendemos y valoramos lo escondido. No es una relación igualitaria: el buscador puede disolver la relación escondite-búsqueda *y conocerla*, pero no al revés. Lo que está oculto solo puede aguantar, persistir, esperar; quien oculta también puede renunciar a ocultarse, pero solo a costa de perder lo que esperaba conseguir. (La diferencia entre salir de un escondite y salir de la privacidad también es esclarecedora en este caso). Esto no quiere decir que esconderse sea necesariamente algo pasivo, aunque incluso sus formas más activas, como fugarse, consisten en gran medida en aguantar y esperar y, en cualquier caso, se centran en el descubrimiento, aunque solo sea por la atención constante a su evitación. La posición del escondido es relativamente abyecta por defecto, y por eso la emoción del escondite es distinta de la que producen otros juegos. Mientras que la mayoría de los juegos son emocionantes por la competición y la posibilidad de ganar, la emoción del escondite consiste en no haber perdido todavía. El juego, al igual que la experiencia más amplia del escondite que destila, se caracteriza por ese «todavía no» o «todavía vivo, todavía escondido», que es la razón por la que un buscador perezoso puede arruinar el juego para todos, mientras quienes no saben esconderse, no.

La posibilidad de ser descubierto es una condición necesaria para que algo o alguien se esconda; de lo contrario, lo escondido se pierde. Creo que esto es lo que motiva la suposición, a menudo latente pero siempre activa en nuestro pensamiento sobre la ocultación, de que el descubrimiento no es solo la esencia de la ocultación, sino su conclusión inevitable. Seguramente se trata de una de nuestras ideas más antiguas. Leemos en el evangelista Lucas: «Pues nada hay oculto que no llegue a descubrirse ni nada secreto que no llegue a saberse y hacerse público»[21]. Shakespeare dice: «La verdad saldrá a la luz; el asesinato no puede ocultarse mucho tiempo; el hijo de un hombre puede intentarlo, pero al final la verdad saldrá a la luz»[22]. Y en cuanto a Freud: «Quien tiene ojos para ver y oídos para oír puede convencerse de que ningún mortal puede guardar un secreto»[23]. La presunción de descubrimiento parece apoyar la inferencia adicional de que lo que se oculta es *ipso facto* contrario al propio interés de quien lo oculta, ya que si lo que se oculta acabará revelándose, ¿qué otra razón podría haber para evitar el descubrimiento? La inferencia es errónea, pero ejerce una poderosa influencia sobre la psicología moral de la ocultación. Imagínese, por ejemplo, cuál sería su primer pensamiento si abriera la puerta de mi despacho y me

---

[21] *Lucas* 8, 17; véase también *Mateo* 10, 26: «No les tengáis miedo, porque nada hay encubierto, que no llegue a descubrirse; ni nada hay escondido, que no llegue a saberse».

[22] William SHAKESPEARE, *El mercader de Venecia*, Acto II, Escena 2, 643-645.

[23] Sigmund FREUD y James STRACHEY, *Introductory Lectures on Psychoanalysis*, Nueva York: Norton, 1977. Nótese que aquí lo oculto y lo secreto son más o menos intercambiables. Creo que esto es cierto, como lo reflejaba el uso ahora anticuado de «ocultar» por «esconder». En el uso moderno, especialmente en la era de la escritura, ocultar ha tendido a referirse a objetos físicos y a información mantenida en secreto.

viera ocultar rápidamente algo a mis espaldas. Aunque debamos eliminar este prejuicio, debemos ser conscientes de su conexión con nuestros conceptos y prácticas de ocultación para que podamos darnos cuenta y resistirnos a la deriva o a la inserción deliberada de estas asociaciones en nuestra comprensión de la privacidad[24].

---

[24] Aquí encontramos otro ejemplo de las razones morales y políticas, además de las conceptuales, para distinguir la ocultación de la privacidad y abrazar el valor del olvido. Las suposiciones sobre quién oculta algo y quién es simplemente reservado o reticente —y las suposiciones culturales sobre lo que ocultan quienes se supone que ocultan algo— pueden ser fuerzas poderosas para la perpetuación de las injusticias y el refuerzo de estructuras sociales desiguales. En una sociedad racista, por ejemplo, donde se piensa que un grupo es taimado o especialmente peligroso, la falta de transparencia personal de un miembro de ese grupo puede codificarse como una amenaza. Los que vivimos las secuelas de los atentados terroristas del 11S vimos de primera mano cómo el peso de «Si ves algo, di algo» y «La privacidad es para quienes tienen algo que ocultar» caía con poderosa desigualdad sobre distintos grupos de ciudadanos. O pensemos en cómo se ha presentado durante generaciones a los jóvenes negros en Estados Unidos (y en otros lugares) como intrínsecamente peligrosos, lo que lleva a la policía y a otros a suponer que es probable que oculten algo que puede ser peligroso o ilegal, o al menos que es más probable que oculten algo que, por ejemplo, los jóvenes blancos de edad y circunstancias similares, y que sea lo que sea lo que oculten es más probable que suponga una amenaza. A su vez, se les presiona para que encarnen un elevado grado de transparencia personal en público y especialmente en sus relaciones con las autoridades. Esto forma parte de «la conversación» que los padres negros suelen tener con sus hijos sobre las interacciones con la policía. A estos jóvenes, como a muchos otros, se les está privando del bien del olvido personal mientras están en el mundo, del que siguen disfrutando sus homólogos blancos. Se trata de otro fracaso de la justicia en lo que respecta a la distribución del olvido en la sociedad. Obviamente, hay muchas otras

Aquí el contraste entre ocultamiento y privacidad no podría ser más claro: la privacidad no depende, ni conceptual ni ontológicamente, de la posibilidad de ser descubierto. No necesitamos saber nada sobre quién descubriría a la chica en su dormitorio para describir su situación como de privacidad, solo que existen ciertas barreras para que sea percibida y, por supuesto, que no se esconde. Simplemente no es relevante si alguien está o estará interesado en invadir su privacidad para que ella la tenga o la quiera. A diferencia de la persona paranoica, no es irracional ni se equivoca si busca esa privacidad cuando de hecho nadie está tratando de encontrarla o descubrirla, aunque podríamos decir que en la medida en que sí busca privacidad como forma de evitar ser detectada por otros particulares lo que hace empieza a parecerse a esconderse, aunque no pase del todo de una condición a la otra. Esta observación respalda una afirmación que hice con anterioridad al hablar de las denominadas teorías descriptivas de la privacidad: que el valor de la privacidad debe tener que ver con algo más que el mero hecho de mantenerse a uno mismo, un objeto o una información lejos de los demás, ya exista un único buscador o sea el mundo en general el que nos busque. En otras palabras, la privacidad no sirve para guardar secretos u ocultar cosas, aunque también puede lograr ese fin, del mismo modo que una sartén puede servir para retirar la nieve.

---

injusticias (y más importantes) a las que se enfrentan las comunidades marginadas, pero merece la pena señalar la injusta distribución de este bien concreto, además de los muchos otros que se niegan injustamente a los ciudadanos en las sociedades racistas, sexistas y homófobas.

Ocultar también es una forma de experiencia y actividad con sus propias características intencionales y psicológicas. No se puede esconder algo por accidente, por ejemplo, solo perderlo. La cuestión de si Gretel se esconde en el bosque o se pierde en él dependerá de su comprensión de lo que está haciendo[25]. Es en este sentido en el que podemos hablar de que quien ya no es buscado se esconde, o de cómo una persona que delira se esconde bajo una mortaja imaginaria, pero solo si participa activamente en la actividad de esconderse. Si la niña se quedó dormida en el tronco y la dejaron atrás, o si volvió al día siguiente para echar otro vistazo a los bichos que viven allí, ya no se está escondiendo, no realmente, aunque, no obstante, está oculta de una forma que podríamos describir como estar escondida.

La forma de experiencia captada por la forma activa del verbo «ocultar» y la expresión «esconderse» (a diferencia de la pasiva «estar escondido») se entiende mejor no como una actividad consciente, sino más bien como una tendencia psicológica, un estado de ánimo o un hábito, o un estado de cosas con varias condiciones, no todas ellas presentes a la vez. Por supuesto, no puedo esconderme

---

[25] Se podría decir que un objeto o una persona pueden «llegar a estar ocultos» por accidente, del mismo modo que una moneda que dejo caer en un montón de hojas quedará oculta por este (o que vagando por el bosque puedo quedar oculto a la vista de otros). Pero no se puede decir que haya escondido la moneda, o que esté escondido en el bosque, en el sentido activo que estoy tratando de señalar aquí, a menos que haya tenido la intención de hacerlo.

sin ser consciente de lo que estoy haciendo, aunque sin querer pueda hacer que algo o yo mismo nos escondamos. Pero esa conciencia no tiene por qué ser constante. Ana Frank no dejaba de esconderse cuando se distraía con sus cursos por correspondencia o se enamoraba de Peter van Pels, sino que volvía a esconderse de repente cuando le volvían a la mente las sombrías circunstancias en las que se encontraba. Sin embargo, si nunca hubiera sido consciente de que se escondía —como, por ejemplo, un niño mucho más pequeño puede ser engañado por sus padres—, entonces no sería adecuado decir que se escondía en este sentido activo y experiencial. Simplemente estaría oculta. Esto es importante porque significa que debemos entender el aspecto experiencial de esconderse como algo más parecido a una inclinación a pensar y comportarse de una determinada manera o a tener una determinada forma de experiencia. Esa inclinación puede ser una idiosincrasia personal o una patología, pero lo más frecuente es que surja como respuesta a las circunstancias materiales de un individuo. Por lo tanto, para juzgar si el estado de alguien se parece más a esconderse que a la privacidad (o a otra cosa) no será necesario conocer los estados psicológicos de cada momento, sino que podrá hacerse a un nivel de generalidad superior y con referencia a aspectos no psicológicos de la vida humana.

La fenomenología del acto de esconderse refleja su dependencia conceptual y ontológica del buscador. Esto es lo que explica la exquisita tensión interior de la ocultación, además de la sensación de que lo oculto se inclina hacia su propio descubrimiento. Los pensamientos y la atención de quien se oculta se extienden, por así decirlo, hacia el buscador, mientras que su cuerpo debe permanecer oculto. Su mente se precipita hacia el buscador o, al menos, se fija en lo confusa que resulta su condición de ser buscado. Sus pensamientos, su atención y su tiempo no son enteramente suyos, sino que están orientados por sus condiciones materiales hacia quien le busca. También podríamos decir condiciones *sociales*, lo que subraya el hecho de que esconderse es una forma de socialidad. Tanto si uno se esconde con muchos de uno, como si se esconde solo de muchos, se trata de una forma particular de estar involucrado con otros y, al mismo tiempo, separado de ellos. En el juego del escondite, esto se manifiesta como un sentimiento de excitación y anticipación; en el caso de los Frank, de opresión y terror. En el primero, los pasos del buscador inspiran emoción; en el segundo, «horrible espanto» cuando los oyen, «pavor constante» cuando no los oyen[26].

Es importante señalar que la calidad del miedo y el temor asociados a la ocultación (o cuando se subliman a través del juego, la emoción) es diferente del miedo o la emoción de otras experiencias o juegos de miedo en los que, como solemos decir, uno se olvida de sí mismo. Esconderse, por el contrario, es un poderoso recordatorio de la propia identidad, aunque solo sea por la sencilla razón de que si uno fuera otra persona en el sentido pertinente, entonces no le buscarían. Retomando a Stanley Cavell, la persona que se esconde está ensartada en sí

[26] Anne FRANK, *The Diary of a Young Girl: The Definitive Edition, ed. Otto Frank and Mirjam Pressler*, trad. Susan MASSOTTY, Nueva York: Bantam, 1997, p. 53 [*Diario*, Barcelona: Debolsillo, 2021].

misma y, al mismo tiempo, aislada del mundo común[27]. La persona que se esconde está individuada en el sentido de ser «señalada», de permanecer aislada por la atención del buscador. En este caso, la individualidad —tanto la no fungibilidad como ser humano discreto como las características particulares que le hacen identificable como objetivo del buscador— se convierte en una especie de maldición. Esto significa que la ocultación se caracteriza no solo por una relación particular con el buscador, sino también con uno mismo. Esconderse es experimentar la individualidad en su forma más exquisita, sentir el filo cortante de la identidad propia. Tal vez los niños lo intuyan, por eso en el escondite rara vez se esconden en grupo. Esconderse es una forma de aislamiento basada en la integridad de la identidad personal, aunque de un tipo que no suele encajar en una imagen sobre la plenitud del ser humano. El contraste con el debate sobre la privacidad del capítulo anterior no podría ser más evidente.

Consideremos la distinción entre esconderse y la soledad buscada, otra forma de aislamiento mucho menos discutida que la privacidad. Esta soledad es, en esencia, «un tiempo en el que la experiencia se desvincula de otras personas»[28]. Buscamos esta soledad como una forma de reposo, de «alejarnos de todo» para relajarnos a distancia de las presiones de la vida entre otros, para escuchar la voz de la naturaleza o, simplemente, para estar a solas

---

[27] Stanley CAVELL, *Must We Mean What We Say?*, Cambridge, UK: Cambridge University Press, 2002, p. 261.

[28] KOCH, *Solitude: A Philosophical Encounter*, Chicago: Open Court, 1994, p. 27.

con nuestros pensamientos. Hannah Arendt describe la soledad buscada como las condiciones que permiten a uno dividirse en dos, por así decirlo, y llegar a conocer su propia mente a través de una especie de diálogo interior[29]. Por eso, la descripción de estar «con uno mismo», en lugar de simplemente «estar solo», parece captar lo que tradicionalmente se ha considerado valioso de este tipo de soledad: da la oportunidad de llegar a conocerse a uno mismo al margen de los demás y de las distracciones y presiones de la vida en sociedad. Así, la soledad buscada se ve socavada por la incapacidad de «alejarse», una incapacidad que es la esencia misma de estar escondido. La soledad buscada proporciona las condiciones para conocerse a uno mismo en ausencia de las presiones del mundo social (incluidas las presiones que apoyan) y, por tanto, para aprender a confiar en uno mismo, en su mente y en su capacidad para salir adelante sin más recursos que los propios. La experiencia de esta soledad puede ser agradable en sí misma, o puede que no, pero en cualquier caso se considera valiosa por su relación con el reposo, el autoconocimiento auténtico o independiente y la confianza en uno mismo[30]. Parece ser que ocultarse induce una experiencia opuesta, de la que hablaremos dentro de un momento.

Pero ¿qué conclusiones podemos sacar ya sobre las dimensiones experienciales de la privacidad en contraste

---

[29] ARENDT, *The Origins of Totalitarianism*, p. 476.

[30] El arquetipo estadounidense de esta visión es, por supuesto, Henry David THOREAU. Véase, THOREAU, A *Week on the Concord and Merrimack Rivers*; *Walden, or, Life in the Woods*; *The Maine Woods*; *Cape Cod*.

con las del acto de esconderse? Por regla general, las teorías de la privacidad no tienden a plantear condiciones psicológicas positivas de privacidad, sino solo un cierto estado de cosas con respecto al control o el acceso a la propia persona, la información, etcétera. Sin embargo, hemos visto que el juicio sobre si uno se esconde o disfruta de su privacidad puede depender del estado mental del individuo. Si todo lo que sabemos de la chica en su habitación es que tiene la intención de no ser descubierta, diríamos que se está escondiendo allí. Y si entendemos la privacidad, entre otras cosas, por su oposición a la ocultación, podemos empezar a sacar algunas conclusiones, ya que la experiencia de la privacidad debe carecer de aquellas cualidades que distinguen el esconderse de otras formas de ocultamiento.

Independientemente de lo que implique, la experiencia de la privacidad debe carecer de la orientación psicológica de estar atado a aquellos «ajenos» a la propia condición que intentarían destruirla o traspasarla. Lo decimos tan solo para reafirmar la no identidad del esconderse y la privacidad en un nivel superior de especificidad. Recordemos de quien se escondía por error o por un delirio, que demostró que la experiencia de ocultarse puede darse en ausencia de un buscador real, siempre que la orientación esté presente. En la medida en que uno tiene esta orientación, se encuentra en una condición más parecida a esconderse que a la privacidad, independientemente de la existencia de un buscador. Puesto que debemos entender el vínculo que une a quien se esconde y a quien busca como una tendencia o inclinación general a tener este tipo concreto de orientación atencional hacia el mundo exterior, podemos concluir que un aspecto de la privacidad es la exclusión de esta tendencia o marco como cuestión general.

Una experiencia de ocultación que excluya esta atadura psicológica no será, entre otras cosas, abyecta en el modo de ocultarse. Esto no quiere decir que uno tenga el control de su atención, solo que no está dirigida hacia el exterior de esta manera. Aquí el marco republicano parece adecuado: uno está en privado o tiene privacidad en la medida en que su mente y atención son suyas, no en el sentido de estar controlado por algún homúnculo escondido detrás de su mente y atención como hipotetizaba Descartes, sino simplemente no sujeto a fuerzas más allá de los límites de su privacidad. Parte de lo que significa tener privacidad, en el sentido más amplio, implica no estar demasiado obsesionado con el mundo más allá del interior de la privacidad, del mismo modo que alguien escondido se obsesiona con quien lo busca. Esta es básicamente la reclamación de privacidad que se ha hecho a raíz de cada uno de los desarrollos de los siglos XIX, XX y XXI que han aumentado el acceso a la información y la comunicación en el hogar, desde los periódicos y las fotografías hasta la radio, la televisión y los medios sociales. Podemos encontrar muchos más ejemplos en las tecnologías actuales de conectividad móvil: tanto los públicos digitales diseñados para captar nuestra atención como los dispositivos tintineantes que nos recuerdan a ellos a lo largo del día.

Ciertamente, según mi experiencia, la conexión constante con la esfera pública digital, en la que puedo publicar y participar a cualquier hora del día, ha cambiado mis hábitos de pensamiento. Estoy menos inmerso en el libro que estoy leyendo porque mis pensamientos vagan hacia lo que otros están diciendo sobre él en este momento, a qué reseñas y literatura secundaria puedo acceder sin levantarme de mi asiento. Me pregunto, sin querer o queriendo, si este párrafo o aquel sería un atractivo *post* en las redes sociales, si esta amiga o la de más allá disfrutaría con una foto de un pasaje. Los chats de grupo de amigos y familiares de todas partes reclaman constantemente mi participación en conversaciones interminables. Aunque mi cuerpo esté entre las cuatro paredes de mi pequeño apartamento, mi mente, mi atención —tan parte de mí como mi cuerpo— están en otra parte. No estoy en privado, al menos no en el sentido más pleno.

MODOS DEFINIDOS E INDEFINIDOS DE RELACIÓN CON NOSOTROS MISMOS

Para que una cosa esté oculta, debe estar definida. Debe haber algún hecho sobre el asunto: debe ser conocido al menos por una persona o documentado; de lo contrario, lo que está oculto se pierde. Incluso cuando decimos que algo está «envuelto en ambigüedad», seguimos refiriéndonos a algo definido tras el velo de la incertidumbre. No ocurre lo mismo con la privacidad. Recordemos nuestro debate sobre las preguntas invasivas en el capítulo 1 y cómo la defensa típica contra ellas («eso es privado») no se refiere a preservar una información secreta u oculta. Con la misma frecuencia se refiere a algo, como si tengo relaciones íntimas con mi mujer o cuánto dinero gano, que puede deducirse con un alto grado de certeza a partir de información pública. Más bien, la respuesta pretende preservar un cierto grado de ambigüedad social o de olvido en ese sentido, para los demás, pero quizá también para mí mismo. A esto se refería Barthes cuando afirmaba que «la privacidad no es más que esa zona del espacio, del tiempo, donde no soy una imagen, un objeto»[31]. Psicológicamente, esta ambigüedad se expresa en algo parecido a lo opuesto de la opresiva y concreta autoidentidad que implica la experiencia de esconderse.

Entender la privacidad como algo caracterizado por una tendencia a la ambigüedad ontológica y psicológica nos permite distinguir el modo de relación con nosotros mismos característico de la privacidad tanto de la ocultación como de la soledad buscada. Mientras que la ocultación lo inserta a uno en el hecho de la identidad propia, y la soledad buscada le permite a uno dividirse en dos imágenes especulares, la privacidad, como vimos en el capítulo anterior, permite que el yo se separe en un sentido más fundamental opuesto a la imposición de la identidad propia. Las formas de ocultación que llamamos privacidad no sirven, en otras palabras, para impedir que se descubra alguna información o persona en particular, como lo hacen la ocultación y el secreto. Más bien, la privacidad perpetúa un estado de cosas en el que no hay información, ningún hecho de la cuestión, en un sentido o en otro, para el mundo en general, pero también a veces para uno mismo. Este estado de cosas se destruye con la vigilancia o el fisgoneo *aunque no se descubra nada oculto*, ya que se ha creado una información

---

[31] BARTHES, *Camera Lucida: Reflections on Photography*, p. 15.

al descubrir que realmente no tenía nada que ocultar. Por el contrario, antes de que se viole mi privacidad (es decir, mientras aún disfruto de ella), la respuesta a la pregunta de si tengo algo que ocultar tendría que ser algo así como «quién sabe» o «tal vez sí, tal vez no». Obviamente, no ocurre lo mismo con la ocultación y el secreto. La respuesta ambigua refleja una vez más el tipo particular de desconocimiento que la privacidad protege y produce a un tiempo. También por eso se siente como una invasión de la privacidad cuando uno se ve obligado a demostrar a las autoridades o a un amante que sus sospechas de ocultar algo eran infundadas.

Aunque en este caso uno consiente en renunciar a su privacidad, sigue sintiéndola violada porque el amante ha tratado su privacidad como si fuera secreto u ocultación, y porque se le ha presionado para que cambie una condición de desconocimiento confiado por la certeza de la información[32].

Hemos dicho que una persona escondida está atada al hecho de su propia identidad y que su difícil situación consiste en la incapacidad de salir de sí misma. Esta incapacidad no es interna a ella, sino impuesta por la exigencia de las circunstancias. Su experiencia es contraria a la de la privacidad en parte porque la experiencia de la ocultación es una en la que siente la presión de su propia facticidad; la fijeza de esa parte de su vida que consiste en información sobre quién es le parece una forma de

---

[32] La relación que se insinúa aquí entre confianza, privacidad y olvido se tratará en profundidad en el capítulo 5.

confinamiento, restricción, destino o atadura. Entenderemos mejor la oposición de esta experiencia a la de la privacidad tomando prestada la distinción que hace el literato Kevin Quashie entre dos formas auditivas de ocultación: la quietud y el silencio. Quashie elabora su teoría de la quietud para rescatarla y desarrollarla como categoría cultural, estética y ética para apreciar la experiencia y la producción cultural negras y, más en general, como vía para la plenitud del ser humano pasada por alto en una época centrada en la resistencia, la publicidad y la expresión. La quietud es una condición de interioridad caracterizada por el «salvaje capricho de la vida interior» y «la reserva de la complejidad humana».

Por tanto, «no se consume con la intencionalidad», sino que se opone fundamentalmente a «lo que está calibrado y es sensible al mundo externo»[33]. Las formas de vida y actividad que Quashie identifica como calibradas con el mundo externo incluyen la expresividad y la resistencia, pero también el silencio.

El silencio denota a menudo algo que se suprime o reprime, y es una interioridad que tiene que ver con la retención, la ausencia y la quietud. La quietud, en cambio, es presencia (se puede, por ejemplo, calificar de quietud la prosa o un sonido) y puede abarcar un movimiento fantástico. Es cierto que el silencio puede ser expresivo, pero su expresión suele basarse en el rechazo o la protesta [es decir, dirigida hacia algún otro], no en la sobreabundancia interior

---

[33] Kevin Everod QUASHIE, *The Sovereignty of Quiet: Beyond Resistance in Black Culture*, New Brunswick, NJ: Rutgers University Press, 2012, p. 15.

[...] La expresividad del silencio suele ser consciente de la existencia de un público, un observador u oyente cuya presencia es el motivo de la retención; es una expresividad intencionada e incluso desafiante. Esta es una diferencia clave entre los dos términos, porque en su interioridad, la estética del silencio es la ausencia de observadores[34].

La distinción entre silencio y quietud se corresponde perfectamente con la que existe entre el acto de esconderse y la privacidad, como quizá desmienta la descripción que hace Quashie de la estética de la quietud no como ausencia de oyentes, sino de *observadores*. Piense en cómo un grupo de trabajadores se calla cuando su jefa entra en la habitación. Ahora imagínelos sentados en silencio, absortos en sus tareas y pensamientos. En el primer caso, la jefa es la causa de su reticencia, por así decirlo, que, aunque autónoma, se basa en que el jefe no escuche lo que hayan estado hablando un momento antes (quien haya trabajado alguna vez en un entorno sabe que no tiene por qué ser algo salaz o potencialmente perjudicial). La jefa no ha silenciado a los trabajadores, pero su silencio se dirige a ella, su condición y fundamento necesarios. En contraste con la retención deliberada de información en el silencio, la concepción de Quashie de la quietud llama nuestra atención sobre un estado de enorme potencial humano que se basa en su cualidad esencial de indeterminación no articulada. En la quietud hay mucho que no se dice (de hecho, todo), pero al mismo tiempo no se oculta ninguna información o comunicación.

---

[34] QUASHIE, *The Sovereignty of Quiet*, p. 22.

Volvamos a la chica sola en su habitación. He elegido este ejemplo no solo porque es un arquetipo central de la privacidad, sino también porque resulta algo anacrónico. Hoy en día, es muy probable que esta chica esté sola solo en un sentido físico. Si se parece en algo a la típica adolescente, es probable que tenga acceso a internet, probablemente a través de un *smartphone* que utiliza para comunicarse con amigos y desconocidos, *bots* y humanos, para investigar e informarse, para ponerse al día de la actualidad y para dar a conocer sus pensamientos, fotos y ubicación. Está físicamente aislada, pero obviamente no goza de esa soledad buscada. ¿Sigue disfrutando de su privacidad?

Nos inclinamos a pensar que sí porque estamos acostumbrados a basar nuestro juicio en ciertas características visibles, arquitectónicas o informativas de su situación; las condiciones descritas en las descripciones de la privacidad de «A tiene *f* pero B no» mencionadas que reflejan la asociación tradicional de la privacidad con el domicilio y sus protecciones basadas en la propiedad contra la intrusión, las molestias y la invasión física. Sin embargo, una lección que extrajimos al pensar en cómo describir el anexo de los Frank fue que para que la niña tenga privacidad no basta con que esté sola, en su dormitorio, sin ser observada, con las puertas cerradas y las cortinas echadas. El debate sobre la ocultación nos da más motivos para pensar que tal vez a la niña con el *smartphone* no la describamos correctamente en términos de privacidad, o al menos que el lenguaje de la privacidad sea menos adecuado que cuando no tenía ese dispositivo.

Si publicara sus pensamientos e imágenes en las redes sociales —es decir, si hiciera pública su vida—, sería relativamente fácil comprender cómo podría verse mermada su privacidad sin que fuera realmente observada en ese momento por un fisgón o un espía. La idea de que la privacidad incluye no solo mandatos contra la percepción no deseada, sino también normas contra la publicidad de las partes de la vida de una persona que se mantienen adecuadamente fuera del dominio público, es una idea antigua que ha pasado por diversas fases de crítica y defensa[35]. Pero voy a dejar de lado esos argumentos por ahora, excepto en la medida en que se refieren a las cuestiones de la conectividad y la atención. Porque aunque ella no haga público nada de su vida, por el mero hecho de tener un *smartphone* en sus manos la distinción entre cómo está ella en la habitación y la condición del chico oculto en la oquedad del tronco empieza a parecer menos nítida y más problemática.

Una forma de distinguir a la niña preconectividad en su habitación de la posconectividad es observar que la atención de esta última se orienta hacia el público de una forma que se asemeja más que antes a la atadura de la ocultación. De hecho, «atada» es justo como Sherry

---

[35] Véase, por ejemplo, Thomas NAGEL, "Concealment and Exposure", en *Concealment and Exposure: And Other Essays*, Oxford: Oxford University Press, 2002, pp. 3-26; Anita L. ALLEN, *Unpopular Privacy: What Must We Hide?*, Oxford: Oxford University Press, 2011; Michael WARNER, *The Trouble with Normal: Sex, Politics and the Ethics of Queer Life*, Nueva York, NY: Free Press, 1999; Jill LOCKE, *Democracy and the Death of Shame: Political Equality and Social Disturbance*, Cambridge: Cambridge University Press, 2017.

Turkle describe la nueva relación de los usuarios con las tecnologías y las redes que los conectan en todo momento entre sí y con internet, especialmente los dispositivos como los teléfonos inteligentes que están «siempre conectados/siempre contigo»[36].

Turkle acuñó la expresión «el yo atado» para describir los nuevos hábitos mentales, de atención y autoconcepción promovidos por la tecnología y la cultura de la conectividad. La frase pretende identificar un cambio en la subjetividad motivado por la tecnología, del mismo modo que Paul Valéry habló de la revisión fotográfica de la vista un siglo antes. Uno de los nuevos hábitos mentales que identifica Turkle es la expectativa de que podemos llegar a cualquier persona o información en cualquier momento y lugar, cuyo resultado concomitante es la expectativa de que nosotros mismos también podemos ser localizados en cualquier momento y lugar. Los beneficios de esta disposición son muchos y obvios, pero también hay un lado oscuro. Los sujetos de Turkle, al igual que los de etnografías similares, afirman sentirse «atrapados y menos independientes» por el mero hecho de estar conectados[37]. Aunque este es ya un sentimiento bastante común, aún tiene que perder su aura contraintuitiva, ya que en muchos casos es precisamente esta capacidad de estar localizable en cualquier momento la responsable de un aumento de la libertad personal. Pensemos en los adolescentes cuyos padres les permiten alejarse de casa a

---

[36] TURKLE, "Always-on/Always-on-You".

[37] Sherry TURKLE, *Alone Together: Why We Expect More from Technology and Less from Each Other*, Nueva York: Basic Books, 2011, p. 174.

232

condición de llevar un teléfono móvil, o en los adultos que contestan correos electrónicos y rellenan hojas de cálculo en la playa. En términos más generales, el mero hecho de estar constantemente conectados a una panoplia de medios de comunicación y públicos discursivos que reclaman constantemente nuestra atención fomenta la sensación de no estar nunca solos, incluso cuando estamos físicamente aislados. Siempre estamos «de guardia», «esperando a que nos interrumpan»[38].

No importa dónde estemos. Podemos seguir de cerca lo que hacen los demás, «acosar»[39] a amigos y desconocidos, sufrir FOMO[40], preocuparnos por cómo nos perciben y estar al tanto de las diversas conversaciones que se producen constantemente en multitud de públicos discursivos y que nos invitan a participar. «Cuando los medios de comunicación están siempre ahí, esperando a que alguien los desee, la gente pierde la sensación de que elige comunicarse», escribe Turkle[41]. Sentimos la *atracción* de los públicos y las tecnologías de la conectividad, a los que a menudo nos describimos como «atados». El mensaje que recibimos al sentir la atracción de cualquier atadura,

---

[38] Turkle, *Alone Together*, p. 174; Donna Freitas, *The Happiness Effect: How Social Media Is Driving a Generation to Appear Perfect at Any Cost*, Nueva York: Oxford University Press, 2019, p. 218; Turkle, *Alone Together*, p. 172.

[39] El verbo inglés, *stalk*, ha pasado incluso a la cultura hispana de internet como «stalkear», «seguir a alguien en las redes sociales para obtener información y observar sus movimientos», el ciberacoso por excelencia (N. del t.).

[40] Fear Of Measing Out, «miedo a perderse algo» (N. del t.).

[41] Turkle, *Alone Together*, p. 163.

metafórica o no, es que nuestro tiempo y nuestra atención —es decir, nuestra vida— no son enteramente nuestros. En esto, las masas conectadas de hoy repiten la visión decimonónica de la amenaza de la fotografía a la privacidad. Recordemos, por ejemplo, la descripción que hace el juez del daño que sufrió Paolo Pavesich cuando su fotografía fue reimpresa sin su consentimiento, notando esta vez cómo el daño del encantamiento está ligado a cuestiones sobre los estados mentales de Pavesich y la abyección de su atención: «No puede sino ser consciente de que está, por el momento, bajo el control de otro, de que ya no es libre [...] consciente de su completo encantamiento»[42].

El lado oscuro de la vida conectada se parece mucho a la fenomenología del acto de esconderse. La sensación que tiene la persona que se esconde —que podrían descubrirla en cualquier momento— se repite en la experiencia de «esperar a ser interrumpida» y «estar siempre disponible». Su compulsión por asomarse a través de una grieta en la pared o un agujero en el tronco refleja la compulsión que siento yo por comprobar mi teléfono o mi correo electrónico para ver si alguien intenta encontrarme. La idea de que lo que está oculto tiende a su propio descubrimiento se repite en la suposición de que, en condiciones normales en la era de la conectividad, se puede llegar a cualquiera; de lo contrario, uno está «fuera de la red», o perdido, tal vez. Sin duda, no es obvio que la relación con el yo atado sea tan abyecta como la de quien se esconde con quien lo busca. No obstante, podemos afirmar que, en la

---

[42] *Pavesich v. New England Life Ins. Co.*—122 Ga. 190, 50 S.E. 68 at 220.

medida en que el yo atado está «a merced» de los medios a los que se orienta, su condición se aproxima más a la de la ocultación que a la de la privacidad. Muchos de los sujetos de Donna Freitas expresan precisamente este tipo de abyección, hablándole «de este extraño círculo vicioso en el que se ven arrastrados a menudo por las redes sociales: conectarse constantemente para ver lo que hacen los demás y lo que hacen tus amigos, solo para descubrir que esta misma forma de "socializar" acaba haciéndoles sentir más solos», lo que les obliga a empezar el ciclo de nuevo[43]. En cualquier caso, esta línea de razonamiento sugiere un argumento contra una industria tecnológica que intenta que sus productos sean tan adictivos como sea posible: un argumento en nombre de la privacidad, además de las otras objeciones a la promulgación deliberada de productos adictivos.

Recordemos la fenomenología del acto de esconderse: la sensación de estar atrapado, ser dependiente, de estar siempre anticipando una interrupción desde el exterior y, por lo tanto, con la atención de uno constantemente dirigida hacia otros que podrían estar buscándonos, quizá buscando signos que atestigüen nuestra presencia, las elecciones que hemos hecho, quizá recopilando una visión de nuestra psicología y carácter a través de esos rastros dejados en público. Esto se parece mucho a lo que lamentan los sujetos de Turkle y Freitas, aunque no sea en el lenguaje contraintuitivo del esconderse. Pero la compulsión que uno siente en el círculo vicioso de atender a varios públicos virtuales, de comprobar cada pocos

---

[43] FREITAS, *Happiness Effect*, p. 23.

minutos cuántos «me gusta» ha obtenido una publicación, se parece fundamentalmente a la compulsión de quien se esconde y mira por un resquicio de la pared o un agujero en el tronco para ver si está a punto de ser descubierto[44]. Una afirmación más modesta es que las dos experiencias se parecen al menos en los mismos aspectos que distinguen la ocultación de la privacidad. El yo atado nunca está realmente solo, de ahí la dificultad de lograr la soledad benigna con un *smartphone* en el bolsillo. Pero tampoco está realmente presente. «Mi mente está en otra parte», solemos quejarnos[45]. Esta incapacidad de estar presente puede socavar todo tipo de cosas: la intimidad, la amistad, la comprensión, pero también la capacidad de estar con uno mismo o con otro en el sentido más profundo y desestructurado analizado en el capítulo anterior.

En palabras de uno de los sujetos de Freitas, el «yo atado» es siempre consciente de «un vasto público potencial [que] está ahí fuera esperando, esperando a ser entretenido pero también a abalanzarse sobre él cuando ve algo que no le gusta»[46]. Resulta revelador cómo el «vasto público potencial» que atiende al «yo atado» difiere de los espectadores de una representación o incluso de los lectores habituales de una columna periodística. Sería patológico que un artista sintiera que está en el escenario de su

---

[44] Dos caras de una misma moneda: la persona que comprueba su escondite para asegurarse de que un objeto sigue allí, y la persona que comprueba su publicación en las redes sociales para ver si ha obtenido alguna reacción, algún *like*.

[45] Freitas, *Happiness Effect*, p. 18.

[46] Freitas, *Happiness Effect*, p. 73.

casa, además de bajo el proscenio, o que imaginara que su público siempre está ahí fuera esperándole. Para el columnista de prensa sería un narcisismo flagrante imaginar que su conversación casual se dirige a un público general del mismo modo que sus palabras escritas. Por el contrario, el sentido de la audiencia en línea del ser conectado no se limita a los actos de publicación, sino que está siempre presente[47]. Nunca, o rara vez, se desconecta de su público potencial, que le sigue fuera del teatro y en la calle, en casa y, como es bien sabido, en el retrete. Esta sensación de un público siempre a la espera, que nunca se va ni se vuelve a su casa, es el anverso de la extraña sensación de aparecer en público incluso cuando el propio cuerpo está en un espacio privado que la fotografía engendró en el siglo XIX y que la tecnología de la conectividad ha reproducido e intensificado en nuestra época[48].

La analogía con la ocultación se ve reforzada por el desarrollo de internet, que se ha convertido en un repositorio público y de fácil búsqueda de los innumerables rastros digitales que dejamos tras de nosotros por el mero hecho de vivir en la era digital. La sensación de que otros,

---

[47] En una encuesta a 727 estudiantes, el 79% estaba de acuerdo con la frase «soy consciente de que mi nombre es una marca y debo cultivarlo con cuidado». FREITAS, *Happiness Effect*, p. 80.

[48] Turkle también señala el fenómeno inverso, en el que las personas reunidas en público están todas enfrascadas en sus teléfonos móviles. Describe una estación de tren despojada de su carácter de espacio público porque todos los que están físicamente presentes allí están también «en otro lugar», inmersos en sus propios mundos aislados y personales de conversación y desplazamiento. TURKLE, "Always-on/Always-on-you", p. 122.

tanto conocidos como desconocidos, deducen de nuestros rastros cómo somos se parece mucho a la experiencia de ser rastreado o descubierto en su escondite, de uno mismo esperando a ser descubierto, nos guste o no. De ahí la angustia de no haber sido lo bastante cuidadoso a la hora de cubrir las propias huellas, característica tanto de quien se esconde como de su orientación hacia el mundo más allá de su ocultación y estribillo frecuente en los estudios sobre la vida conectada. La ubicuidad del «rastreo» digital en todos los ámbitos de la vida contemporánea adquiere un aspecto más oscuro en este contexto. «Es como si alguien estuviera a punto de encontrar un horrible secreto que no sabía que me había dejado en algún sitio», decía una chica de diecisiete años[49]. Esto hace que los usuarios de las redes sociales se sientan «constantemente inmersos en una danza para minimizar el "riesgo" y evitar el "peligro"»[50]. Por supuesto, no se trata de cualquier tipo de riesgo y peligro, sino de uno que tiene que ver específicamente con la forma en que los rastros que dejamos en público pueden ser encontrados e interpretados por los demás como si condujeran a nosotros, no solo a nuestros cuerpos, sino también a nuestras personalidades, historias y caracteres morales. Como modo de relacionarse con uno mismo, esta constante danza para minimizar el riesgo y el peligro no es muy distinta de la del fugitivo que debe estar siempre atento a borrar sus huellas.

---

[49] TURKLE, *Alone Together*, p. 259.
[50] FREITAS, *Happiness Effect*, p. 46.

Pero deberíamos preguntarnos si la posibilidad de interrupción que proviene de un *smartphone* no es quizá tan diferente de la de un teléfono fijo o de llamar a la puerta, lo que significaría que la chica en su habitación con la mente en Twitter (X) y Reddit está realizando básicamente el mismo tipo de actividad que su homóloga predigital cuando conversaba o pensaba en otros más allá de los límites de su privacidad[51]. Creo que la mayoría de nosotros probablemente nos hemos quedado en la cama por la noche obsesionados por algún paso en falso que dimos o comentario tonto que hicimos, y estoy seguro de que este calvario nocturno es mucho más antiguo que internet. ¿No se trata de una experiencia similar a las que hemos descrito como contrarias a la experiencia de la privacidad?

Una diferencia evidente entre el teléfono fijo (o la madre de la niña llamándola por su nombre a través de la puerta de la habitación) y el *smartphone* es que los primeros son análogos tan cercanos a la conversación cara a cara que son prácticamente extensiones de ella. Aunque un teléfono que suena puede interrumpir el silencio, el sueño o la soledad, la invitación que ofrece es a que conectemos de tú a tú. Es una invitación a la conversación, por eso es una violación, tan agudamente sentida entre los adolescentes, que los padres escuchen en la línea, y por eso es una traición mucho más aguda que el cotilleo o la confianza rota que un amigo engañe a otro haciendo que un interlocutor silencioso escuche a través de la «llamada

---

[51] Agradezco a Jennifer Forestal que me plantease esta objeción.

a tres». Por el contrario, internet nos pone en situación de publicar al instante, hablar con desconocidos, leer o ver la miríada de vidas de otros en todo el planeta, y mucho más. Son actividades que tradicionalmente han pertenecido al ámbito de la publicidad.

Mientras que descolgar el teléfono parece estar más relacionado con dejar entrar a un amigo en la habitación para mantener una conversación (ella «acepta la llamada»), publicar textos y fotografías, visitar diversos sitios, acosar, etcétera son actividades que hasta la era digital tenían lugar en público. Incluso el lenguaje que utilizamos para describir la actividad en internet es el de salir, no el de invitar a entrar: vamos a sitios web y los visitamos; seguimos a desconocidos; publicamos mensajes donde serán vistos por amigos o por el público en general. Esta distinción se refuerza si comparamos el tipo de conectividad que proviene de un *smartphone* con el de la televisión, la radio y los periódicos, ya que esos anteriores modos de publicidad que fluían en el espacio convencionalmente privado no estaban abiertos a la participación de todos. Mientras que un buen programa de radio, como un buen libro, puede transportarnos a tierras lejanas, los públicos virtuales del ámbito digital son espacios en los que los individuos pueden participar instantáneamente y, por tanto, en un sentido muy real, ser.

La realidad de la privacidad, a diferencia de la realidad de los muros físicos o del hecho ocular de no ser visto, es la realidad de un fenómeno social, lo que significa que consiste en gran medida en cómo la entendemos y valoramos y qué prácticas, normas, leyes, etcétera desarrollamos sobre la base de esa comprensión. Como práctica o conjunto de valores, la privacidad puede verse mermada o modificada simplemente por nuestro olvido o replanteamiento de las particularidades de sus límites. Una consecuencia trascendental de nuestra conectividad constante es que las líneas tradicionales que separan lo público de lo privado ya no parecen tan nítidas. Si estoy siempre localizable, empiezo a perder la sensación de que existe un lugar donde puedo apartarme de todos los demás, que existe un tiempo y un espacio donde puedo estar solo, fuera del reloj, fuera de la red. Cuando esa expectativa disminuida se comparte entre los miembros de una sociedad, se convierte en un hecho social, y las líneas que antes separaban las distintas esferas de la vida empiezan a difuminarse y a confundirse. Esto es lo que según Bernard Harcourt cursa en «la mortificación del yo» y el declive de lo que él llama «el ideal liberal».

> El ideal liberal, que consiste en la posibilidad de que exista un ámbito protegido de autonomía individual, ya no tiene tracción en un mundo en el que el comercio no puede distinguirse de gobernar o vigilar o simplemente vivir en privado. La elisión, además, reconfigura fundamentalmente nuestra subjetividad y el orden social: la recopilación masiva, el registro, la extracción de datos y el análisis de prácticamente todos los aspectos de nuestra vida ordinaria empiezan a socavar nuestra sensación de control sobre nuestro destino y la confianza en nosotros mismos, nuestro sentido del yo[52].

---

[52] Harcourt, *Exposed*, 26.

Que algo así está ocurriendo se refleja en el creciente parecido de la experiencia de la vida privada con esconderse. La comparación con la visión sociológica de la privacidad del filósofo Jeffrey Reiman viene a reforzar esta idea. Para Reiman, la privacidad es un complejo «ritual social» de gran valor psicológico y socio-ontológico. «La privacidad es una parte esencial de la compleja práctica social por medio de la cual el grupo social reconoce —y comunica al individuo— que su existencia le pertenece»[53]. En opinión de Reiman, la privacidad confiere «título moral a mi existencia» y hace «posible pensar en esta existencia como mía» de varias maneras, aunque la más relevante aquí es la siguiente.

Sé que este cuerpo es mío porque, a diferencia de cualquier otro cuerpo presente, en el pasado lo he llevado fuera del alcance de la experiencia de nadie más que la mía, puedo

---

[53] Jeffrey Reiman, "Privacy, Intimacy, and Personhood", *Philosophy and Public Affairs* 6, n.º 1 (1976), p. 39. Obsérvese que la descripción que hace Reiman de lo que es la privacidad no cae presa de los mismos errores que los llamados «relatos descriptivos». La opinión de Reiman de que «la privacidad es un ritual social mediante el cual se confiere a un individuo el título moral de su existencia» (p. 39) incluye un elemento normativo, porque es la descripción de una práctica normativa. No es necesariamente normativa en el sentido en que solemos utilizar ese término, para describir una teoría que aboga por una forma particular de estructurar la vida humana, cuya evitación es, cabe imaginar, lo que lleva a alguien a elaborar un «relato meramente descriptivo». La exactitud de la descripción de Reiman no depende de ningún compromiso moral previo. Tampoco requiere que aceptemos que es bueno que a las personas se les confiera un título moral sobre su existencia (si piensa que esto es malo, entonces el argumento de Reiman le da razones para no querer el ritual social de la privacidad para su sociedad).

hacerlo ahora y espero poder hacerlo en el futuro. Es más, creo —y mis amigos han actuado y siguen actuando como si lo creyeran— que sería un error que alguien interfiriera en mi capacidad de hacerlo. En otras palabras, me han tratado y me siguen tratando de acuerdo con el ritual social de la privacidad. Y puesto que mi visión de mí mismo es, en importantes aspectos, un reflejo de cómo me tratan los demás, llego a considerarme el tipo de entidad que tiene derecho al ritual social de la privacidad. Es decir, llego a creer que este cuerpo es mío en un sentido moral[54].

Como ocurre con el cuerpo, también ocurre con la propiedad moral de la propia vida en el sentido más amplio y ético de la autoconcepción y la acción.

Esconderse es un tipo de experiencia que socava la sensación de que mi vida es mía, ya que cuando estoy escondido no puedo llevar mi cuerpo, a mí mismo, adonde me gustaría, para mostrarlo o compartirlo con los demás. Pero el asunto es mucho más difuso en la era digital, en la que la tecnología y las expectativas sociales de conectividad hacen que «nunca estemos solos» y que el mundo laboral, las relaciones sociales y los públicos internáuticos nos busquen constantemente. La descripción que hace Reiman de la privacidad como un ritual social nos da motivos para creer que las generaciones que no tienen la experiencia de ponerse fuera del alcance de los demás, o que no pueden hacer esto en la proporción suficiente,

---

[54] REIMAN, "Privacy, Intimacy, and Personhood", pp. 39, 42-43. Si esta es la experiencia originaria de la privacidad, como creo, entonces deberíamos esperar que la imagen del individuo solo en su habitación sea central en nuestro pensamiento sobre el tema.

pueden empezar a sentir que no son dueños morales de sus existencias. Su sentido del derecho moral a dirigir sus propias vidas podría verse disminuido en comparación con las generaciones criadas en medio de prácticas más plenas de privacidad. Sea cual sea el grado, se trata de un perjuicio grave. Estas personas, sin duda, empezarían a sentirse alienadas e indefensas, como se siente una persona obligada a esconderse. Perversamente, también podrían encontrar alienante y aterradora la experiencia de estar solos y desconectados de su tecnología. De hecho, se trata de una experiencia común hoy en día.

Una de las tareas que propongo en mis seminarios universitarios sobre privacidad consiste en pedir a los alumnos que den un paseo en solitario sin ninguna de sus tecnologías de conexión habituales. Los estudiantes dicen sentirse ansiosos, incómodos, a la deriva en el mundo y, con una frecuencia inesperada, se ven a sí mismos como «sospechosos», es decir, se ven a través de la mirada interiorizada de las normas sociales como personas que tienen algo que ocultar. El fenómeno también se refleja en los estudios de las ciencias sociales sobre el «yo atado», cuyos sujetos no solo dicen sentirse enganchados a la nueva tecnología, sino que han llegado a considerarla una parte esencial de su cuerpo y su subjetividad. Por ejemplo, uno de los estudiantes universitarios de último curso de Freitas describe la sensación común de que cuando no lleva el teléfono encima, «es como si me faltara el corazón o el cerebro»[55]. Estos estudios están repletos de ejemplos del principio de que las herramientas y tecnologías que se

---

[55] Freitas, *Happiness Effect*, p. 209.

244

convierten en esenciales para la vida cotidiana, especialmente las que afectan a la comunicación y al conocimiento de los demás, tienen un efecto significativo en la forma
en que nos entendemos a nosotros mismos y, por tanto,
promueven el desarrollo de nuevas características de la
subjetividad humana.

La constante orientación a la publicidad que permiten y fomentan las tecnologías de conectividad móvil tiene efectos negativos para el bienestar individual y, como
expondré dentro de un momento, también para la vida
pública y democrática. Reconozco que hay variaciones
culturales en lo que constituye una orientación excesiva
frente a una relación saludable con la publicidad. Mi intención no es prescribir reglas, ni siquiera dar consejos,
sino llamar la atención sobre la existencia de una gama
normativa, con peligros en cada extremo. Al igual que el
exceso de atención a la publicidad, la escasa atención al
mundo común es en sí misma un obstáculo para el bienestar individual y el avance de la democracia. Diferentes
comunidades e individuos pueden trazar los límites de lo
que es aceptable de diferentes maneras, pero si no reconocemos que existe una presión normativa aquí, desde ambos lados por así decirlo, entonces estamos mal equipados
para tomar una decisión informada.

CONECTIVIDAD Y ALIENACIÓN

La idea de que la era de la conectividad móvil es aquella
en la que las anteriores distinciones entre lo público y lo
privado ya no son tan legibles o fiables vincula el rompecabezas de esconderse en lo privado a una oscura ironía

245

de la era digital, a saber, que un aumento sin precedentes de la disponibilidad interpersonal coincidió con un repunte de la soledad y el aislamiento social. Estamos más conectados que nunca y, sin embargo, nos sentimos cada vez más desvinculados. Esto ha llegado como una sorpresa, como una suerte de impugnación de años de entusiasmo público por las nuevas oportunidades que la era digital abría para la comunicación y la búsqueda de personas afines. Parecía plausible que si, como argumentó Robert Putnam, el aumento de la alienación y la desesperación personal se debían a la disminución de los «puentes» y los «vínculos» que antes proporcionaban las organizaciones cívicas, entonces internet podría dar a las sociedades postindustriales una segunda oportunidad de encontrar sentido facilitando que las personas se encontrasen. Sin embargo, la era de la conectividad en internet ha coincidido con nuevas cotas de soledad sufrida y alienación social. La explicación es, sin duda, compleja y multicausal. En parte tiene que ver con el desplazamiento de formas valiosas de socialidad pública y encarnada por espacios virtuales de intercambio de información y comercio. Quiero sugerir que la disminución de formas valiosas de privacidad —es decir, su desplazamiento hacia algo más parecido a esconderse— y la pérdida de límites legibles entre lo público y lo privado también han contribuido al fenómeno.

La importancia de establecer distinciones inteligibles entre los ámbitos de la vida fue un tema recurrente para Hannah Arendt a lo largo de su vida. Veámoslo en este pasaje de su ensayo "La crisis de la educación".

Estas cuatro paredes, dentro de las cuales se vive la vida familiar privada de las personas, constituyen un escudo contra el mundo y, en concreto, contra el aspecto público del mundo. Encierran un lugar seguro, sin el cual ningún ser vivo puede prosperar. Esto es válido no solo para la vida de la infancia, sino para la vida humana en general. Cuando esta se expone constantemente al mundo sin la protección de la privacidad y la seguridad, se destruye su calidad vital[56].

Una forma de estar expuesto al mundo consiste en ser visto y oído por los demás. Otra es la que nos ocupa aquí: que demasiado mundo llegue hasta nosotros. Esto es parte de lo que Arendt entiende por el «aspecto público» del mundo, es decir, su rostro o apariencia, en otras palabras, su publicidad. Para Arendt, lo público era el ámbito en el que los individuos y las obras colectivas adquirían su realidad objetiva a través de la acción simultánea y recíproca de ver y ser visto. Lo público *arendtiano* requiere, por tanto, un par de condiciones necesarias: un determinado tipo de espacio físico y la actividad perceptiva y discursiva que convierte una plaza en una plaza pública. Tendremos mucho más que decir sobre esto en el capítulo 5; de momento, observe que la primera condición se basa en un significado de la palabra «público» —el de estar abierto a todos y no escondido—, mientras que la segunda se refiere a lo que llamaríamos con más propiedad «publicidad».

---

[56] Hannah ARENDT, "The Crisis in Education," en *Between Past and Future: Eight Exercises in Political Thought*, Nueva York: Penguin, 2006, p. 183 [*Entre el pasado y el futuro: Ocho ejercicios sobre la reflexión política*, Madrid: Austral, 2018]

La publicidad se refiere a un conjunto de actividades, expectativas, normas y canales de comunicación y conocimiento, todo ello centrado en la condición de ver y ser visto, oír y ser oído. Pero es algo más amplio y ambiguo que eso. Como un clima, es fácil de identificar pero difícil de delimitar con precisión. Con todo, es a esta condición de publicidad a la que se refiere Arendt cuando escribe sobre el aspecto del mundo público que puede «invadir» o «exponer» la vida privada sin traspasar ni destruir las cuatro paredes del hogar físico. Cuando, en *La condición humana*, Arendt lamenta el auge de «lo social», una quimera público-privada que fluye y corrompe tanto lo público como lo privado, es precisamente este tipo de publicidad la que invade y corrompe lo privado mientras deja intactas las barreras epistémicas de las paredes de una casa[57]. Dado que Arendt se centra en el valor de la vida pública, no es explícita sobre los mecanismos en función de los cuales la entrada de la publicidad en la vida privada amenaza con destruir su calidad vital, si bien su discusión sobre la soledad sufrida y la buscada, junto con la discusión precedente sobre el acto de esconderse y la privacidad, empiezan a mostrarnos una senda.

Para Arendt, el aislamiento era necesario para que un individuo actuara y encontrara una vida con sentido entre los demás, pero también podía ser destructivo para esos fines[58]. La forma benigna del aislamiento es la soledad buscada, que, como ya hemos visto, ella entendía como estar

---

[57] Hannah ARENDT, *The Human Condition*, Chicago: University of Chicago Press, 1998 [*La condición humana*, Madrid: Austral, 2020].
[58] ARENDT, *Origins of Totalitarianism*, p. 474.

solo para estar «junto a uno mismo» en preparación para volver al ámbito público de la acción y el sentido. Esta condición
se destruye cuando, en las palabras de Wordsworth que han
perdurado para siempre, «el mundo está demasiado con
nosotros[59]. En el caso de la soledad sufrida, ocurre justo
lo contrario: se tiene «la experiencia de estar abandonado
por todo y por todos»[60], una experiencia que a menudo se
siente, y de forma más dolorosa, en público, cuando uno
está rodeado de otros. En otras palabras, la soledad buscada se convierte en sufrida cuando las personas ya no son
capaces de estar solas consigo mismas. La incapacidad de
estar a solas con uno mismo, junto con la conexión constante con los demás, es una de las señas de identidad del yo
atado. Esta es la experiencia de aquellos de mis alumnos a
los que les resulta incómodo o aterrador no distraerse y tener que afrontar sus propios pensamientos. Arendt, al igual
que Reiman, ofrece una visión de por qué esto puede conducir a un sentimiento de impotencia o alienación: «En
esta situación, una persona pierde la confianza en sí misma
como socia de sus pensamientos y esa confianza elemen-
tal en el mundo que es necesaria para tener experiencias
significativas»[61]. En contraste con su visión de la experiencia autosostenida de la soledad buscada, la soledad sufrida
conduce a sentimientos de irrelevancia, impotencia y, para
Arendt, allana el camino para la aceptación voluntaria de
la política totalitaria.

---

[59] William WORDSWORTH, "The World Is Too Much with Us", publicado originalmente en *Poems, in Two Volumes* (1807).
[60] ARENDT, *Origins of Totalitarianism*, p. 476.
[61] ARENDT, *Origins of Totalitarianism*, p. 477.

La visión de la privacidad que hemos estado desarrollando ofrece otra explicación, que ampliaremos en el resto de este libro al conectar la privacidad y el olvido con la producción de confianza, profundidad y sentido en la vida humana. Otra fuente de soledad sufrida y aislamiento, como hemos visto, es la experiencia atada de esconderse. Uno está encajado «en la férrea banda del terror incluso cuando está solo [...] Destruyendo todo espacio entre los hombres; al presionarlos unos contra otros, se aniquilan incluso las potencialidades productivas que tiene estar solo»[62]. ¿Quién está más solo que una persona que se esconde, a pesar de su constante conexión con el mundo que hay más allá de su escondite?

[62] ARENDT, *Origins of Totalitarianism*, p. 478.

4.
MEMORIA Y OLVIDO

Hasta este punto, nuestra exploración de la privacidad ha tenido lugar en tiempo presente, por así decirlo. Que uno tenga privacidad o esté en privado significa que en ese momento el individuo vivo y que respira está disfrutando de los beneficios de la privacidad, ya sea bajo la descripción básica de barreras epistémicas, el reposo que supone no tener que rendir cuentas o la libertad psicológica de vivir sin ataduras. También podemos decir que estas perspectivas de la privacidad están orientadas al futuro, ya que no solo buscamos la privacidad para evitar actos de percepción no deseados, sino también para evitar las consecuencias no deseadas que pudieran derivarse de ellos.

Pero que nos conozcamos y conozcamos a los demás no se limita al presente o al futuro. De hecho, la mayor parte de lo que sabemos sobre cualquier persona, incluidos nosotros mismos, se refiere al pasado: la memoria viva y los registros históricos. La importancia de las barreras al conocimiento orientadas al presente y al futuro, y los intereses que tenemos en esas formas de olvido, invitan a preguntarse si podemos tener intereses similares con respecto al pasado. De hecho, el lenguaje del olvido parece el más naturalmente relacionado con el tipo de barreras epistémicas que encontramos en los ámbitos de la memoria y la historia. La propia palabra *olvido* deriva del latín *oblitus*, «pérdida de un recuerdo»: designa el acto de olvidar, el estado de ser olvidado y el pseudoolvido voluntario proscrito por las leyes de amnistía, y perdura en las palabras romances que designan el olvido (*oublier* en francés, *oblivion* en inglés). Las expresiones en inglés y francés que recogen su vertiente de derecho son *the right to be forgotten* y *le droit à l'oubli*; ambas pueden traducirse como «el derecho al olvido».

El reciente activismo mundial a favor del derecho al olvido es quizá el argumento más explícito a favor del valor del olvido en la era de la información. Comprender la visión moral que motiva ese activismo, junto con otros argumentos a favor de los límites normativos de la memoria, la conmemoración y la documentación de la vida humana, nos ayudará a completar el relato del olvido que hasta ahora hemos estado desarrollando a través del examen de la privacidad. Abordaremos el tema desde tres puntos de vista. El primero se refiere a la importancia del olvido para el bienestar individual. El segundo se basa en los debates sobre el derecho al olvido para entender cómo las prácticas de la llamada memoria colectiva conectada al archivo global de internet pueden perjudicar a los individuos. Y la tercera examina la perenne preocupación por la privacidad en relación con la creciente documentación de la vida humana como tal, lo que hoy llamaríamos «datificación», pero que ha sido una

252

preocupación constante del discurso moral público sobre la privacidad desde sus orígenes en el siglo XIX. Cada una de estas perspectivas confirma lo que hemos venido sosteniendo hasta ahora: que la posibilidad de ser oscuro para los demás y para uno mismo desempeña un papel vital en la vida humana, pasada, presente y futura.

LA INSOPORTABLE PRECISIÓN DEL SER

En las últimas décadas ha surgido un gran interés por el valor del olvido. Es difícil imaginar que no se trate de una reacción a la cultura y las tecnologías de la era de la información, sobre todo a la deriva de internet. Los libros sobre la memoria publicados en las últimas décadas, incluso las obras científicas o médicas dedicadas a sus aspectos neurobiológicos, rara vez evitan mencionar la que solíamos llamar «red de redes». Para muchos, la aparición de internet como un archivo aparentemente ilimitado, ubicuo y con capacidad de búsqueda parecía marcar una ruptura en las prácticas del conocimiento similar a la de la invención de la fotografía y el auge de los medios de comunicación de masas relatados en el capítulo 1. El entusiasmo ilimitado de Oliver Wendell Holmes por la fotografía parece rozar la profecía cuando escribe, en 1859, que «llegará un momento en que el hombre que desee ver cualquier objeto, natural o artificial, acudirá a la Biblioteca Estereográfica Imperial, Nacional o Municipal y pedirá su piel o su forma, como lo haría con un libro en cualquier biblioteca común»[1].

---

[1] Oliver Wendell HOLMES, "The Stereoscope and the Stereograph", en *Classic Essays on Photography*, New Haven, CT: Leete's Island Books, 1980, p. 81.

No obstante, a pesar de la continuidad que percibimos en la larga era de la información, sería insensato ignorar las verdaderas novedades que internet introdujo en las prácticas cotidianas del conocimiento. Por un lado, el registro detallado de la vida ordinaria, que antes era el destino de disidentes políticos, sospechosos de delitos y celebridades, no solo se ha convertido en algo común, sino que hoy se lleva a cabo con un grado de precisión granular que los cronistas y la policía secreta de épocas anteriores difícilmente podrían haber imaginado. Mientras que durante milenios la bíblica idea de que «hasta los cabellos de nuestras cabezas están contados»[2] requirió la existencia de una deidad para tener algún sentido, ahora nuestro Fitbit sabe cuántas veces late nuestro corazón en un año, nuestro teléfono sabe cuántos pasos damos y dónde y los algoritmos predictivos parecen saber lo que querremos, pensaremos o teclearemos antes de que lo hagamos. Las posibilidades de publicación y publicidad también se han ampliado radicalmente.

Ahora, cualquier persona con conexión a internet tiene el poder de introducir información en un archivo global en el que todos podemos buscar con la rapidez propia del pensamiento y desde cualquier lugar del mundo. Este desarrollo ha dado lugar a nuevas prácticas y expectativas en torno al conocimiento mutuo. De la noche a la mañana, y casi sin darnos cuenta, todos nos hemos convertido en detectives privados aficionados, capaces de desenterrar información sobre personas que nunca hemos conocido y de conocer la vida de ciudadanos privados que, de otro

---

[2] *Mateo*, 10, 30.

modo, nunca se habrían asomado a la nuestra. Me sigue pareciendo increíble que en no más de cinco o diez años el uso común del término «acoso» (*stalking*, en inglés) para describir una atención obsesiva a la información o la persona de otra persona haya pasado de denotar una infracción moral grave y muy estigmatizada a la actividad, ahora totalmente común y moralmente neutra, de rastrear internet para ver qué se puede saber de alguien.

Hay sin duda también muchos avances no tecnológicos que han contribuido al creciente interés por el olvido. El desarrollo de internet ha coincidido, entre otras cosas, con los avances en la ciencia del cerebro humano y con un cambio cultural que se ha alejado del psicoanálisis freudiano para acercarse a otros paradigmas psicológicos que ven el olvido como una posible vía hacia el bienestar y no como la problemática labor de la represión. La política de «no olvidar nunca», que apareció como un imperativo moral evidente tras los horrores del Holocausto, se ha embarullado con prácticas de conmemoración menos dignas, como las «causas perdidas» etnonacionalistas y el rencor sangriento. En breve tendremos más que decir sobre todo esto, pero por ahora quiero llamar nuestra atención sobre dos cosas en particular. En primer lugar, la asombrosa variedad de perspectivas y disciplinas —desde libros de poesía hasta artículos en revistas científicas revisadas por pares y otras fuentes— que defienden el valor del olvido. En segundo lugar, y aún más asombroso, a pesar de su gran variedad de métodos y reivindicaciones, estos trabajos suelen converger en un punto de referencia de lo más inesperado: un cuento publicado el 7 de julio de 1942 en el periódico argentino *La Nación*.

Es raro encontrar un trabajo sobre el olvido publicado en los últimos veinte o treinta años y escrito por un
científico, filósofo, médico, psiquiatra, lingüista, abogado, teólogo o cualquier otra persona que no mencione
el cuento de Jorge Luis Borges "Funes, el memorioso"[3].

---

[3] Véase, e.g., Gabriel JOSIPOVICI, *Forgetting*, Manchester, UK: Little Island Press in collaboration with Carcanet, 2020; Rima BASU, "The Importance of Forgetting", *Episteme* 19, n.º 4 (2022), pp. 471-490; Guilherme
Cintra GUIMARÃES, "Privacy, Social Memory and Global Data Flows", en
*Global Technology and Legal Theory: Transnational Constitutionalism, Google
and the European Union*, Londres: Routledge, 2019, pp. 113-165; Elena ESPOSITO, "Algorithmic Memory and the Right to Be Forgotten on
the Web", *Big Data and Society* 4, n.º 1 (2017). Pp. 1-11; Jeffrey ROSEN,
"The Web Means the End of Forgetting", *New York Times*, 21 de julio
de 2010; Viktor MAYER-SCHÖNBERGER, *Delete: The Virtue of Forgetting in
the Digital Age*, Princeton, NJ: Princeton University Press, 2009; Noam
TIROSH, "Reconsidering the 'Right to Be Forgotten': Memory Rights and
the Right to Memory in the New Media Era", *Media, Culture and Society*
39, n.º 5 (Julio 2017), pp. 644-660; Jonah BOSSEWITCH y Aram SINNRE-
ICH, "The End of Forgetting: Strategic Agency beyond the Panopticon",
New Media and Society 15, n.º 2 (2013), pp. 224-242; Mariano SIGMAN,
"Bridging Psychology and Mathematics: Can the Brain Understand the
Brain?", *PLOS Biology* 2, n.º 9 (14 de septiembre de 2004), p. e297; Scott
A. SMALL, *Forgetting*, Nueva York: Crown, 2021; Yair NEUMAN, "Con-
text and Memory: A Lesson from Funes the Memorious", en *Studies in
Multidisciplinarity*, ed. Laura A. MCNAMARA *et al.*, vol. 6, Elsevier, 2008,
pp. 229-238; Stevan HARDNA, "To Cognize Is to Categorize: Cognition
Is Categorization", en *Handbook of Categorization in Cognitive Science*, ed.
Henri COHEN y Claire LEFEBVRE, Oxford: Elsevier Science Ltd., 2005, pp.
19-43; Geoffrey C. BOWKER, *Memory Practices in the Sciences*, Cambridge,
MA: MIT Press, 2005; Luis FORNAZZARI *et al.*, "Hyper Memory, Synaesthesia, Savants Luria and Borges Revisited", *Dementia and Neuropsycholo-
gia* 12, n.º 2 (2018), pp. 101-104; N. OHRI, A. GILL y M. SAINI, "Borges
and the Art of Forgetting", *European Psychiatry* 64, no. S1 (2021), p. S753.

El cuento trata de un chico llamado Ireneo Funes cuya vida se ve destrozada cuando pierde la capacidad de olvidar. Es una maravillosa historia sobre un maestro del género que exhibe ese tipo de perspicacia sobre la condición humana que tendemos a asociar con el genio literario. Sin embargo, lo más interesante a nuestros efectos es cómo en las últimas décadas esta historia se ha liberado de su contexto original como obra fantástica de ficción y ha alcanzado el estatus de algo parecido a un relato real de lo que sería una vida sin la capacidad de olvidar. Tanto en las obras académicas como en las de divulgación, Funes se presenta como un caso de estudio o un ejemplo cuya difícil situación tiene más que ver con la realidad biológica y agencial de la memoria humana que con la vasta obra de fábulas y poemas de Borges, un autor obsesionado con el recuerdo[4]. La historia es a menudo la única prueba ofrecida en apoyo de la afirmación de que una vida sin olvido sería intolerable, como si fuera realmente una voz autorizada para dilucidar este asunto[5]. Uno

---

[4] Por ejemplo, este artículo publicado en una revista médica compara el caso de Funes con el de un mnemonista real estudiado por el neuropsicólogo A. R. Luria: «En este trabajo, investigamos a dos sujetos con memoria superior, o hipermemoria: Salomón Shereshevski, a quien A. R. Luria siguió clínicamente durante años, y Funes, el memorioso, un personaje de ficción creado por J. L. Borges». FORNAZZARI *et al.*, "Hyper Memory, Synaesthesia, Savants Luria and Borges Revisited", p. 101. Véase también Basu: «Este cuento apunta a una importante lección sobre el olvido: sin olvido, la especie humana tendría que revivir el pasado una y otra vez y nunca viviría el momento presente. Sin olvido, no habría futuro» ("Importance of Forgetting", p. 472).

[5] Parte de la razón de esto, como mostraremos más adelante, es que el tipo de memoria de Funes, que probablemente sería intolerable, es casi con toda seguridad imposible para un ser humano no ficticio.

tiene la impresión de que estos escritores deben haber encontrado a Funes en otras obras sobre la memoria y el olvido, ya que nunca se mencionan los muchos otros textos de Borges que revelan toda una vida de pensamiento exigente y provocador sobre el tema.

Es sorprendente que la historia de Borges se convirtiera en una piedra de toque para comprender el valor del olvido para la vida humana, entre otras cosas porque Funes presenta un caso imposible. Por las razones que expondré más adelante, nuestra vida no puede ser nunca como la suya, a pesar de las frecuentes afirmaciones en sentido contrario y de ciertos casos —desde luego, raros— de seres humanos que se aproximan a las prodigiosas capacidades de memoria y percepción de Funes. La utilidad del relato de Borges como prueba del funcionamiento real de la memoria y el olvido es muy limitada. Sin embargo, el cuento es muy revelador del papel que desempeña el olvido en nuestras vidas y en nuestra cultura, no porque Borges «prefigure astutamente la investigación neurocientífica»[6], como ha afirmado más de un científico, sino por lo que la recepción del cuento revela sobre la sociedad que lo trata como si fuera una buena prueba. La aceptación generalizada y la repetición de la historia como si expresase una verdad sobre nuestras capacidades de memoria y olvido la han convertido en un mito o fábula de nuestro tiempo. En otras palabras, se ha convertido en el tipo de ficción que cuenta una verdad, no sobre lo que en verdad sucedió o es realmente posible, sino sobre lo que la gente en un momento y lugar

---

[6] SMALL, *Forgetting*, p. 7.

determinados considera valioso. Esto hace del documento un recurso increíblemente útil para cualquiera que quiera entender el valor ético y político del olvido en la era de la información. Si leemos la historia de Funes del mismo modo que leemos las antiguas tragedias griegas y entendemos qué hace que la historia de Funes sea trágica, arrojaremos luz sobre el valor del olvido en nuestro tiempo, con independencia de si el cuento describe con exactitud cómo funciona nuestro cerebro.

Se trata de un cuento bastante breve. Relata los tres encuentros del narrador con un muchacho uruguayo llamado Ireneo Funes. En algún momento entre el primer y el segundo encuentro, Funes es arrojado de un caballo, un trágico percance que lo deja «lisiado sin remedio». ¿En qué sentido lisiado? Entonces su percepción y su memoria «se volvieron perfectas».

> Nosotros, de un vistazo, percibimos tres copas en una mesa; Funes, todos los vástagos y racimos y frutos que comprende una parra. Sabía las formas de las nubes australes del amanecer del 30 de abril de 1882 y podía compararlas en el recuerdo con las vetas de un libro en pasta española que solo había mirado una vez [...]. Podía reconstruir todos los sueños, todos los entre sueños. [...] Funes no solo recordaba cada hoja de cada árbol de cada monte, sino cada una de las veces que la había percibido o imaginado[7].

Funes aprende latín con solo un diccionario y un volumen de Plinio, que puede recitar de memoria tras una

---

[7] BORGES, "Funes, el memorioso", en *Cuentos completos*, Barcelona: Debolsillo, 2013.

sola lectura. A continuación aprende francés, inglés y portugués. Inventa un sistema de numeración idiosincrásico en el que cada número entero hasta al menos veinticuatro mil corresponde a una imagen u objeto discretos del mundo.

«Mi memoria, señor» —le dice al narrador— «es como vaciadero de basuras». Su vida tiene una clara intención trágica, al modo clásico o didáctico de los cuentos populares en los que alguien adquiere un tremendo poder que resulta ser una maldición que le destroza la vida, lo que explica por qué los lectores se sienten naturalmente obligados a sacar conclusiones sobre la moraleja de la historia de Funes.

En la superficie, la tragedia de Funes refleja un juicio de que nuestro deseo de una mejor memoria, o de librarnos de los puntos ciegos que limitan la percepción, no carece de límites. No se trata de una idea exclusiva de Borges: es un tema destacado en varias de las obras más leídas de Nietzsche y en los primeros clásicos de la psicología como *Principios de psicología* de William James y *Las enfermedades de la memoria* de Théodule-Armand Ribot[8].

---

[8] Véase, por ejemplo, Friedrich NIETZSCHE, *Unfashionable Observations*, trad. Richard T. GRAY, vol. 2 de *The Complete Works of Friedrich Nietzsche*, Stanford, CA: Stanford University Press, 1995; Friedrich NIETZSCHE, *On the Genealogy of Morality*, trad. Maudemarie CLARK y Alan J. SWENSEN, Indianápolis, IN: Hackett, 1998 [*La genealogía de la moral*, Madrid: Alianza, 2011]. William JAMES escribió: «Si recordáramos todo, en la mayoría de las ocasiones estaríamos tan mal como si no recordáramos nada [...] "El resultado paradójico [es] que una condición para recordar es que olvidemos. Sin olvidar totalmente un número prodigioso de estados de conciencia, y sin olvidar momentáneamente

La conexión de la arrogancia y el conocimiento es el motor de la tragedia más famosa de la historia, *Edipo Rey* de Sófocles. La cuestión más acuciante es cómo entender los límites de la memoria. ¿Son biológicos, sociales o ambos? ¿Existen límites normativos además de empíricos? Los estudiosos del olvido tienden a sacar las mismas conclusiones: la capacidad de olvidar es necesaria para el ejercicio de ciertas capacidades humanas vitales para la acción y la plenitud. Entre ellas están el pensamiento abstracto, el uso de conceptos, la formación de la personalidad y la capacidad de actuar en el mundo. Para el neurocientífico Scott Small, «muchos de los pasajes de la historia sobre Funes describen una deficiencia cognitiva dominante causada por su memoria fotográfica: la incapacidad de generalizar, de ver el bosque por centrarse en los árboles»[9]. En un libro sobre la memoria digital de internet, Viktor Mayer-Schönberger se hace eco del sentido más amplio en el que la vida de una persona naufragaría si el olvido fuera imposible: «Lo que Borges solo hipotetizó, ahora lo sabemos», y es que «a través de la memoria perfecta podemos perder una capacidad humana fundamental: vivir y actuar firmemente en el presente»[10]. El flagrante error categorial que supone tomar la ficción de Borges como una «hipótesis» revela una

---

un gran número, no podríamos recordar nada"» (James cita aquí a Théodule-Armand Ribot, *Les maladies de la mémoire*, París: Librarrie Germer Ballière, 1881). William James, *The Principles of Psychology*, vols. 1-2, Nueva York: Dover, 1950, pp. 680-681 [*Principios de psicología*, Madrid: FCE, 1994].

[9] Small, *Forgetting*, p. 7.

[10] Mayer-Schönberger, *Delete*, p. 12.

vez más el papel cuasi fáctico que la historia ha llegado a desempeñar en nuestro tiempo.

Estos análisis malinterpretan la naturaleza del mal de Funes. Por un lado, Funes es capaz de generalizar. Utiliza todo el tiempo abstracciones y conceptos; se nos dice que «no solo le costaba comprender que el símbolo genérico perro abarcara tantos individuos dispares de diversos tamaños y diversa forma; le molestaba que el perro de las tres y catorce (visto de perfil) tuviera el mismo nombre que el perro de las tres y cuarto (visto de frente)»[11]. Su irritación requiere acceder al concepto general *perro* y al criterio abstracto de la adecuación de los conceptos, entre otras cosas. El uso satisfactorio de los idiomas que aprende y el despliegue del símil «mi memoria [...] es *como vaciadero de basuras*» también implican el ejercicio del pensamiento abstracto (y, seguramente, si uno recordara todo lo que ha visto o pensado, también recordaría las entidades lingüísticas que llamamos conceptos). Tampoco ha perdido su capacidad de «vivir y actuar firmemente en el presente»: lo hace todo el tiempo, conversando y manteniendo correspondencia con el narrador, o cuando se queda atrapado con sus pensamientos durante los ataques nocturnos de insomnio. Como a Funes, a nosotros

---

[11] Los lectores atentos observarán que se dice que Funes era «casi incapaz de ideas generales, *platónicas*» (cursivas mías). Ese «casi» y la referencia a las ideas platónicas no pueden ignorarse. Borges no solo habría estado familiarizado con la epistemología y la metafísica de Platón, sino que su prosa se caracteriza, entre otras cosas, por un alto grado de énfasis en la precisión del lenguaje utilizado por narradores cuya comprensión o memoria de la situación es imprecisa o no se conoce del todo.

también se nos vienen a la memoria imágenes o experiencias pasadas, por ejemplo, cuando caminamos por la calle o conversamos con un amigo, pero esas intrusiones de la memoria no significan que no estemos viviendo y actuando en el presente. El único ejemplo que Borges da del tormento de Funes tiene que ver con su insomnio, que es descrito como la incapacidad del muchacho para separarse del mundo: «*Dormir es distraerse del mundo*». Ciertamente, ser un buen interlocutor o atender a nuestro entorno podría ser más difícil si nuestros recuerdos fueran como los de Funes, pero la tragedia de su vida no puede ser que ciertos aspectos de ella sean más difíciles, aunque otros se hayan vuelto más fáciles, más ricos.

Lo que los estudiosos del olvido pasan invariablemente por alto es que una memoria perfecta es necesaria pero insuficiente para la tragedia de Funes. De hecho, la historia contiene referencias a otros prodigios mnemotécnicos cuyas vidas, según leemos, no se arruinaron por ello. Está claro que el desastre de la vida de Funes se debe a la combinación de una memoria perfecta con una percepción perfecta. La diferencia con esos otros prodigios, y con esos casos clínicos a veces denominados «Funes de la vida real», es que, a diferencia del original literario, su percepción seguía siendo una percepción normal, limitada por las capacidades naturales del ojo y de la atención. Pero Funes no tiene puntos ciegos. Lo percibe todo, quiera o no. Con una simple mirada, ya ha visto todas las hojas de todos los árboles del bosque. Está claro que es la intolerable precisión del conocimiento del mundo de Funes, y no simplemente su recuerdo, lo que hace su vida «casi insoportable».

En la única escena en la que se describe explícitamente el sufrimiento de Funes, le vemos atormentado por un mundo en el que todo está contado y prácticamente nada permanece indeterminado.

> Babilonia, Londres y Nueva York han abrumado con feroz esplendor la imaginación de los hombres; nadie, en sus torres populosas o en sus avenidas urgentes, ha sentido el calor y la presión de una realidad tan infatigable como la que día y noche convergía sobre el infeliz Ireneo, en su pobre arrabal sudamericano. Le era muy difícil dormir. Dormir es distraerse del mundo; Funes, de espaldas en el catre, en la sombra, se figuraba cada grieta y cada moldura de las casas precisas que lo rodeaban. (Repito que el menos importante de sus recuerdos era más minucioso y más vivo que nuestra percepción de un goce físico o de un tormento físico.)

La vida de Funes y el mundo que le rodea se volvieron opresivos y agotadores porque adquirió el poder de saberlo todo, todo a la vez. A Funes no se le escapa nada; está abrumado por la información, obligado por el destino a dar cuenta de cada vena de cada hoja, de cada estrella del cielo. La implacable «presión de la realidad» que aflige a Funes recuerda la embrutecedora «presión de la realidad» que Wallace Stevens atribuía a los torrentes de información que llegaban a los dormitorios de mediados de siglo a través de la radio[12]. Desde esta perspectiva, el tema de la fábula se describe más adecuadamente

---

[12] Wallace STEVENS, "The Noble Rider and the Sound of Words", en *The Necessary Angel*, Nueva York: Vintage, 1951, p. 20.

como *conocimiento*, para el que son necesarias tanto la memoria como la percepción. No hay nada en el mundo de Funes que no se haya convertido en objeto de conocimiento, y no hay objeto de su conocimiento que no conozca con exhaustivo detalle. Incluso lo aún no percibido puede albergar pocas esperanzas, pues Funes no puede dudar de que conocerá, con perfecto detalle, todo lo que encuentre durante el resto de su vida. Puede haber nuevas vistas y experiencias, nuevos días, pero cada uno será inevitablemente conocido a fondo. La suya es una vida despojada de su ambigüedad fluctuante, tanto en lo que respecta a su pasado, presente y futuro, como a su autoconocimiento y al conocimiento del mundo más allá de su cabeza. Esa ambigüedad es esencial para el valor humano de la memoria viva. La diferencia entre la memoria perfecta de Funes y la memoria viva ordinaria es que esta última no es fija, sino que cambia constantemente y emerge y se hunde de nuevo en un fondo mental de olvido. La experiencia con la mutabilidad —la vivacidad— de la memoria viva es una de las fuentes de la saludable sensación de que la existencia de uno no es fija, de que incluso en la memoria hay una cualidad de libertad, juego y potencialidad.

La precisión exhaustiva e inequívoca del conocimiento que Funes tiene de sí mismo y del mundo, y la ausencia de cualquier lugar o experiencia indefinidos —la ausencia incluso de la esperanza de la inarticulación o el olvido— despojan a la vida de Funes de su potencialidad de un modo similar a lo expuesto en el capítulo 1. Por eso Borges calificaría de *intolerable* la precisión de la percepción y la memoria de Funes. Y es aquí, en su advertencia sobre los peligros del autoconocimiento excesivo y excesivamente preciso, donde el relato de Borges más recuerda a la obra de Sófocles, recordándonos una vez más la sabiduría délfica: sí, «conócete a ti mismo», pero también «nada en exceso».

Podemos imaginar que una persona en la posición de Funes puede llegar a sentir que su vida está cerrada de un modo significativo. Es como un espejo, «un espejo positivamente perfecto», como describió Poe la fotografía. No depende de Funes lo que contendrá, como tampoco depende del espejo. Aunque todo lo que sabemos de la experiencia de Funes es lo poco que comparte con el narrador, de lo que solo una fracción se transmite al lector, podemos imaginar fácilmente que el infeliz prodigio se da cuenta de que comparte con el espejo su falta de autonomía, su perfecta incapacidad para generar sorpresa y una abyección tan total al mundo más allá de su propio cuerpo que es tan absurdo hablar de que Funes tiene una vida mental propia como hablar de que un espejo tiene sus propias imágenes. Sería comprensible que alguien en semejante situación se sintiera deprimido o abrumado por la sensación de que su existencia es inútil. En verdad parece haber disminuido la comprensión de Funes de que su vida es suya y merece la pena vivirla.

Al final de la descripción del insomnio de Funes, Borges da una visión del único respiro del muchacho en un mundo y una vida agotados por el conocimiento. Por la noche, cuando yace en la cama torturado por una especie de insomnio que nos resulta difícil imaginar, Funes vuelve los ojos hacia el este, en un trecho no amanzanado, [donde] había casas nuevas, desconocidas. Funes las imaginaba negras, compactas, hechas de tiniebla homogénea; en esa dirección volvía la cara para dormir.

Nuestra interpretación de la aflicción de Funes se ve reforzada por el hecho de que busca consuelo en una forma de olvido, que guarda —diríamos incluso que sacraliza, que mantiene en privado para sí mismo— en un esfuerzo continuo por preservar el único elemento de ambigüedad y potencialidad que queda en su vida. Funes debe creer que las casas que marcan los límites de su conocimiento perfecto no son estrictamente imaginarias, de lo contrario no marcarían un límite real de una región desconocida, sino que serían un acto de simple autoengaño. Sin embargo, al mismo tiempo que estas casas deben tener una existencia objetiva en el mundo, también deben ser algo sobre lo que no exista ninguna información, ninguna combinación de detalles cuyo conocimiento agotaría su posibilidad y ambigüedad. Negras, compactas, hechas de tiniebla homogénea. Contra el agotamiento del conocimiento perfecto e inequívoco, tanto del mundo como de sí mismo, Funes guarda una realidad incognoscible y se vuelve hacia ella, como orando.

Más adelante veremos cómo la privacidad no solo protege el olvido, sino que produce y confirma su realidad mediante la visibilidad de sus barreras al conocimiento —muros, cortinas, el ritual social de la privacidad y demás—, al igual que la zona de casas oscuras de Funes. Sin embargo, en lo que respecta a Funes, ninguna forma de aislamiento u ocultación le ofrece consuelo alguno.

No puede dormir porque es «golpeado [...] día y noche» por una realidad «implacable» o «incansable», que, en una frase que recuerda tanto a la fenomenología del ocultamiento como a los pensamientos de Stevens en la radio, impide a Funes apartar su mente del mundo salvo con inmensa dificultad. El aislamiento no ofrece ningún alivio a este agotamiento precisamente porque conoce su habitación con el mismo grado de perfección que el mundo que hay más allá de ella. Como quien se esconde, está aislado, pero no disfruta de los beneficios asociados a la privacidad. Como el insomne que yace impotente despierto, rindiendo cuentas sin descanso de los pasos en falso que pudo o no haber dado el día de ayer, Funes es incapaz de desprenderse de sí mismo y del mundo. No puede, como dijimos en un capítulo anterior, dejarse llevar o salir de su cabeza.

La vida de Funes es agotadora porque conoce el mundo, y a sí mismo, con exhaustivo detalle. Esta es la tragedia de la historia de Borges: la obtención de un inmenso poder de conocimiento se produce a costa de algo esencial para que el ser alcance su plenitud[13]. Y por eso la tragedia de Funes requiere tanto la percepción perfecta como la memoria perfecta: si tuviera la una sin la otra, la trampa difícilmente sería tan total. O bien habría olvido en la retrospección (que Borges se cuida de negar a Funes al estipular que después de su lesión incluso aquellos recuerdos anteriores al accidente que había olvidado

---

[13] La arrogancia del conocimiento exhaustivo es otro tema de Borges; véase, por ejemplo, "Del rigor en la ciencia", en el que los cartógrafos de un imperio aspiran a crear un mapa 1:1 de su territorio.

regresaron con una claridad y permanencia iguales a las que se formaron en su nueva condición), o habría olvido en la percepción, y Funes podría vivir en el momento presente y encontrar allí algún socorro. Pero como no puede hacer ninguna de las dos cosas, como toda la existencia es suya para conocerla y no perderla nunca, le cae encima de minuto en minuto como un alud, y muere, como asfixiado por ella, «en 1899, de una congestión pulmonar».

Derecho al olvido

También se piensa que un exceso de memoria plantea peligros sociales y políticos. Sin embargo, sucede que la mayoría de los argumentos sobre la memoria colectiva, social o política no tratan realmente de la memoria, sino más bien de las dimensiones morales y políticas de la historiografía, la conmemoración y las prácticas afines de formación y mantenimiento de la identidad colectiva. El más influyente de estos argumentos se lo debemos probablemente a Nietzsche, que también destaca por defender el olvido voluntario tanto en términos de memoria individual como de conmemoración colectiva. Entre otras cosas, Nietzsche destruyó la ilusión de que la historia, por no hablar de su conmemoración activa, pueda alguna vez ser moral o políticamente neutral, argumentando que, dado que los individuos están formados por el tipo de sociedad en la que nacen, «lo ahistórico y lo histórico son igualmente necesarios para la salud de un individuo, un pueblo y una cultura»[14]. Siguiendo a Nietzsche, escritores

---

[14] NIETZSCHE, *Unfashionable Observations*, p. 90.

como David Rieff y Gabriel Josipovici han planteado cuestiones sobre el mandato moral de «no olvidar nunca», que ha salido de su contexto original como respuesta al Holocausto para aplicarse a todo tipo de acontecimientos históricos. Por un lado, el mandato de recordar responde de forma bastante razonable y justa al hecho de que los horrores organizados del siglo xx a menudo iban acompañados de una intención deliberada de «erradicar el recuerdo de lo que [los autores] habían hecho»[15]. Sé que no soy el único que siente con fuerza la intuición moral, relacionada con la reverencia y el temor por los criminalmente desaparecidos, de que les debemos a aquellos cuyas vidas fueron destruidas preservar una parte de ellas, aunque todo lo que quede sean trozos de información en un archivo. Por otro lado, la idea de que la conmemoración de estos hechos evitará tales horrores en el futuro —*nunca olvidar* como medio para que no ocurra *nunca más*— no está bien respaldada por las pruebas. En su libro *Elogio del olvido*, David Rieff sostiene que el recuerdo colectivo no solo no ha impedido los genocidios de Camboya, Bosnia, Kosovo y Ruanda, ni siquiera ha motivado una intervención significativa, sino que en algunos casos la memoria colectiva ha avivado la limpieza étnica y el nacionalismo racista. Recuerda el autor «el triste hecho de que ha habido muchas ocasiones en el pasado en las que el recuerdo ha sido la incubadora de la determinación de un pueblo o grupo derrotado de asegurarse la venganza, sin importar cuánto tiempo llevase o cuál fuese el coste humano de hacerlo»[16].

---

[15] Josipovici, *Forgetting*, p. 33.

[16] David Rieff, *In Praise of Forgetting: Historical Memory and Its Ironies*, New Haven, CT: Yale University Press, 2016), 129.

Sin embargo, Nietzsche también sugiere que la capacidad individual de olvidar —sin la cual «no podría haber felicidad, ni alegría, ni esperanza, ni orgullo, ni *presente*»— no es solo un hecho biológico de nuestro cerebro, sino también el resultado de ciertas condiciones sociales[17]. Nietzsche veía su propio tiempo como una época que sobrevaloraba lo histórico, con el resultado de que los seres humanos tenían motivos para envidiar la capacidad de los animales de vivir solo en el presente, mientras que el hombre «siempre se aferra a lo pasado; no importa lo rápido que corra, esa cadena corre con él»[18]. El argumento de Nietzsche es el corolario de Funes: que los seres humanos tienen interés en poder olvidar, en desprenderse de la facticidad del pasado. ¿Podrían tener también derecho a ello? Esta es la opinión de los muchos que abogan por uno de los derechos novedosos de la era digital: el derecho al olvido, que otorga a los individuos la facultad de borrar o anonimizar de internet información históricamente veraz sobre ellos mismos[19]. Pero no cualquier información, sino solo la que sea «obsoleta», «inadecuada, irrelevante

---

[17] NIETZSCHE, *On the Genealogy of Morality*, p. 35.

[18] NIETZSCHE, *Unfashionable Observations*, p. 87.

[19] Esta es la «Política de eliminación de listas» oficial de Google, que cita directamente la histórica decisión del Tribunal de Justicia de la Unión Europea que reconoce el derecho al olvido (Informe de transparencia de Google, "Requests to Delist Content under European Privacy Law"). Parte del debate de este capítulo sobre el derecho al olvido se ha adaptado de Lowry PRESSLY, "The Right to be Forgotten and the Value of an Open Future", *Ethics* 135, n.º 1 (octubre de 2024). Allí ofrezco una explicación más exhaustiva (y técnica) de la relación entre una agencia sana y la posibilidad de establecer relaciones no condicionadas por el conocimiento del pasado.

o ya no relevante, o excesiva». Pregunte a un historiador en qué momento la información se vuelve «irrelevante» o «anticuada» y verá hasta qué punto este derecho expresa una idea moral como la postura de Nietzsche contra el exceso de historicidad. No es de extrañar que los defensores del derecho al olvido se sientan atraídos por la fábula de Borges porque «parece describir bien el peligro al que se enfrenta una sociedad que ya no es capaz de olvidar, como la actual, dominada por internet»[20]. La frase «internet nunca olvida» se ha convertido en un tópico de nuestro tiempo, al igual que la idea de que esta situación representa un peligro lo suficientemente grave para el bienestar como para exigir el reconocimiento de nuevos derechos morales y jurídicos. La «capacidad ilimitada [...] de almacenamiento de internet se ha convertido gradualmente en una amenaza para la privacidad de los ciudadanos de todo el mundo, ya que al igual que [...] *Funes, el memorioso*, Google no olvida»[21]. La idea es que todos nos estamos acercando a la condición de Funes (o algo parecido) gracias a la invención del archivo ilimitado de internet. En las últimas décadas, legislaturas y tribunales de todo el mundo han respondido dando fuerza legal al derecho a borrar, anonimizar u ocultar información sobre uno mismo en el ciberespacio, y la creencia de que existe

---

[20] Angelo MAIETTA, "The Right to Be Forgotten", RECHTD. *Revista de Estudos Constitucionais, Hermenêutica e Teoria Do Direito* 12, no. 2 (2020), p. 208.

[21] Pedro ANGUITA RAMÍREZ, "The Right to Be Forgotten in Chile: Doctrine and Jurisprudence", *E-conférence, droit à l'oubli en Europe et au-delà* (2017), 1.

un derecho moral básico y fundamental a ser olvidado está aún más extendida[22].

Al igual que ocurrió con el momento formativo de la privacidad moderna a finales del siglo XIX, la rápida expansión de los debates públicos sobre el derecho al olvido dirige nuestra atención hacia un ámbito de valor aún en proceso de elaboración y comprensión. Un aspecto curioso de ese proceso es el propio lenguaje del olvido, una locución inusual y algo contraintuitiva que algunos defensores han intentado, sin mucho éxito, sustituir por una descripción más literal, basada en lo que el derecho faculta a hacer a quienes lo reclaman: «el derecho de supresión». Quizás también haya algo de pragmatismo político detrás de esta variante, ya que la mayoría de las personas difícilmente desean ser olvidadas, es decir, tal ver la locución «derecho al olvido» suene algo rotunda. No obstante, estos esfuerzos han tenido un éxito limitado, y la mayor parte del discurso moral público sobre el derecho sigue basándose en la terminología del olvido.

Aún más curiosa es la idea común de que el derecho al olvido es de algún modo también un derecho a la privacidad, ya que, como derechos, ambos parecen tener al

---

[22] Leticia BODE y Meg Leta JONES, "Ready to Forget: American Attitudes toward the Right to Be Forgotten", *Information Society* 33, n.º 2 (Marzo 2017), pp. 76-85; Dawn Carla NUNZIATO, "The Fourth Year of Forgetting: The Troubling Expansion of the Right to Be Forgotten", *University of Pennsylvania Journal of International Law* 39, no. 4 (2018), pp. 1011-1064; Indranath GUPTA y Paarth NAITHANI, "Right to Be Forgotten in Case of Search Engines: Emerging Trends in India as Compared to the EU", *Journal of Data Protection and Privacy* 5, n.º 3 (2022), pp. 297-309.

menos tantas diferencias como puntos en común[23]. Puesto que estamos hablando aquí de la percepción común, dejemos de lado por un momento los argumentos de este libro y hablemos de forma más esquemática. Independientemente de cómo se entienda el derecho a la privacidad, normalmente se piensa que se refiere a algo (información, cuerpos, objetos) que no está ya libremente disponible en la esfera pública, mientras que el derecho al olvido solo se refiere a la información que ya está libremente disponible en la esfera pública. Aunque podríamos pensar que el derecho a la privacidad debería referirse a la información que ha entrado en la esfera pública como resultado de una violación inicial de la privacidad, sería contrario a la concepción y el uso tradicionales de la privacidad insistir en que también debería extenderse a aquella información que se ha publicado sin problemas y a la que se ha podido acceder libremente durante muchos años. En marcado contraste, se supone que las publicaciones recientes son noticia en virtud del derecho al olvido y, por tanto, quedan fuera del alcance del ejercicio legítimo de ese derecho, que se restringe explícitamente a la información en internet que lleva tanto tiempo a disposición del público que puede decirse que es «irrelevante» u «obsoleta». La idea de que el derecho a la privacidad pueda restringirse a

---

[23] Por ejemplo, la comisaria europea de Sociedad de la Información y Medios de Comunicación, Viviane Reding, caracterizó el derecho al olvido en Europa como una protección del «derecho básico a la privacidad» en un artículo de opinión en el *New York Times*. Viviane REDING, "Protecting Europe's Privacy", *New York Times*, 17 de junio de 2013. La fusión de los derechos a la privacidad y al olvido está presente en todos los medios de comunicación, tanto académicos como populares.

cierto tipo de información (que no sea «privada») es anatema incluso para quienes piensan que la privacidad sirve precisamente para proteger la información. Se pueden hacer más distinciones, pero baste con estas para concluir que no debemos tratar los dos derechos como reducibles el uno al otro. Una vez más, el peligro no es meramente conceptual, sino político. Los defensores del derecho al olvido deben tener cuidado al asociarse con un cuerpo de pensamiento como el de la privacidad, de bases muy antiguas, que ha considerado que la información verdadera que no se hizo pública como resultado de una violación está fuera del alcance del ejercicio legítimo del derecho. Los derechos a la privacidad también corren el riesgo de verse socavados, por ejemplo, por la idea de que algunas formas de tales derechos están legítimamente restringidas a la información «obsoleta» e «irrelevante»[24].

Es un error equiparar el derecho a la privacidad con el derecho al olvido, o pensar que uno se deriva del otro. Sin embargo, también sería un error ignorar el sentido común y la fuerte intuición de que existe alguna relación entre ambos. De hecho, el lenguaje del olvido así lo sugiere. Si los dos derechos están relacionados es porque protegen lo mismo, aunque sea de formas significativamente diferentes.

---

[24] Es prácticamente axiomático en la filosofía de la privacidad que una «violación de la privacidad tiene que ver con las formas en que se obtiene la información, y no con el contenido de la información *per se*». Andrei MARMOR, "What Is the Right to Privacy?", *Philosophy and Public Affairs* 43, n.º 1 (2015), p. 4.

La historia de K

En 1981, un alemán fue contratado para ser parte de la tripulación de un yate que navegaría desde las islas Canarias hasta el Caribe. Por respeto a su derecho al olvido y para evitar llamarle «el asesino», le llamaremos K. Las tensiones entre K y las otras personas a bordo aumentaron en el transcurso del viaje transatlántico hasta que, tras una discusión por unos platos de desayuno que se quedaron sin lavar, K sacó una pistola y disparó al propietario del yate y a su novia. Ambos murieron, y K fue detenido y devuelto a Alemania, donde en 1982 fue declarado culpable de dos cargos de asesinato y condenado a cadena perpetua.

El crimen causó sensación. Fue objeto de artículos en periódicos y revistas, un libro y un documental, y acabó convirtiéndose en una especie de piedra de toque de la literatura popular y académica sobre los casos de «locura en alta mar»[25]. K cumplió treinta años de su cadena perpetua y salió de la cárcel anticipadamente en 2002.

---

[25] Auto de 6 de noviembre de 2019-1 BvR 16/13 ("Derecho al olvido I", Tribunal Constitucional Federal de Alemania 6 de noviembre de 2019); BBC, "German Murderer Wins 'Right to Be Forgotten'" 27 de noviembre de 2019. Michael BENDER, "Yachting and Madness", *Journal for Maritime Research* 15, n.º 1 (2013): 83-93. El caso del Apollonia es tratado tanto por Peter Noble como por Ros Hogbin en *The Mind of the Sailor: An Exploration of the Human Stories behind Adventures and Misadventures at Sea*, Nueva York: McGraw-Hill, 2001; y Michael STADLER, *Psychology of Sailing: The Sea's Effects on Mind and Body*, Camden, NJ: International Marine Publishing, 1988. Véase también Nic Compton, *Off the Deep End: A History of Madness at Sea*, Londres: Adlard Coles Nautical, 2017.

Al poco de salir, tecleó su nombre en un buscador de internet. La búsqueda devolvió, entre otras cosas, tres artículos publicados en la revista *Der Spiegel* en 1982 y 1983, que habían sido subidos a internet unos años antes en el curso de la digitalización de los archivos de la revista[26]. Estos artículos mencionan a K por su nombre. En 2012, este hombre demandó a *Der Spiegel* en un intento de obligarla a eliminar o anonimizar los artículos de su repositorio en internet, y en 2019, el más alto tribunal alemán se puso de parte de K en el asunto alegando que los artículos violaban su derecho al olvido. El tribunal coincidió además con K en que la información que relacionaba su nombre con sus delitos en internet —pero solo en internet— amenazaba su interés fundamental en «las condiciones básicas que permiten al individuo desarrollar y proteger su individualidad en condiciones de autodeterminación»[27].

La interpretación estándar de cómo K puede verse perjudicado por la presencia de esos artículos en internet se basa en un lenguaje sobre ataduras y grilletes que recuerda las descripciones decimonónicas de los daños a la privacidad, el «yo atado» de la conectividad móvil y la analogía de Nietzsche entre la incapacidad de olvidar y la incapacidad de escapar de las propias cadenas[28].

---

[26] *ABC News*, "German Murderer Has 'Right to Be Forgotten' by Internet, according to Top Court", 27 de noviembre de 2019.

[27] "Right to be Forgotten I", p. 21; BC, "German Murderer Wins 'Right to Be Forgotten'", 27 de noviembre de 2019.

[28] Por ejemplo, recordemos el caso "Pavesich contra New England Life Insurance Company": el conocimiento de que los rasgos y la forma de una persona están siendo utilizados para tal fin y expuestos en

Se dice que la presencia en internet de información personal históricamente exacta supone un grave riesgo para las personas porque amenaza con «atarnos para siempre a todas nuestras acciones pasadas, haciendo imposible, en la práctica, escapar de ellas»[29]. Se dice que uno está «encadenado al pasado», «congelado en el tiempo»[30] y que es «prisionero de [su] pasado registrado»[31]. El aspecto de internet responsable de encadenar a las personas a su pasado suele achacarse al cliché de que «internet nunca olvida»[32]. En palabras de Jeffrey Rosen: «El hecho de que

---

lugares en los que a menudo pueden encontrarse tales anuncios lleva no solo a la persona de naturaleza extremadamente sensible, sino incluso al individuo de sensibilidad ordinaria, a darse cuenta de que se le ha arrebatado su libertad, y, mientras el anunciante lo utilice para estos fines, no puede dejar de ser consciente del hecho de que está, por el momento, bajo el control de otro, que ya no es libre, y que es en realidad un esclavo sin esperanza de libertad, sometido al servicio de un amo despiadado; y si es un hombre de instintos verdaderos, o incluso de sensibilidad ordinaria, nadie puede ser más consciente que él de su completa alienación.

[29] Viktor MAYER-SCHÖNBERGER, *Delete: The Virtue of Forgetting in the Digital Age*, Princeton, NJ: Princeton University Press, 2009, p. 125.

[30] Meg Leta JONES, *Ctrl + Z: The Right to Be Forgotten*, Nueva York: NYU Press, 2016, pp. 2, 93, 114.

[31] Daniel J SOLOVE, *The Future of Reputation: Gossip, Rumor, and Privacy on the Internet*, New Haven, CT: Yale University Press, 2008, p. 73.

[32] Basu, "Importance of Forgetting", p. 473. Para otros ejemplos de la caracterización común de que el derecho al olvido responde a la memoria «perfecta» o «total» de internet y su eliminación del olvido, véase, por ejemplo, Jonah BOSSEWITCH y Aram Sinnreich, "The End of Forgetting: Strategic Agency beyond the Panopticon", *New Media and Society* 15, n.º 2 (2013), pp. 224-242; Kate EICHHORN, *The End of Forgetting: Growing up with Social Media*, Cambridge, MA: Harvard University Press, 2019; Elena ESPOSITO, "Algorithmic Memory and

internet parezca no olvidar nunca amenaza, a un nivel casi existencial, nuestra capacidad de controlar nuestras identidades»[33].

Pero esto no puede ser cierto. Aunque es verdad que internet nunca olvida, tampoco recuerda. Lo mismo podría decirse de los archivos en papel, que hasta ahora han demostrado ser una forma más duradera de almacenamiento de la información que los discos duros, en rápida obsolescencia, en los que se almacena la información de internet[34]. Al igual que otras formas de archivo —de

---

the Right to Be Forgotten on the Web", *Big Data and Society* 4, n.º 1 (2017), pp. 1-11; Byron Reese, "Losing Our Ability to Forget", *Journal of Information Ethics* 22, n.º 2 (Otoño 2013), pp. 5-8; SOLOVE, *Future of Reputation*, 8; Jean-François BLANCHETTE y Deborah G. JOHNSON, "Data Retention and the Panoptic Society: The Social Benefits of Forgetfulness", *Information Society* 18, n.º 1 (2002), p. 36; Mónica CORREIA, Guilhermina RÊGO y Rui NUNES, "Gender Transition: Is There a Right to Be Forgotten?", *Health Care Analysis* 29, no. 4 (2021), pp. 283-300; Ludo GORZEMAN y Paulan KORENHOF, "Escaping the Panopticon over Time", *Philosophy and Technology* 30 (2017), pp. 73-92; Jill LEPORE, "The Cobweb: Can the Internet Be Archived?", *New Yorker*, 26 de enero de 2015; Cécile TERWANGNE, "The Right to Be Forgotten and Informational Autonomy in the Digital Environment", en *The Ethics of Memory in a Digital Age: Interrogating the Right to Be Forgotten*, Houndmills, UK: Palgrave Macmillan, 2014, p. 87.

[33] ROSEN, "Web Means the End". Recordemos la queja de Matthew Crawford sobre la atención del capítulo anterior, casi idéntica: «A medida que nuestras vidas mentales se fragmentan, lo que suele estar en juego parece ser nada menos que la cuestión de si uno puede mantener un yo coherente».

[34] Jean-François BLANCHETTE y Deborah G. JOHNSON, "Data Retention and the Panoptic Society: The Social Benefits of Forgetfulness", *Information Society* 18, n.º 1 (2002), pp. 33-45.

hecho, al igual que la tecnología de la información mucho más antigua de la escritura—, internet es un vasto recurso histórico que puede complementar o ayudar a la memoria, pero no es idéntico a ella[35]. En términos estrictamente mnemotécnicos o historiográficos, internet no es diferente de los archivos que están fuera del ciberespacio.

La gran diferencia, por supuesto, tiene que ver con la accesibilidad. Por primera vez en la historia, una proporción cada vez mayor de la humanidad dispone de un archivo documental de acceso público que proporciona todo tipo de información sobre ella: no solo dónde vive, a qué se dedica, qué ha logrado o cometido, sino también sus pensamientos, imágenes de su vida cotidiana y las interpretaciones y comentarios públicos de muchas otras personas, todo ello indexado y de fácil búsqueda. Sin embargo, parece claro que sin un acceso ubicuo a este archivo, internet difícilmente habría supuesto la novedosa amenaza para el bienestar que afirman los defensores del derecho al olvido. Si tuviéramos que ir a nuestra biblioteca local para acceder a él, por ejemplo, el efecto sobre la estructura de nuestras prácticas ordinarias de conocimiento personal habría sido comparativamente menor. Sin la ubicuidad del acceso, internet, por muy potentes que fueran las búsquedas, habría representado una mejora marginal de las tecnologías preexistentes de almacenamiento y recuperación de información, como

---

[35] Sócrates plantea un punto de vista similar en su crítica a la escritura en el *Fedro* de Platón (274c-277a), aunque va más allá al considerar que los suplementos externos a la memoria socavan en realidad la facultad de recordar. PLATÓN, *Phaedro*, trad. Alexander NEHAMAS y Paul WOODRUFF, Indianápolis, IN: Hackett, 1995 [*Fedro*, Madrid: Gredos, 2014].

la microficha y el CD-ROM, que a su vez eran mejoras marginales de los archivos en papel (si es que eran mejoras). Al igual que ocurrió con la integración de la fotografía en la vida cotidiana a principios del siglo XX, la disponibilidad ubicua de los archivos de internet, fácilmente consultables, y su integración total en nuestras prácticas cotidianas de conocimiento son las que han provocado un cambio en las prácticas epistémicas de relación personal a principios del siglo XXI. Es a este cambio de prácticas y a las nuevas expectativas que introdujo en la vida cotidiana a lo que responde el derecho al olvido, y no meramente a las condiciones tecnológicas que fueron necesarias para ello.

El olvido forzoso es a todas luces contraproducente. Todavía conocemos el nombre de Eróstrato, no porque hiciera algo especialmente notable, sino porque a los griegos del siglo IV a. C. se les prohibió recordarle después de que quemara un templo con la esperanza de alcanzar notoriedad eterna (la primera ley de *damnatio memoriae* de la que tenemos constancia). Obviamente, el derecho de K a ser olvidado no puede hacer que nadie que ya conozca lo que hizo o la cobertura que le dedicó *Der Spiegel* se olvide de ellas. Todo lo que hace es facultarle para cambiar su estado de cosas de uno en el que es razonablemente probable que nuevos conocidos descubran el artículo a otro en el que es razonablemente improbable que lo hagan. En otras palabras, el derecho hace que sea probable que los nuevos conocidos *ignoren* el pasado de K o ciertos elementos de este que aparecen en internet[36]. El derecho

---

[36] Para K, que ingresó en prisión en los años ochenta, la desconexión

no puede garantizar que K establezca nuevas relaciones que no estén precondicionadas por el conocimiento de su pasado, pero le da la *posibilidad*. El derecho al olvido es, en realidad, un derecho a esa posibilidad, razón por la que K demandó a los editores y motores de búsqueda en línea y no a las personas que recordaron los artículos o se enfrentaron a ellos. Este enfoque en el restablecimiento de una posibilidad determinada también nos ayuda a comprender cómo K puede beneficiarse del derecho aunque nunca llegue a conocer a nadie que no sepa de la cobertura de *Der Spiegel*. Si el derecho de K a ser olvidado es un derecho a la posibilidad de reunirse con alguien que no conozca su pasado, pero *no* un derecho a que tales reuniones se produzcan, entonces podemos identificar más claramente el perjuicio correspondiente que trata de evitarse. No es literalmente imposible que K establezca nuevas relaciones no condicionadas por la información de los artículos. Sin embargo, la expectativa razonable de que la mayoría de las personas con las que se reúna le investigarán en algún momento de la relación significa que, mientras los artículos estén ahí y se relacionen con su nombre, K se verá privado de la expectativa razonable de un cierto grado de olvido social sobre su pasado, lo que a su vez contribuye a la sensación de que su vida futura está clausurada de una forma moralmente significativa.

---

de su nombre de los artículos sobre su condena probablemente tendría el efecto de restaurar el olvido total sobre su pasado, ya que es difícil imaginar que generara mucha presencia en internet mientras estuvo en prisión, salvo en lo relativo a sus condenas y delitos.

No es posible determinar lo que los demás pensarán o recordarán de nosotros. Los demás también tienen derecho a formarse su propia opinión sobre cómo somos. No obstante, una agencia sana requiere la confianza en que la dirección de la propia vida depende de uno mismo y en que merece la pena tomarse la molestia de intentar gobernarla. Si K tiene la sensación de que todas las personas que conoce están al tanto de lo que pasó de antemano, y puede deducir razonablemente el tipo de conclusiones que sacarán sobre cómo es (peligroso, insensato, etcétera), entonces puede llegar a dudar de si alguna vez será capaz de ser algo distinto de lo que implican los artículos. O puede perder la confianza en que merezca la pena intentarlo, porque el resultado parece determinado de antemano[37]. Sin esa confianza, ser dueño de la propia vida es una posibilidad dudosa en el mejor de los casos. De hecho, es precisamente la comprensión de que la propia vida es de uno y de nadie más —es decir, la integridad de la identidad personal— lo que subyace a la sensación

---

[37] Esto coincide con una hipótesis sobre por qué los registros de delincuentes sexuales no parecen disminuir la reincidencia de los delincuentes previamente condenados: si los delincuentes pierden la confianza en que alguna vez puedan establecer nuevas relaciones que no estén condicionadas por el conocimiento exacto de sus delitos, o en que merezca la pena cambiar si siempre se les va a conocer como delincuentes sexuales, entonces pueden llegar a dudar de si merece la pena reformarse. Véase, por ejemplo, J. PRESCOTT y Jonah E. ROCKOFF, "Do Sex Offender Registration and Notification Laws Affect Criminal Behavior?", *Journal of Law and Economics* 54, n.º 1 (2011), pp. 161-206; Kristen M. ZGOBA, Wesley G. JENNINGS y Laura M. SALERNO, "Megan's Law 20 Years Later: An Empirical Analysis and Policy Review", *Criminal Justice and Behavior* 45, n.º 7 (2018), pp. 1028-1046.

de estar encadenado a uno mismo o a su pasado. La creencia de que la vida es de uno, pero que carece de sentido tratar de vivirla según las propias convicciones, es una de las formas más dolorosas de distanciamiento de uno mismo y del mundo que puedan imaginarse. Cabe esperar que alguien en tal situación acabe como Funes, para quien incluso el aislamiento de la privacidad ofrecía poco de su característico reposo.

En la medida en que K pierda uno o ambos elementos de dicha confianza, se verá perjudicado en el ámbito de la agencia. K sufriría este daño independientemente de si alguna vez se encuentra con alguien que le reconozca como el tipo de los asesinatos del yate. Si nunca sale de casa pero sigue dudando de que sea posible o merezca la pena gobernar su vida como le parezca, en términos de agencia está igual de mal que si hubiera salido y le hubieran reconocido. Lo que K ha perdido no es un conjunto de posibilidades reales, o al menos eso no lo sabemos y, de todos modos, el derecho al olvido no exige que demuestre tal pérdida. Lo que ha perdido es más bien la confianza en su posibilidad de ser diferente de sí mismo o, en el lenguaje del capítulo 1, la creencia en la potencialidad en el corazón de la personalidad y la acción humanas. Michel Foucault expresa una versión de esta idea:

El principal interés de la vida y de la obra es convertirse en otra persona que no se era al principio. Si al empezar a escribir un libro supieras lo que vas a decir al final, ¿crees que tendrías el valor de escribirlo? Lo que vale para la escritura y para una relación amorosa vale también para la vida. El juego vale la pena en la medida en que no sabemos cómo terminará[38].

El temor de que el futuro de uno esté escrito de antemano es la enfermedad de Funes transpuesta del pasado al futuro[39]. Sin duda, no es inevitable que alguien en la posición de K carezca de la confianza de que todavía es posible y merece la pena ser diferente de sí mismo —que su vida, en otras palabras, no está ya acabada, sino que todavía contiene su inexorable cociente de potencialidad—, pero

---

[38] Michel FOUCAULT y RUX MARTIN, "Truth, Power, Self", en *Technologies of the Self: A Seminar with Michel Foucault*, Amherst: University of Massachusetts Press, 1988, p. 9.

[39] Creo que hay, de hecho, una profunda simetría entre los dos casos, que pone de manifiesto un aspecto contraintuitivo de cómo valoramos la memoria. La visión de Funes de su propia vida en retrospectiva es una visión de una vida sin posibilidad, sin la fluidez o el flujo que tiene la memoria ordinaria y viva. Nuestros recuerdos no son fijos como una fotografía, sino que, como confirman la experiencia y la ciencia, son un constante proceso cambiante de reescritura, revisión, introyección y error. Aunque a veces lamentemos las pérdidas o inexactitudes de la memoria, la fábula de Borges y el derecho al olvido revelan que nuestra relación con nosotros mismos como criaturas capaces de cambio, sorpresa y profundidad depende de una cierta fluidez, de un encuentro con la potencialidad que anida en el corazón de la personalidad. Tendremos más que decir sobre esto en el capítulo 5, así que por ahora reconozcamos que el caso de Funes refleja esto en el ámbito del valor como lo hace el de K en el ámbito de la sociedad y la política. Aunque nuestras vidas no pueden ser la vida de Funes, la idea de que la vida humana, y nuestra relación con los demás y con nosotros mismos, se ve disminuida cuando nos vemos abrumados por la información ofrece una visión de la historia de la privacidad (como veremos en la siguiente sección), nuevos puntos focales para nuestra atención moral y política y una guía normativa para estructurar la sociedad en la práctica.

tampoco es irrazonable. Y si se sintiera así, tendría un remedio directo en el derecho al olvido.

Piense en el famoso que no puede ir a ningún sitio sin ser reconocido. No es raro oír a una estrella de cine decir que elige ir de vacaciones a un lugar determinado porque allí nadie sabe quién es. Es un alivio pasar desapercibido. Lo que la ignorancia de los lugareños proporciona en estos casos no es privacidad ni ver cómo a aquellos les cuesta recodar de qué le conocen, sino olvido. Es algo cercano al anonimato, aunque eso no capta del todo qué es lo que busca en un lugar donde no la miren sin saber ni la reconozcan como «esa persona que hizo aquello, ya sabes». Más bien, lo que ese lugar remoto le proporciona es una cualidad de apertura de la que su vida suele carecer. Cuando se encuentra con alguien que no la reconoce, depende de la estrella (y no de la información que le precede) qué tipo de conclusiones sacará el otro sobre ella. El hecho de que vivir en un entorno así se describa como una especie de alivio o respiro es otro testimonio de la importancia de los espacios y las oportunidades para la construcción de la identidad personal.

Pero puede que sigamos queriendo ser una estrella de cine, incluso si hemos de arrostrar estos inconvenientes. Así que pensemos en la práctica de marcar a los delincuentes. Lo que es moralmente repugnante en el acto de marcar a los criminales no es principalmente la imposición temporal de dolor físico. Más bien, lo que hace bárbaro el marcado es el intento de destruir la confianza de la persona marcada en que es posible que alguna vez conozca a otra persona sin que ese encuentro esté condicionado por el conocimiento de su pasado. No es menos bárbaro si la marca se administra con anestesia o puede cubrirse con la ropa. La marca indolora es un horror moral incluso en una sociedad tan tolerante que no presenta obstáculos a los proyectos vitales de cada uno, excepto para convertirse en *el tipo de persona que nunca fue marcada*, que es exactamente de lo que se trata. Esto se debe a que la marca criminal intenta que el individuo marcado sienta que su pasado es insuperable, es decir, que está encadenado a él[40]. Al igual que K no necesita encontrarse con alguien que conozca su pasado para sufrir el daño pertinente, tampoco el criminal marcado tiene que esperar a que alguien lo vea para haber sufrido el daño y la barbarie de la marca. Si el marcado indoloro es moralmente injustificable por esta razón, también lo sería un estado de cosas en el que los avances tecnológicos lograran el mismo resultado por medios diferentes. La analogía es mucho menos descabellada de lo que podría pensarse, ya que el pasado de la persona marcada no es insuperable, no lo encadena por algo que se haya hecho a su memoria o a la de los demás, sino por una intervención tecnológica (aunque algo primitiva) que socava su expectativa razonable de cierto olvido social.

Esto nos lleva a una comprensión más profunda del daño que supone estar encadenado al pasado. Estar encadenado es malo no solo porque limita lo que se puede hacer o conseguir en la vida. También es perjudicial por el

---

[40] A veces se insinúa la conexión de la marca con la fenomenología de estar encadenado al propio pasado, especialmente al referirse a él como una «letra escarlata». Por ejemplo, Rosen escribe: «El banco de memoria permanente de internet significa cada vez más que no hay segundas oportunidades, que no hay opción alguna de escapar de una letra escarlata en tu pasado digital» (ROSEN, "Web Means the End").

mensaje que envía a la persona encadenada de que es inútil incluso intentar sobrepasar el límite de su cadena. La persona encadenada está peor en la medida en que llega a ver la dirección de su vida como inútil, además de limitada. Al igual que la persona literalmente encadenada, K pierde un poco la confianza en que puede dirigir su vida o en que vale la pena intentarlo. Seguramente no pierde *toda* su confianza, pero incluso una pérdida menor en este ámbito es significativa y puede extenderse a otros ámbitos de la autocomprensión. Es importante prestar atención a las amenazas aparentemente pequeñas derivadas de cambios tecnológicos inesperados en la vida social, no sea que lleguen a darse por sentadas y pierdan su apariencia de amenazas, lo que a su vez significaría que hemos perdido una visión más completa del interés que está en juego.

Decir que K tiene interés en la confianza de que su vida depende de él no significa que tenga derecho a un estado psíquico concreto, de forma que quienes le rodean tengan el deber de que así sea. Sin embargo, puede tener derecho a las condiciones que hagan que esa confianza esté razonablemente a su alcance. Como ocurre con todas las formas de confianza, la confianza en que uno es dueño de su vida no es un hecho natural de la psicología humana, sino una respuesta a determinadas características sociales, materiales e ideológicas del entorno de un individuo. Estas características pueden apoyar dicha confianza, pero también pueden socavarla. Esta fue la lección del panóptico de Bentham, cuya fuerza reformadora dependía de la erosión arquitectónica de la confianza del individuo en que le corresponde a él decidir cómo ser. Y fue la lección de la genealogía de Foucault de la nueva «física del poder»[41] que representaban los planes de Bentham, la que puso de relieve las muchas formas en que el poder disciplinario se apoderó de la vida moderna a través de la creciente individualización y documentación del yo[42]. En el ámbito político, esta física del poder se manifiesta en la variedad de formas en que los Estados modernos han intentado socavar la confianza de los ciudadanos en que corresponde a los individuos decidir cómo ser, desde la vigilancia omnipresente hasta las puntuaciones de crédito social y los campos de reeducación. La defensa del derecho al olvido revela la creencia común de que la ubicuidad de la información indexada y precisa sobre los individuos puede lograr un efecto similar, aunque por medios más difusos y menos extremos.

Concebido de este modo, el derecho al olvido ofrece un tipo de protección aún más amplio de lo que comúnmente se piensa. El cometido de esa protección va más allá de la reparación de los daños individuales de quienes presentan reclamaciones. La mera existencia del derecho al olvido da a todos los miembros de una sociedad la confianza razonable de que si un día se sintieran encadenados a su pasado gracias a la información en internet, dispondrían de un recurso para quebrar sus cadenas. Este es un bien público del derecho al olvido, que apoya la sensación de un futuro abierto en quienes aún no han sentido la necesidad de ejercerlo pero algún día quieran hacerlo, y por tanto mantiene abierto un sentido mucho más amplio de

---

[41] Michel FOUCAULT, *Discipline and Punish: The Birth of the Prison*, New York: Vintage, 1995, p. 172.
[42] Michel FOUCAULT, *Discipline and Punish*, p. 209.

posibilidad en la vida humana. Otro aspecto de este bien público reside en los argumentos sobre el valor del olvido. Al igual que las casas oscuras de Funes, el derecho protege un grado de potencialidad y olvido en los asuntos humanos. Lo consigue mediante su uso, por supuesto, pero también a través de su dimensión expresiva, que envía el mensaje de que existe un ámbito de valor humano que se opone a la información y el conocimiento.

Aquí volvemos a la conexión entre el derecho al olvido y la privacidad. La idea de que la información que circula sobre uno mismo se adelanta a la oportunidad de causar una primera impresión es un eco de las primeras quejas sobre la fotografía y la privacidad, en las que se pensaba que la imagen de uno hablaba por uno mismo de maneras, en ocasiones y en lugares desconectados del cuerpo y la voluntad de uno. Un aspecto del daño que se imaginaba que sufría Paolo Pavesich por la circulación no deseada de su fotografía era la *conciencia* de estar «bajo el control de otro, de que ya no es libre, y de que es en realidad un esclavo sin esperanza de libertad, sometido al servicio de un amo despiadado [...] consciente de que ha sido víctima de un encantamiento»[43]. El perjuicio de la fijeza de la fotografía regresa en la era de internet como la fijeza de la información sobre el pasado de uno. Al igual que Barthes lamentaba la sustitución del yo fluido y proteico por la solidez inmóvil de la imagen fotográfica, la fluidez de la memoria humana y su manifestación colectiva en forma de encuentro con desconocidos se fija en la forma

---

[43] *Pavesich v. New England Life Ins. Co.* —122 Ga. 190, 50 S.E. 68 (1905).

muerta e inequívoca de la información. Las mencionadas preocupaciones en torno a la fijeza de la fotografía también resuenan en los relatos sobre la «memoria de hierro» de internet, que nos deja adheridos a nuestro pasado[44]. La confianza en que podemos ser diferentes de nosotros mismos si queremos, basada en una estructura social que hace que esa confianza sea razonable y equitativa, es una condición fundamental para una acción sana y para que los seres humanos alcancemos una vida plena. Esta no es una idea que se limite a la defensa contemporánea del derecho al olvido, sino que ha animado más de un siglo de discurso moral público que enfrenta el valor de la privacidad con la creciente documentación de la vida humana en la era de la información.

UNA ÉTICA CONTRA LA FIJEZA

La preocupación moral por la acumulación de información personal en archivos ha sido una característica constante del discurso moral público en torno a la privacidad desde la creación del valor moderno. Como observa

---

[44] Bert-Jaap KOOPS, "Forgetting Footprints, Shunning Shadows: A Critical Analysis of the Right to Be Forgotten in Big Data Practice", *SCRIPTed: A Journal of Law, Technology and Society* 8 (2011), p. 2. Nótese que este debate sobre la fijeza y la fluidez, y sus efectos concomitantes, tiene lugar en el registro de la ontología social —no en el de la ontología propiamente dicha ni en el de la metafísica—, lo que significa que si se entiende que estos cambios se han producido, efectivamente se han producido. En otras palabras, no hay fluidez o fijeza del yo o de una fotografía independiente de nuestra comprensión de que es así.

la historiadora Sarah Igo, «la privacidad fue el lenguaje elegido [en los siglos XIX y XX] para abordar las formas en que los ciudadanos estadounidenses pasaron a ser objeto de conocimiento —de forma progresiva y, algunos dirán, implacable— por el mero hecho de vivir en una sociedad industrial moderna»[45]. Además de la fotografía y los medios de comunicación de masas, la desaparición de la privacidad se declaró en respuesta a la emisión de permisos de conducir y pasaportes; el desarrollo de registros de huellas dactilares, pruebas de personalidad, el registro y los números de la Seguridad Social, las agencias de crédito y los bancos de datos informáticos de las empresas (descritos en su momento como «prisiones de registros»); el almacenamiento de registros hipotecarios y fiscales, certificados de matrimonio y defunción, registros de la escuela primaria, registros de hoteles y mucho más[46]. Eran todas quejas contra el Big Data, aunque aún no se conociera el término.

Este desfile de pánicos morales refleja una preocupación ética antigua y generalizada por la creciente documentación de la vida humana. Sin embargo, si se comparan con las denuncias anteriores contra otras tecnologías de la información, las propuestas de un derecho al olvido parecen medidas que se quedaron a mitad de camino. Porque aunque aquellas primeras quejas en nombre de la privacidad contra la información prefiguraban el malestar actual por la constante creación de información sobre los

---

[45] Sarah Elizabeth Igo, *The Known Citizen: A History of Privacy in Modern America*, Cambridge, MA: Harvard University Press, 2018, pp. 8-9.

[46] Igo, *The Known Citizen*; Craig Robertson, *The Passport in America: The History of a Document*, Oxford: Oxford University Press, 2010.

aspectos más minúsculos de nuestras vidas, expresaban una comprensión diferente tanto del problema como de su solución. Lo que molestaba a quienes se oponían a los «macrodatos» de los siglos XIX y XX era la entrada de cada vez más aspectos de la vida humana en los registros documentales *como tales*. Lo que exigían como respuesta no era un mayor control sobre la información o la capacidad de dirigirla libremente hacia donde quisieran, sino más bien que esa información no se creara en absoluto, o que, una vez se constatara que se había creado, dejara de existir. Como escribe Igo sobre los Estados Unidos de principios del siglo XX, «los seguros de vida y las agencias de crédito eran solo dos de las poderosas entidades que impulsaban la creación de lo que ahora llamaríamos "información de identificación personal", y esa mera creación constituía para ellos una "terrible invasión"»[47]. Casi un siglo después, Bernard Harcourt lamenta la pérdida de un enfoque más exigente ante las amenazas de los macrodatos en su crítica al afán del neoliberalismo por convertir la mayor parte posible de la vida en el tipo de información que puede utilizarse para calcular, predecir e inmovilizar: «Los intereses materiales cuantificables se antepusieron a la espiritualidad, disminuyendo la influencia de conceptos más etéreos, como la privacidad, la autonomía, el anonimato y el autodesarrollo humano»[48].

---

[47] Igo, *The Known Citizen*, p. 56 (citando a Robert L. Floyd, "Privacy," *Chicago Daily Tribune*, 27 de septiembre de 1925, p. 8).
[48] Bernard E. Harcourt, *Exposed: Desire and Disobedience in the Digital Age*, Cambridge, MA: Harvard University Press, 2015, p. 176.

Aunque hoy en día la opinión de Harcourt —como la mía, para ser justos— es algo marginal, no siempre ha sido así. Durante más de un siglo, el pensamiento común sobre la privacidad mantuvo precisamente este tipo de oposición y exclusión mutua entre las partes de la vida humana que eran privadas y las que entraban «en el registro»[49]. Los ejemplos a lo largo de este libro y de nuestra vida cotidiana reflejan el hecho de que esta idea todavía anima muchas de nuestras intuiciones sobre la privacidad, incluso si la teoría explícita de su valor ha mudado en gran medida a un enfoque en el control, el acceso y la integridad que da por sentada la compatibilidad de lo que es privado y lo que puede quedar registrado.

El lenguaje de la invasión en la defensa de la antidocumentación recuerda el análisis del capítulo 1 y sugiere una explicación de cómo alguien podía pensar que la información en poder de una agencia de seguros podía ser invasiva, sobre todo porque en aquella época dicha información habría sido solo la que el titular de la póliza había ofrecido voluntariamente, complementada con tablas actuariales y datos estadísticos. Era invasiva porque convertía la vida de una persona en un hecho que antes como tal no existía. No cabe duda de que no podemos considerarlo tan perjudicial como la situación de K o el motel del *voyeur*. Sin embargo, incluso si no pensamos que este tipo de invasión de la privacidad es el tipo de cosa contra la que deberíamos tener derechos que nos protegieran, sin embargo, dirige nuestra atención a un área de preocupación moral sobre el bienestar humano

---

[49] IGO, *The Known Citizen*, p. 243.

en la era de la información. Y aunque la queja contra las agencias de seguros pueda parecer rocambolesca hoy en día, no es tan diferente de las preocupaciones contemporáneas sobre la privacidad de las compañías de seguros que controlan cómo conducimos, qué compramos, cuánto tiempo pasamos en internet y con qué frecuencia se nos agota la batería del teléfono. Los ciudadanos siguen considerando estos programas «extremadamente intrusivos», incluso cuando son voluntarios[50].

Prestar atención a esta larga tradición de defensa de la privacidad frente a la información pone de relieve una vez más lo erróneo de entender que la privacidad, el derecho al olvido y otros valores que se oponen a la conversión de la vida humana en información se basan en la importancia de controlar la propia información, o de mantener la integridad de diferentes personas en diversos contextos sociales, o la proyección de una determinada imagen de uno mismo. Estos puntos de vista no están adecuadamente pertrechados para problematizar el enorme aumento de la documentación sobre la vida humana, ni para comprender el «intrusismo» del seguimiento consentido en público, lo que significa que no reflejan el uso ordinario de más de un siglo del término que pretenden explicar. Desde un punto de vista práctico, esta deficiencia también les deja relativamente inermes a la hora de enfrentarse al implacable impulso de los capitalistas de la

---

[50] Véase, por ejemplo, Pete Grieve, "To Save Money on Insurance, Drivers Are Agreeing to 'Incredibly Intrusive' Monitoring Technology", *Money*, consultado el 30 de julio de 2023; Randy Bean, "Transforming the Insurance Industry with Big Data, Machine Learning and AI", *Forbes*, consultado el 30 de julio de 2023.

vigilancia y de los Estados por convertir la mayor parte posible de la vida humana en información y datos.

Hay varias razones para preocuparse por la creciente documentación de la vida humana. Los datos pueden utilizarse indebidamente. La información precisa sobre nosotros, junto con el tratamiento algorítmico para el que se utiliza, podría usarse para motivarnos a abstenernos de votar o a ver negativamente a un determinado grupo de personas, o para acosarnos o chantajearnos[51]. Como han demostrado Latanya Sweeney y otros, la información anonimizada (como los historiales médicos) puede vincularse a individuos concretos con una facilidad pasmosa y un puñado de puntos de datos[52]. Los gobiernos pueden utilizar la información recopilada por las empresas para vigilar a los ciudadanos y reprimir a los disidentes; la policía puede comprar información personal a los intermediarios de datos, eludiendo el proceso de aprobación de órdenes judiciales que tendría que seguir si tuviera que realizar la vigilancia ella misma[53]. Si la información sobre

---

[51] Véase, por ejemplo, Craig TIMBERG e Isaac STANLEY-BECKER, "Cambridge Analytica Database Identified Black Voters as Ripe for 'Deterrence', British Broadcaster Says", *Washington Post*, 28 de septiembre de 2020.

[52] Latanya SWEENEY, Akua ABU y Julia WINN, "Identifying Participants in the Personal Genome Project by Name (A Re-Identification Experiment)", *arXic*:13.04.7605 (2013); Latanya SWEENEY *et al.*, "Re-Identification Risks in HIPAA Safe Harbor Data: A Study of Data from One Environmental Health Study", *Technology Science* (2017); B. MALIN y L. SWEENEY, "Re-Identification of DNA through an Automated Linkage Process", *Proceedings: Simposio of AMIA* (2001), pp. 423-427.

[53] Lauren SARKESIAN y Spandana SINGH, "How Data Brokers and Phone Apps Are Helping Police Surveil Citizens Without Warrants",

nuestro comportamiento se recopila, se convierte en mercancía y se revende en el mercado secundario, entonces también podemos quejarnos de la explotación de nuestro trabajo[54]. Si la posesión de enormes cantidades de datos equivale a la posesión de poder político (por su utilidad para predecir e influir en el comportamiento humano), y si la conversión de los datos en mercancía significa que estarán controlados de forma desproporcionada por los más ricos, entonces uno podría preocuparse razonablemente de que la democracia se deslice (aún más) hacia la plutocracia[55]. Pero lo malo de estas posibles consecuencias, por malas que sean, no tiene nada que ver especialmente con la privacidad, sino con lo que hay de malo en ser manipulado, trabajar gratis y vivir en una plutocracia. También son contingentes. Aunque lo lúcido es pensar que el acopio de información sobre nosotros hace que su abuso no solo sea posible sino prácticamente inevitable, el abuso no es seguro. (La lógica de la vigilancia: recopila todo lo

Issues in Science and Technology, 6 de enero de 2021; "Data Broker Helps Police See Everywhere You've Been with the Click of a Mouse: EFF Investigation" (comunicado de prensa), _Electronic Frontier Foundation_, 1 de septiembre de 2022.

[54] E.g., ZUBOFF, _The Age of Surveillance Capitalism: The Fight for a Human Future at the New Frontier of Power_, Nueva York: Public Affairs, 2018; Eric A. POSNER y E. Glen WEYL, "Data as Labor: Valuing Contributions to the Digital Economy", en _Radical Markets: Up-rooting Capitalism and Democracy for a Just Society_, Princeton, NJ: Princeton University Press, 2018, pp. 205-249.

[55] Carissa VÉLIZ, _Privacy Is Power: Why and How You Should Take Back Control of Your Data_, Nueva York: Melville House, 2021, p. 87 [_Privacidad es poder: Datos, vigilancia y libertad en la era digital_, Madrid: Debate, 2021].

que puedas, ya que nunca se sabe lo que algún día puede resultar útil). En cuanto a los malos usos de la información, el peligro de que simplemente *exista* consiste en su potencial de abuso. Esto es lo que Carissa Véliz capta con su evocadora metáfora de los datos personales como un bien «tóxico», denominándolos «el amianto de la sociedad tecnológica»[56]. El amianto no es peligroso hasta que se perturba y se inhala, pero como no es estrictamente necesario para la vida humana y es tan peligroso, hemos decidido prohibir su uso por completo. Véliz sostiene que deberíamos hacer lo mismo con la economía de los datos.

También podríamos pensar que la documentación de gran parte de lo que hacemos, decimos y compramos puede ejercer una especie de presión sobre nuestro comportamiento que es digna de toda sospecha. No necesito tener la certeza de que mis búsquedas en internet están siendo registradas en algún lugar para dudar antes de utilizar palabras clave que algún día podrían atraer a las autoridades a mi expediente. Interiorizo la vigilancia de la autoridad documental y, sin quererlo o tal vez sin darme cuenta, me vigilo a mí mismo y ajusto mi comportamiento con respecto a unas normas que *podrían* aplicarse para juzgar mi historial de conducta. Esta es, a grandes rasgos, la famosa visión del panóptico y la sociedad disciplinaria que se desprende de *Disciplina y castigo*, la obra de Michel Foucault[57]. El autor relata cómo la difusión

---

[56] VÉLIZ, *Privacy Is Power*, p. 97.

[57] Por supuesto, gran parte de este argumento también aparece en Weber, y se refleja en la experiencia común de cualquier estudiante de secundaria.

de las prácticas documentales en los siglos XVIII y XIX «rebajó el umbral de la individualidad descriptible e hizo de esta descripción un medio de control y un método de dominación»[58]. La idea misma de que se pueda *mirar* el pasado de uno nos recuerda las quejas sobre el fonendoscopio del médico que podía ver dentro de nosotros. Pero dejémoslo ahí por el momento, porque aunque este efecto es sin duda real, se ha explicado tan detalladamente que no hace falta que insistamos aquí en ello. Tampoco capta plenamente lo que estamos persiguiendo.

Si descubro que mi vecina lleva un diario de mis idas y venidas, de lo que hago en el jardín, de cuándo vienen amigos a casa, de qué música o llantos de bebé oye emanar de nuestra casa y cuándo, y si descubro que solo lo hace para divertirse y que, desde luego, nunca utilizará su diario para hacerme daño, siento que me ha afectado de algún modo, aunque solo haya registrado lo que cualquiera esperaría que percibiera una vecina. Y recurro al lenguaje de la privacidad para explicar este sentimiento. De hecho, la forma más natural de describir sus acciones es que son, de algún modo, *invasivas*. Espero que mis vecinos estén al tanto de mi vida en cuanto a lo que dejo entrever con mis actos públicos; esa clase de atención me parece totalmente inocente. Sin embargo, hay algo extraño en el comportamiento de mi vecina que, por razones que a estas alturas ya no deberían parecer tan contraintuitivas, tiene que ver

---

[58] Michel FOUCAULT, *Discipline and Punish*, p. 191. Las preocupaciones de Gilles Deleuze sobre la sociedad del «control» y los argumentos de Bernard Harcourt sobre la «sociedad expositiva», en tanto intentos de explicar las formas que adoptó el saber-poder tras el fin de la sociedad disciplinaria, también encajan en esta categoría.

con el sentido de la privacidad. No me preocupa que esta información pueda utilizarse para perjudicarme o manipularme. Sus observaciones y registros tampoco afectan a mi libertad, mi autonomía o mi capacidad para proyectar diferentes personalidades en distintos contextos. Parte de mi intuición moral en este caso tiene que ver con el *escrutinio* de la vecina, del que ya hemos hablado anteriormente como una forma de atención que se ocupa de dar cuenta de las características y la identidad de un objeto concreto. Pero el hecho de que lleve un registro escrito parece añadir algo a la ecuación, del mismo modo que lo haría si me enterara de que me hace fotos entrando y saliendo para sus registros personales.

Téngase en cuenta que solo en el transcurso del largo siglo xx, en Estados Unidos y en gran parte del resto del mundo, surgieron los registros oficiales sobre todas las personas, desde el nacimiento hasta el matrimonio y la muerte, y cada vez más detallados (ingresos, color de ojos, dirección, sexo)[59]. Foucault resume este cambio en las prácticas del conocimiento personal en la época de su creación como «nada menos que la entrada de la vida en la historia, es decir, la entrada de fenómenos particulares de la vida de la especie humana en el orden del saber y del poder»[60]. Foucault pone en lenguaje teórico lo que quienes vivieron estos cambios ya sabían. La creciente documentación de la vida humana no se limitó a registrar hechos preexistentes para su conservación. Más bien, los

---

[59] Igo, *The Known Citizen.*
[60] Michel Foucault, *The History of Sexuality, vol. 1, An Introduction,* Nueva York: Vintage, 1990, pp. 141-242.

nuevos métodos para medir a las personas crearon nuevas características que se decía que tenían. Cada nuevo modo de crear información sobre los individuos y cada medición individual constituían «el establecimiento de una verdad»[61] donde antes no la había, o al menos donde no la había con la fijeza, legibilidad y posibilidad de ser comunicada que son propias de las pruebas documentales.

Esto no quiere decir que antes del siglo XIX no hubiera verdades disponibles sobre la gente corriente, que no hubiera información sobre sus vidas. La preocupación por la privacidad en relación con la creciente documentación de la vida humana no se centraba únicamente en la creación de información sobre las personas donde antes no la había; también reflejaba un cambio cualitativo en los medios por los que se constituían esos hechos. El auge de la *documentación* sobre personas refleja una transición tecnológica de las prácticas mnemotécnicas maleables y fluidas de la «memoria viva» a un registro documental caracterizado, como la fotografía, por un grado de fijeza material, portabilidad y apariencia de objetividad epistémica. Incluso a principios del siglo XX, los ciudadanos tenían la sensación de que la vida humana se dirigía hacia algo parecido a la memoria de Funes, aunque quizá todavía no se aproximara a ella. El mundo que, a través de la magia de la fotografía, se dibujaba a sí mismo con «el lápiz de la naturaleza» era también un mundo vuelto contra sí mismo, un mundo empujado al reino de la documentación fija por las legiones de «demonios de Kodak que enloquecían al mundo». Los periódicos también

---

[61] FOUCAULT, *Discipline and Punish*, p. 190.

parecían representar una novedosa proliferación y dispersión del «registro público» que anteriormente había estado confinado en gran medida a los archivos policiales, una tendencia continuada y amplificada por el desarrollo de internet, las redes sociales y el motor de búsqueda un siglo más tarde[62].

Nuestras preocupaciones acerca de las consecuencias éticas de la documentación desenfrenada de la vida humana encuentran un interlocutor comprensivo y provocador en las últimas obras de Foucault[63]. Hacia el final de su vida, Foucault dejó de centrar su atención en el diagnóstico de las diversas formas en que el ineludible compuesto de poder y conocimiento se manifestaba a lo largo de la historia y, en su lugar, comenzó a preguntarse si podría existir una ética del autoconocimiento que no lo enredara a uno en las estructuras dominantes elaboradas en sus obras anteriores. Si en esos primeros libros la producción de conocimiento sobre los individuos era inseparable de las complejas relaciones y estrategias de poder, las obras y conferencias posteriores

---

[62] La imprenta que imprimía a coste de centavos del siglo xix inició un enorme aumento tanto en la cantidad como en el tipo de información sobre la vida humana que llegaba al público. Pertenezco a esta tradición, aunque solo sea por intuición, cuando recurro al lenguaje de la privacidad para describir lo que hace mi vecina cuando documenta mis idas y venidas; lo desagradable que hay en ello lo achaco a la relativa fijeza de la escritura (o la fotografía) en comparación con la memoria viva ordinaria. Así, para ella es un alivio destruir sus diarios, pero no lo es explicar que nunca me grabó haciendo nada fuera de lo normal.

[63] Aunque creo que el punto de vista que voy a exponer está presente en Foucault, me apresuro a decir que no estoy interpretando a Foucault, sino, como él hubiera deseado, leyéndolo un tanto a contrapelo.

revelan un interés por el potencial liberador latente en ciertas prácticas de autoconocimiento, especialmente las dedicadas a su desmembramiento. Si antes sostenía que «entre las técnicas de conocimiento y las estrategias de poder no hay exterioridad», ahora se pregunta «¿cuál sería el valor de la pasión por el conocimiento si solo se tradujera en un cierto saber y no, de un modo u otro y hasta donde resulta posible, en un alejamiento de sí mismo por parte del conocedor?»[64].

El paso de Foucault de una pregunta nietzscheana —¿qué hay detrás del autoconocimiento? — a otra —¿para qué sirve la vida humana? — subordina el conocimiento, como todo lo demás en los asuntos humanos, a la cuestión mayor del bienestar. Este movimiento lo llevó a una ética del autoconocimiento preocupada por el desprendimiento de sí mismo. La frase que utiliza para referirse a esta experiencia que a la vez es objetivo y valor es «*se dépendre de soi-même*», que puede traducirse de diversas maneras, como «alejarse de uno mismo», «desprenderse de uno mismo», «liberarse de uno mismo» o «desmontar el yo, uno mismo». Es significativo que la frase que Borges utiliza para describir lo que era imposible para Funes —«distraerse del mundo»— también signifique literalmente «apartarse de uno mismo» o «crear distancia entre el yo y el mundo». Una visión del bienestar relacionada con el desprendimiento de la identidad personal es también la que anima la comprensión

---

[64] FOUCAULT, *History of Sexuality, vol. 1*, p. 98; Michel FOUCAULT, *The History of Sexuality Volume 2: The Uses of Pleasure*, Nueva York: Vintage, 1988, p. 8.

del derecho al olvido como un derecho a soltar la cuerda que nos ata a nosotros mismos.

No es difícil entender por qué Foucault, al igual que otros que se han preocupado por la fijeza de la identidad, se sentiría atraído por esta ética del autoconocimiento. Contra el archivo y las fuerzas que intentan montar individuos ensamblando información sobre ellos («construir perfiles», según la expresión actual, como si la información sobre nosotros fuera equivalente a ese emblema de la individualidad), una ética preocupada por la libertad y la agencia individuales se encontraría naturalmente preocupada por los valores, las prácticas y los espacios dedicados a desensamblarse a uno mismo[65]. Si el problema tiene que ver con la fijeza de un individuo en la información, entonces la respuesta no puede ser más o mejor información. Tampoco basta con cambiar o contradecirse, si esos cambios se introducen en el campo de la documentación bajo el supuesto de que describen a una persona singular e idéntica a sí misma que ha cambiado con el tiempo. Uno es diferente, pero sigue siendo uno.

Siguiendo la línea de Foucault, si no sus huellas exactas, Édouard Glissant trata de resolver las cuestiones éticas y políticas de la escritura y la identidad subrayando el valor de lo que él llama «opacidad», que desde entonces

---

[65] En los capítulos 1 y 2 señalé lo extendida que está alguna versión de esta idea en los relatos éticos y políticos de la mismidad en la obra de teóricos que parecerían compartir poco en términos de compromisos fundacionales sobre la metafísica del yo, por ejemplo, desde las reevaluaciones radicales de Charles Taylor hasta el concepto de performatividad paródica de Judith Butler. Judith BUTLER, *Gender Trouble: Feminism and the Subversion of Identity*, Nueva York: Routledge, 1999.

ha sido retomado por teóricos y activistas poscoloniales, feministas y *queer* como una ética del yo fluido en una era cautivada por la fijeza de la información. En oposición a la abyección de la información, Glissant defiende el valor de la opacidad como «lo que no puede reducirse»[66]. Completamos casi sin querer la frase anterior de Glissant con «a la información», porque lo que no puede conocerse plenamente no puede reducirse. El artista Zach Blas, que diseña máscaras obscenamente globulares que ocultan el rostro del *software* de rastreo al tiempo que hacen visible la obscenidad de la imposición de la tecnología sobre la vida humana, interpreta a Glissant como defensor de una «alteridad personal y política que es incuantificable, una diversidad que excede las categorías de la diferencia identificable». La opacidad, como las máscaras de Blas, «expone por tanto los límites de los esquemas de visibilidad, representación e identidad que impiden una comprensión suficiente de las múltiples perspectivas del mundo y sus gentes»[67].

Blas se inspira en *Poética de la relación*, la obra en la que Glissant opone una política y una ética de la opacidad a la «transparencia» de una crítica poscolonial que se centra en la cuestión de la identidad en la diferencia. Glissant reconoce los logros de este movimiento al tiempo que sostiene que el énfasis en la diferencia no hace sino inscribir otro tipo de fijeza para los sujetos poscoloniales. Un yo,

---

[66] Édouard GLISSANT y Betsy WING, *Poetics of Relation*, Ann Arbor: University of Michigan Press, 1997, p. 191 [*Poética de la relación*, Universidad de Quilmes, 2017].

[67] Zach BLAS, "Opacities: An Introduction", *Camera Obscura: Feminism, Culture, and Media Studies* 92 (2016), p. 149.

una personalidad o una política así concebidos son abyectos del mismo modo que el sujeto de aquellas teorías de la privacidad que entienden el valor de la ocultación como derivado de proyectar en público una determinada imagen de sí mismo. La convicción de que la vida humana se altera cuando se convierte en información pesa en contra de muchas declaraciones de «tener las manos limpias» por parte de los capitanes de la actual industria de los datos, que se basan en el hecho de que los aspectos de nuestras vidas que vigilan y registran no son secretos ni ocultos, sino que a menudo tienen lugar a la vista de todos.

No cabe duda de que existen diferencias entre las visiones de la oscuridad planteadas por Glissant, Foucault y este libro. Sin embargo, convergen en torno a un punto que también ha sido central en el discurso moral público sobre la privacidad desde el principio: una concepción de la plenitud del ser humano que es, en varios aspectos importantes, fundamentalmente opuesta a la reducción de la vida humana a información. Esta oposición no solo afecta al poder económico, epistémico y colonial. El valor de los límites a lo que uno puede saber sobre sí mismo y sobre los demás no es meramente un modo de resistencia a un tipo de poder u otro. De hecho, tanto Foucault como Glissant se muestran inusualmente escépticos ante la resistencia, que a menudo parece solidificar aún más la realidad a la que pretende resistirse[68]. Su argumento contra la información es por

---

[68] Foucault describió a menudo la resistencia como el «término extraño del poder», un elemento esencial de dicho poder y no una oposición trascendental; Glissant describe la resistencia no dialéctica como

el contrario también ético, en el sentido de significativo para nuestra relación con nosotros mismos y con los demás y, por tanto, crucial para comprender cómo nuestras prácticas de conocimiento dañan al bienestar o logran ampliarlo.

Como hemos visto, la separación entre la visión ética y la política no puede hacerse de manera tan nítida, pues la existencia de las oportunidades de desapego del yo que brinda el olvido depende, al igual que la confianza en que la propia vida es propia y digna de ser vivida, de una determinada disposición de la estructura material e ideológica de una sociedad. Entre estos soportes sociales se encuentran los derechos y prácticas de la privacidad, así como otros derechos y prácticas contra la información, ya sean limitaciones sobre el acceso al conocimiento de nuestro pasado o resistencia a que se documente en exceso la vida humana. No tenemos que pensar que esto respalda un derecho de los individuos a impugnar cada instancia en la que sus vidas entran en el campo de la documentación para reconocer la fuerza moral de la idea y su relevancia para nuestras propias preocupaciones sobre el alcance de las tecnologías de la información.

Del sonambulismo al insomnio

Llama la atención la relación que suele establecerse entre el insomnio y la incapacidad de olvidar. «Soy la memoria

---

«consumida por el hosco parloteo del rechazo infantil, convulso e impotente». Glissant y Wing, *Poetics of Relation*, p. 191.

viva, de ahí mi insomnio», escribe Kafka[69]. Y Emil Cioran, uno de los grandes insomnes de la historia, dice esto otro: «Cualquier cosa es preferible a la vigilia permanente, a esa criminal ausencia de olvido»[70]. La analogía resuena porque vincula un par de experiencias que son bastante distintas en aspectos obvios, pero parecidas en uno: ambas entrañan un acceso insuficiente al olvido. La historia de Funes le llegó a Borges, según dice, después de pasar muchas noches en vela: «Hice todo lo que pude para olvidarme de mí mismo, de la habitación en la que estaba, del jardín que había fuera de la habitación, de los muebles, de los muchos detalles de mi propio cuerpo, y sin embargo no pude»[71]. La propia incapacidad de Borges para desprenderse del conocimiento de sí mismo y del mundo que le rodea, y la descripción que hace Cioran del insomnio como una «lucidez vertiginosa», se hacen eco de la huida de Funes de su realidad «insoportablemente precisa» y «lúcida» hacia las oscuras casas del barrio desconocido[72].

---

[69] Entrada del diario del 15 de octubre de 1921, en Franz KAFKA, *The Diaries, 1910-1923*, Nueva York: Schocken, 1988, p. 392 [*Diarios*, Barcelona: Debolsillo, 2006].

[70] La frase procede del prefacio de Cioran a la reedición del cuadragésimo quinto aniversario de *Sur les cies du désespoir* (*En las cimas de la desesperación*) citado en Marie DARRIEUSSECQ, *Sleepless*, Londres: Fitzcarraldo, 2023, p. 31. Muchos otros ejemplos del vínculo entre los dos olvidos pueden encontrarse en la profunda meditación de Darrieussecq sobre el insomnio.

[71] Jorge Luis BORGES, *Borges at Eighty: Conversations*, ed. Willis BARNSTONE, Nueva York: New Directions, 2013.

[72] E. M. Cioran, *On the Heights of Despair*, trad. Ilinca ZARIFOPOL-JOHNSTON, Chicago: University of Chicago Press, 1996 [*En las cimas de la desesperación*, Barcelona: Tusquets, 2020].

La agonía, o al menos el extraordinario tedio, del insomnio es un síntoma del impedido deseo de olvido del insomne. Si alguna vez ha tenido esta experiencia, sabrá se caracteriza porque el mundo aparece a los sentidos con un grado inusual de particularidad y precisión. Uno oye los sonidos de forma diferente cuando no puede dormir, siente las sábanas con una nitidez exquisita, pero sobre todo se vuelve tan consciente de sí mismo mental y físicamente que todo lo demás empieza a ser desplazado por el yo. El insomnio, en palabras de Cioran, «mata la multiplicidad y la diversidad del mundo, abandonándote a tus obsesiones privadas»[73]. Los largos minutos y horas de insomnio comprenden la que quizá sea la experiencia más común de querer desprenderse de uno mismo, dejar ir la integridad de la identidad personal y su memoria, el autoconocimiento, la autoconciencia y el autoexamen por el respiro inexplicable del olvido del sueño. En cierto modo, no es muy distinto de esconderse. En el insomnio me siento abrumado por la integridad y la presencia de mí mismo, mis recuerdos y los compromisos normativos propios de la identidad personal: las tres instancias se unen en la repetición nocturna de momentos embarazosos o palabras poco amables. Al igual que cuando me escondo, mi yo, que en otras circunstancias es fuente de valor, agencia y mucho más, se convierte en una especie de condena, y *soporto* el insomnio del mismo modo que uno soporta esconderse, esperando a ser encontrado por el sueño como por quien lo busca en su escondite, mirando la hora o queriendo

---

[73] CIORAN, *On the Heights*, p. 83.

no mirarla, igual que el que se esconde se asoma por una abertura o se abstiene por decisión propia de hacerlo. El insomne está, según la lectura que hace Alphonso Lingis de Lévinas, «sujeto al ser, sujeto a ser»[74], y desea cortar esa atadura, aunque solo sea durante una o dos horas. La analogía con nuestro debate sobre el olvido que es propio de la privacidad es evidente.

Setenta años antes de que Borges invitara a los lectores a pensar críticamente sobre el valor de la memoria para la vida humana, Nietzsche hizo lo mismo con un ejemplo básicamente similar:

> Imaginemos el ejemplo más extremo, un ser humano que no posee el poder de olvidar [...]. Un ser humano así ya no creería en su propio ser, ya no creería en sí mismo [...] al final apenas se atrevería a mover un dedo. Toda acción requiere olvido, al igual que la existencia de todas las cosas orgánicas requiere no solo luz, sino también oscuridad. Un ser humano que quisiera experimentar las cosas de una manera completamente histórica sería como alguien obligado a privarse de dormir, o como un animal que se supone que existe únicamente por la rumia que repite sin descanso. En otras palabras, es posible vivir casi sin memoria, incluso vivir felizmente, como nos muestran los animales; pero sin olvido no se puede vivir en absoluto. O, para expresar mi tema de forma aún más sencilla: *hay un grado de insomnio, de rumiación, de sensibilidad histórica, que hiere y acaba por destruir todo lo viviente, ya sea un ser humano, un pueblo o una cultura*[75].

---

[74] Alphonso LINGIS, "Translator's Introduction", en *Existence and Existents* de Emmanuel LÉVINAS, The Hague: Martinus Nijhoff: 1978, p. 10.
[75] NIETZSCHE, *Unfashionable Observations*, p. 89.

Hemos visto varias formas en que una persona así puede dejar de creer en su propio ser. Funes perdió la fe en su propia vida porque apenas le quedaba nada de ella; era menos un ser humano que un espejo lleno por completo del mundo, alguien que solo disponía de unos pocos rincones oscuros y puntos ciegos para albergar un yo que solo fuera suyo. Sus pensamientos tampoco podían llamarse suyos. En lugar de surgir y volver a hundirse en las profundidades del olvido mental, como hacen los pensamientos en la cogitación y el recuerdo normales, donde se transforman con el tiempo y quizá se resisten a nuestra exigencia de que acudan cuando los llamamos, la memoria de Funes se parece más a una colección de fotografías o al disco duro de un ordenador. Todo está ahí, inmutable y fijo, recuperable al instante. Al ser perfectamente idéntico a sí mismo en cada momento de su vida, y al tener pleno control sobre un autoconocimiento perfectamente exacto, Funes pierde su individualidad.

Un exceso de historicidad también hizo que K dejara de creer en sí mismo o en su propio ser, aunque de un modo diferente. Perdió la confianza en esa capacidad de la agencia humana para cambiar y llegar a ser diferente de lo que era en el pasado. La pérdida de la confianza en que su vida dependía de él (otra forma de *creer* en sí mismo, de hecho en su realidad humana) minó su agencia. Por último, vimos cómo el desarrollo de las prácticas documentales dio a quienes las vivieron la sensación de que la vida se volvía más fija, más factual, que tenía menos ambigüedad y potencialidad vital. Se trataba de algo más que un pánico moral, ya que la forma en que una sociedad crea, almacena y conmemora los hechos sobre el mundo y el pasado inevitablemente moldea a sus miembros. Para formar individuos sanos y libres, capaces de cambiar y sorprenderse, los seres humanos necesitan cierto equilibrio entre el olvido y la información.

En la última etapa de su vida, una vez que se había quedado ciego y vivía enteramente «en la memoria», Borges dijo algo parecido en una entrevista sobre Funes: «Hay que apostar por una mezcla de los dos elementos, ¿no? Memoria y olvido; a eso lo llamamos imaginación»[76]. Esta actitud, en boca de un hombre para quien la memoria ofrecía la única conexión con la gran parte del mundo que existe más allá de nuestra capacidad de oírlo, tocarlo u olerlo, refleja la implicación normativa del desapego del yo foucaultiano y la sabiduría de las máximas emparejadas de Delfos. Es difícil no admirar la habilidad de Borges para no aferrarse demasiado a sí mismo y al mundo con el fin de dejar suficiente espacio para la potencialidad y el juego de la imaginación. Por otra parte, el reino de la imaginación es el ámbito de mayor libertad humana precisamente por sus cualidades de flujo y desintegración de la identidad personal. Es en el libre juego de la imaginación donde a menudo nos sentimos más nosotros mismos, en armonía con nuestras facultades y potencialidades humanas, al mismo tiempo que —y porque— renunciamos activamente a la fijeza de la identidad. Esta libertad, como la propia facultad de la imaginación, depende de un cierto grado de desapego del yo, de la propia historia y del propio mundo. Una sociedad sin suficiente olvido

---

[76] Willis BARNSTONE, "Thirteen Questions: A Dialogue with Jorge Luis Borges", *Chicago Review* (Invierno 1980), p. 16.

parecería superficial y empobrecida del mismo modo que una facultad individual de imaginación parecería superficial y empobrecida si se limitara a los hechos públicamente reconocidos y al consenso compartido sobre lo que es real y posible en los asuntos humanos. Para ver en qué medida es cierto esto, pasemos al capítulo siguiente, relativo a la producción de la profundidad humana.

5.
PRIVACIDAD Y PRODUCCIÓN
DE PROFUNDIDAD HUMANA

Aguanta un poco más dormido

Los informes de los insomnes del capítulo 4 dirigieron nuestra atención hacia el valor psicológico y existencial del sueño, además de la importancia biológica que tiene para prácticamente todos los animales. Si más o menos todas las criaturas deben dormir para vivir, algunas de ellas —al menos las que tienen autocomprensión y se preocupan por su identidad personal— también necesitan la disolución nocturna del yo para vivir bien. Sin embargo, no todo el mundo valora el sueño tanto como el insomne. Vladimir Nabokov habla en nombre de nuestra optimizadora era de control racional cuando la llama «la fraternidad más imbécil del mundo» y «la traición nocturna de la razón, la humanidad, el genio»[1]. Y aunque

---

[1] Vladimir Nabokov, *Speak, Memory: An Autobiography Revisited*, Nueva York: Vintage, 2012, p. 108 [*Habla, memoria*. Barcelona: Anagrama, 2006].

la mayoría de nosotros probablemente no seamos tan grandilocuentes como Nabokov, es común considerar el olvido que es propio del sueño como una imposición biológica que se interpone en el camino de la consecución de nuestros fines. Podríamos hacer más si pudiéramos dormir menos. Dormir es también abdicar del control sobre la propia vida desapareciendo en uno mismo y, al menos como agente consciente, supone un retiro del mundo de la acción colectiva y de la realidad objetiva, por no hablar de las sorpresas y enigmas que aguardan en los sueños.

«El sueño es un lugar demasiado peligroso para abandonar la conciencia», escribe Jenny Diski.

> Quién en su sano juicio renunciaría a la consciencia, se privaría del control de sus sentidos, se ofrecería voluntario para la parálisis y se arriesgaría a todas las cosas terribles (y peores) que podrían ocurrirle a una persona cuando no está mirando [...] Como científico jefe encargado de hacer del mundo un lugar mejor, una vez encontrada la forma de hacer que los hombres dieran a luz, o al menos lactaran, me dedicaría a abolir la necesidad de dormir[2].

Hasta donde sabemos, lo que el autor plantea no es biológicamente posible. También es imposible en otro sentido relativo al ámbito del valor y el sentido de la vida humana. Incluso suponiendo que el sueño de Diski fuese una posibilidad a nuestro alcance, podemos apreciar cómo un mundo en el que el olvido del sueño dejara de ser una necesidad de la vida humana empeoraría, porque

---

[2] Jenny DISKI, "Trying to Stay Awake", *London Review of Books*, Julio 2008.

el aumento masivo de los poderes de percepción, conocimiento y control se produciría a costa de una disminución significativa de la profundidad, el potencial, la agencia y el significado que hacen que merezca la pena vivir. Hasta ahora, este libro ha mostrado cómo estos bienes se apoyan en el olvido producido por la privacidad, el olvido y otras prácticas que se oponen a la creación de información. Ahora veremos que los bienes del olvido que proporcionan profundidad son a la vez personales y colectivos, privados y públicos.

Para alimentar este debate, pensemos por un momento en cómo sería el mundo si Diski se saliera con la suya. No cabe duda de que la vida sin sueño tendría sus ventajas. Una persona normal pasa un tercio de su vida durmiendo. Seguramente seríamos capaces de lograr mucho más con nuestro tiempo en la tierra si nunca tuviéramos que quedarnos dormidos. También se acabaría con la supresión de control, razón y autoidentidad por la que pasan cada noche los durmientes. No es casualidad que estas ganancias en eficiencia y gobierno de sí sean también el tipo de beneficios que a menudo nos prometen las nuevas tecnologías. De hecho, el deseo de una vida sin sueño se parece un poco a un tipo de arrogancia característica de la era moderna y posmoderna, en la que el afán por conseguir más nos deja con menos, y nuestros esfuerzos por conseguir más vida dan como resultado un planeta, un mundo de actividad humana y un yo que son menos habitables, menos humanos. Media un mundo entre el «más» que obtendríamos en un mundo insomne y el «más» del epígrafe de este libro que, al final de la vida, el hablante del poema de Stevens «hubiera querido»: no una mayor cantidad de nada, sino «un verdadero interior al que volver»[3].

En un mundo en el que no durmiésemos ni despertásemos la vida humana ya no estaría estructurada en torno al acontecimiento cotidiano de emerger al mundo de la experiencia consciente, el conocimiento, el gobierno de sí y la acción compartida desde profundidades desconocidas e incontrolables que, sin embargo, son profundidades humanas, tanto constitutivas de la integridad de la persona individual como compartidas universalmente entre todas las personas. Del olvido del sueño emergemos a nuestras vidas como si llegásemos a un escenario recién preparado. La sensación de natalidad que nos da la salida regular del sueño se refleja en el dicho, repetido quizá demasiado alegremente, de «es un nuevo día». Durante mucho tiempo se ha descrito el sueño como primo o hermano de la muerte, y despertar casi como renacer. Pero luego todos volvemos a caer en el olvido del sueño, saliéndonos del escenario de la vida cada noche. Nuestra vida cotidiana, nuestras economías y rutinas familiares, todo está estructurado de un modo u otro en torno al descenso regular a este reino de desconocimiento, potencialidad, riesgo y vulnerabilidad. Este descenso es a la vez individual y colectivo, e inevitable. La incapacidad para, a voluntad, despertarnos, de ejercer la voluntad en los sueños o de recordar lo que ocurre en el sueño son algunas de las experiencias más comunes que tenemos de

---

[3] Wallace STEVENS, "Two Letters", en *Stevens: Collected Poetry and Prose, ed. Frank Ker-mode and Joan Richardson*, Nueva York: Library of America, 1997, pp. 468-469.

enfrentarnos a los límites de nuestra capacidad de controlar nuestras vidas, de protegernos y de conocernos a nosotros mismos. Del mismo modo, la experiencia de salir del sueño, cuando por un momento uno no sabe dónde está y ni siquiera quién es, solamente que está vivo, es otro tipo de experiencia que combina la desintegración de la identidad personal con la confianza en que la vida es de uno mismo. Cuando imagino un mundo en el que esta experiencia cotidiana del olvido no fuese ni una necesidad individual ni un rasgo común de la vida colectiva, concluyo que sería de una lucidez terrible y abrumadora. La vida sin la experiencia de salir constantemente del olvido y volver a caer en él me parece de una superficialidad deprimente, y por eso esperaría que las personas que carecen del olvido cotidiano del sueño lo buscaran, como Funes, por otros medios. Un mundo sin sueño es un mundo con una región menos de la vida humana que es inherentemente incontrolable, una zona llena de sorpresa y potencialidad, en esencia insondable y a pesar de ello decididamente humana.

Dejo aquí un tanto a medias este interesante juego filosófico, como muestra de otro hilo por el que el olvido se entreteje con la vida cotidiana con efectos poderosos. Ha llegado el momento de unir los argumentos de este libro para decir algo más sobre los bienes individuales y colectivos del olvido, lo que haremos una vez más con la ayuda de alguien que no es el aliado más obvio para pensar en los bienes de la privacidad: Hannah Arendt. Arendt es famosa por dar prioridad al ámbito público del quehacer humano, donde uno actúa y es visto entre los demás, en contraste con lo cual la privacidad aparece a menudo en su obra como una especie de muerte social. Incluso cuando la privacidad no se describe en el lenguaje de «privación» política y ontológica de *La condición humana*, adopta la forma de algo parecido al olvido. Con todo, a veces su obra parece inclinarse hacia una visión positiva del olvido como fuente de vitalidad y posibilidad en los asuntos humanos. Hay momentos en sus libros y en su correspondencia en los que el olvido no parece privar de valor a la vida humana, sino irradiarlo, pero sin perder su cualidad de impenetrabilidad esencial, un poco al modo de la luz que emana del anillo de fotones alrededor de un agujero negro.

Vamos a comenzar reconstruyendo una visión *arendtiana* de los bienes positivos del olvido, a partir de la discusión sobre privacidad y olvido desarrollada a lo largo de este libro. Debo hacer hincapié en la cualidad reconstructiva de mi lectura, ya que «olvido» no es un término que la propia Arendt utilizara nunca en este contexto, aunque veremos que capta y expresa una idea sobre los bienes públicos de la privacidad que se encuentra dispersa a lo largo de sus escritos. No obstante, también iremos más allá del marco *arendtiano* para presentar mi propio relato de los bienes individuales y públicos del olvido —incluidos los bienes de la confianza en uno mismo y en los demás— con el objetivo de producir lo que la propia Arendt, tomando prestado de Walter Benjamin, describió una vez como «el impacto mortal de los nuevos pensamientos» que nos hace ver el mundo bajo una nueva luz[4].

---

[4] Hannah ARENDT, *Men in Dark Times*, San Diego, CA: Harcourt, Brace, 1995, p. 201 [*Hombres en tiempos de oscuridad*, Barcelona:

Puede resultar grandioso, sin ser apenas exagerado, decir que Hannah Arendt escribió para salvar el mundo. El hecho de que utilice aquí el término «mundo» en el sentido un tanto técnico propio de su obra no resta casi nada a la afirmación. Gran parte de lo que escribió, especialmente los libros y sobre todo *La condición humana* (cuyo título provisional era *Amor Mundi*), iba dirigido contra lo que ella consideraba la «alienación del mundo» de la era moderna[5]. La pérdida del mundo o del sentido de nuestro lugar en él era responsable, en su opinión, de una marcada disminución de las oportunidades para la plenitud del ser humano y sentaba las bases para la aceptación del totalitarismo y sus consiguientes horrores. A modo de respuesta, Arendt escribió con la esperanza de mostrar a los lectores lo que estaban en peligro de perder, para obligarnos, como ella decía, «a pensar en lo que estamos haciendo»[6]. En su diagnóstico de la alienación del mundo, señaló que la pérdida de un tipo muy particular de vida pública era de la máxima importancia.

No podemos hablar de privacidad en Arendt sin hablar de lo público, y no podemos hablar de lo público sin hablar primero de publicidad. Para Arendt, la publicidad es la condición y la actividad de «ser visto y escuchado» por los demás desde la inagotable variedad de sus plurales

---

Gedisa, 2017].

[5] Hannah Arendt, *The Human Condition*, Chicago: University of Chicago Press, 1998, p. 6.

[6] Hannah Arendt, *The Human Condition*, p. 5.

puntos de vista[7]. Lo que distingue la visión de Arendt de lo público de la concepción del sentido común es que la condición epistémica procede y, de hecho, crea el espacio público físico *como público*. La publicidad es el fundamento del ámbito público como entidad espacial o política, y no al revés. «Solo allí donde las cosas [y las personas] pueden ser vistas por muchos en una variedad de aspectos sin cambiar su identidad, de modo que quienes están reunidos en torno a ellas sepan que ven lo mismo desde la más absoluta diversidad, puede aparecer la realidad mundana de manera verdadera y fidedigna»[8]. Esta actividad de percibir y compartir percepciones mediante la pluralidad de perspectivas humanas es lo que hace nacer lo público, pero no de una vez por todas, sino constantemente, como un proceso de renovación perpetua. Y lo que es cierto respecto a lo público lo es respecto al mundo mismo.

La idea de que Arendt quería salvar el mundo mostrándolo bajo una nueva luz refleja una de sus afirmaciones más importantes y frecuentes: que el mundo y la realidad tal y como los conocemos son logros humanos. No se trata exactamente de una idea nueva, pero la versión de Arendt, que otorga un lugar de privilegio socioontológico a la condición de la publicidad, es de una fuerza y perspicacia que sí son novedosas. Arendt establece una distinción entre la Tierra, que es el planeta del

---

[7] Hannah ARENDT, *The Human Condition*, p. 71. Véase también la página 57: «La realidad del ámbito público se basa en la presencia simultánea de innumerables perspectivas y aspectos en los que se presenta el mundo común y para los que nunca se podrá idear una medida o denominador común»

[8] Hannah ARENDT, *The Human Condition*, p. 57.

que se nutren todos los seres vivos, y el mundo, que es un artificio de la vida y la civilización humanas construido sobre y a partir de la Tierra. El mundo consiste en los objetos materiales que fabricamos cuya existencia pública excede la duración de las vidas individuales —edificios, pinturas, monumentos, mesas, libros— y cuya realidad depende, como toda realidad «objetiva» mundana, no de sus propiedades físicas, sino de su aparición a la luz de la publicidad. «Todo el mundo fáctico de los asuntos humanos depende para su realidad y su existencia continuada, en primer lugar, de la presencia de otros que han visto y oído y recordarán, y en segundo lugar, de la transformación de lo intangible en la tangibilidad de las cosas»[9]. Lo que no se transforma de este modo no puede ser percibido y conocido por la pluralidad humana, lo que significa que nunca alcanzará la cualidad de *existir realmente* que le confiere la luz de la publicidad.

Lo que es cierto para la realidad de los objetos terrenales es doblemente cierto para los seres humanos, que no son tan duraderos y longevos como una mesa y que se conocen de un modo distinto a tales objetos. Podemos preguntar «¿Qué es eso?» tanto sobre las personas como sobre las mesas, pero solo las personas son objetos adecuados de la pregunta «¿*Quién*?». Por lo tanto, los seres humanos solo adquieren realidad entrando en el «espacio de la apariencia» público, donde pueden ser vistos y oídos apareciendo y actuando de formas que los hacen ser un individuo particular u otro[10]. Este espacio intangible de

---

[9] Hannah ARENDT, *The Human Condition*, p. 95.
[10] Hannah ARENDT, *The Human Condition*, pp. 198-199

la apariencia es como un escenario para el que el mundo material proporciona el proscenio, el decorado y el atrezo, y en el que los seres humanos adquieren su realidad como individuos actuando y hablando en concierto con otros que los ven y oyen. Frente a la noción moderna de que la verdad sobre uno mismo es algo que se descubre en privado o en las relaciones íntimas, Arendt defiende una visión de la individualidad que solo se obtiene a la luz de la publicidad y la interacción humana. Esta era y sigue siendo una idea extemporánea sobre el yo y su realidad, por lo que, para ayudarnos a comprenderla, Arendt dramatiza su argumento con una estilizada y casi metafórica descripción de las antiguas polis griega y romana, donde «el ámbito público [...] estaba reservado a la individualidad; era el único lugar en el que los hombres podían mostrar quiénes eran de manera real e intercambiable»[11]. Esta pseudohistoria filosófica no pretende ofrecer un ejemplo de una política ideal a la que deberíamos volver, sino que más bien es una lente que nos permite observar a distancia y conmovernos para que veamos nuestro propio mundo con nuevos ojos.

Si la luz de la publicidad es la fuente vital de la realidad en la polis simbólica de Arendt, el olvido de lo privado imponía una condición de inexistencia a las mujeres y esclavos confinados en ella en la antigua Grecia. Como dice Arendt en uno de varios pasajes de este tenor:

> En el sentimiento antiguo, el rasgo privativo de la privacidad, indicado en la propia palabra, era de suma

---

[11] Hannah ARENDT, *The Human Condition*, p. 41.

importancia; significaba literalmente un estado de privación de algo, e incluso de la más elevada y humana de las capacidades del hombre. Un hombre que solo vivía una vida privada, al que, como al esclavo, no se le permitía entrar en el ámbito público, no era plenamente humano[12].

Pasajes como este hacen difícil imaginar que pueda haber algún beneficio en tal olvido. Resuena, además, con las críticas feministas al uso de la privacidad como herramienta de dominación patriarcal y tapadera de todo tipo de horrores y abusos. Uno se imagina que las esposas maltratadas y los niños abusados padecían algo parecido a lo que hoy llamamos «luz de gas», debido a la irritante ignorancia pública de su sufrimiento, expresada en todo, desde las leyes que protegían contra la consideración de la violación como un crimen hasta los vecinos que fingían no ver; debe haber dado a las víctimas la sensación de que, para el mundo en general, era casi como si lo que sufrían no hubiera sucedido. Pero Arendt sugiere una crítica aún más fuerte: que a las mujeres confinadas en el hogar se les negaba una existencia pública, donde serían vistas y oídas por una pluralidad de otros, y en ese sentido era como si no existieran en absoluto, al menos no como los hombres y otros objetos de atención pública. Es obvio que Arendt piensa que se trata de un daño terrible, pero no por ello llega a la conclusión de que haya que acabar con la privacidad o de que su condición de olvido total

---

[12] Hannah ARENDT, *The Human Condition*, p. 38. El uso metafórico de las antiguas prácticas de privacidad se revela de nuevo en el hecho de que, como bien sabía Arendt, «privacidad» no era una palabra que ellos utilizaran.

deba cambiarse por la mera opacidad. Más bien, defiende el olvido que es propio de la privacidad por los bienes positivos que aporta a la vida humana, lo que ella denomina las «características no privativas de la privacidad»[13].

Arendt pensaba que había dos formas en las que el olvido no privaba de la vida humana, sino que la enriquecía: una tenía que ver con los aspectos de la experiencia que, por su naturaleza, no pueden aparecer en público; la otra, con cómo el «terreno más oscuro» del olvido aporta profundidad a la vida tanto de los individuos como del ámbito público que habitan[14]. Ambas visiones del olvido están poco desarrolladas en el pensamiento de Arendt, lo que, por supuesto, no es ninguna sorpresa, dada su intensa atención a las dimensiones públicas de la vida humana. Pero esas visiones que aportó son tan ricas que sugieren otras.

HACEMOS EN LA OSCURIDAD LO QUE SE MARCHITA EN LA LUZ

Arendt piensa que hay ciertos elementos de la existencia humana que solo pueden sobrevivir en privado. No se trata de un argumento de que algunas cosas sean vergonzosas y, por tanto, deban mantenerse fuera de la vista del público[15]. Más bien, la idea es que «muchas cosas no pueden resistir la implacable y brillante luz de la presencia

---

[13] Hannah ARENDT, *The Human Condition*, p. 71.
[14] Hannah ARENDT, *The Human Condition*, p. 71.
[15] Por ejemplo, Shiraz DOSSA, *The Public Realm and the Public Self: The Political Theory of Hannah Arendt*, Waterloo, Canadá: Wilfrid Laurier University Press, 1989.

constante de otros en la escena pública»[16]. En ocasiones, Arendt suena como un eco directo de los defensores de la privacidad del siglo XIX, por ejemplo, cuando supone que «a los hijos de padres famosos les suele ir mal» por haber crecido en una condición de publicidad, incluso en el hogar «privado».

La fama penetra en las cuatro paredes, invade su espacio privado, trayendo consigo, sobre todo en las condiciones actuales, el despiadado fulgor de lo público, que lo inunda todo en la vida privada de los interesados, de modo que los niños ya no tienen un lugar seguro donde crecer[17].

Ese, término, «fulgor», capta muy bien el sentido en que la metafórica luz de la publicidad puede ser cruel y abrumadora, y apunta también a que esta luz no es luz en absoluto, sino mero brillo, la atención pública de los demás. Su hipótesis sobre los hijos de los famosos recuerda la queja de Warren y Brandeis pronunciada sesenta años antes de que «ningún entusiasmo puede florecer, ningún impulso generoso puede sobrevivir bajo la influencia [de la publicidad]» y la preocupación expresada en "La sagrada privacidad del hogar" de que una deficiencia de privacidad suponía un impedimento para que «se cultive social y moralmente» un individuo. Esta línea argumental de Arendt ha sido interpretada por algunos lectores perspicaces como una defensa de la privacidad como respiro

---

[16] Hannah ARENDT, *The Human Condition*, p. 38.

[17] Hannah ARENDT, "The Crisis in Education", en *Between Past and Future: Eight Exercises in Political Thought*, Nueva York: Penguin, 2006, p. 183.

a las exigencias de la vida pública. Seyla Benhabib, por ejemplo, tiende a entender esas exigencias bien a través de la lente de la llamada de Arendt a una vigorosa esfera pública cívico-republicana de política agonal, según la cual la privacidad «protege, nutre y hace al individuo apto para aparecer en el ámbito público»; o bien en un sentido liberal de lo privado como ámbito para el desarrollo de la personalidad, según el cual la privacidad «proporciona al yo un centro, un refugio, un lugar en el que desplegar capacidades, sueños y recuerdos, en el que sanar las heridas del yo»[18]. Todo esto es suficientemente sensato, aunque dejaré de lado la forma cívica del descanso y sugeriré en su lugar la forma agencial, epistémica, descrita en el capítulo 2, ya que esto explicaría mejor por qué deberíamos necesitar descansar de las exigencias de la mera *apariencia*, independientemente de la acción política. Lo cierto es que uno puede descansar de la actividad política en público, por ejemplo charlando de amor con los amigos en un olivar, sentado en silencio en una fiesta de copas o simplemente dando un paseo. La segunda hipótesis de Benhabib, sin embargo, se aleja bastante de la opinión de la propia Arendt. Concebir la privacidad como lugar para descubrir el auténtico yo habría sido anatema para la autora de *La condición humana*, quien, en el prefacio de ese libro, señala «la huida [...] del mundo y hacia el yo» como la causa principal de la alienación del mundo que pretende comprender y quizá remediar[19].

---

[18] Seyla BENHABIB, *The Reluctant Modernism of Hannah Arendt*, Thousand Oaks, CA: Sage, 1996, p. 212.
[19] ARENDT, *Human Condition*, p. 6.

Arendt afirmaba que la privacidad protegía ciertas experiencias valiosas que no podían soportar «el fulgor de la publicidad» o el «aspecto público del mundo» y su calidad de realidad objetiva. Entre estas cosas valiosas se encontraba supuestamente el amor, «que muere, o más bien se extingue, en el momento en que se muestra en público ("Nunca trates de contar tu amor | que el amor nunca puede ser contado")»[20]. Esto me parece obviamente erróneo: amamos en público, todo el tiempo, tanto en el habla como en la acción amorosa. Sin embargo, el par de versos de William Blake que cita, y el contexto en el que aparecen, sugieren que ella quería decir algo más a este respecto. El poema de Blake es una pícara pieza de verso didáctico sobre alguien que confiesa su amor sin ser correspondido, con el resultado de que la amada huye y la relación que mantenían se arruina. Por el contrario, la lectura errónea de Arendt se centra en que hay algo esencial en el amor que se resiste a ser comunicado mediante palabras[21]. Conseguir «contarlo» y «que sea» son objetivos

[20] ARENDT, *Human Condition*, pp. 51-52. También pensaba que había razones, basadas en el valor del ámbito público para la vida humana y política, a favor de confinar el amor y otras emociones fuertes al ámbito privado. El amor, pensaba, pretendía crear unión a partir de la pluralidad, lo que lo hacía contrario al valioso pluralismo de la esfera pública, y también resultaba peligroso e inconstante como principio de la política que, a menudo, daba lugar a la alienación mundial que ella pretendía corregir (por ejemplo, el amor cristiano y la idea fascista de la familia etnonacionalista).

[21] Tomo prestada la expresión «lectura errónea fuerte de Harold BLOOM, *The Anxiety of Influence: A Theory of Poetry*, Nueva York: Oxford University Press, 1996 [*La ansiedad de la influencia. Una teoría de la poesía*. Barcelona: Trotta, 2009].

mutuamente opuestos; el primero anula al segundo. Si una emoción o experiencia consiste en algo que se «extingue» cuando pasa al lenguaje —es decir, cuando sufre la «transformación de lo intangible en la tangibilidad de las cosas»—, entonces no puede sobrevivir a la condición de publicidad, que alteraría su naturaleza de forma irreversible. La idea de que hay muchos de esos elementos valiosos de la vida humana que tienen esta cualidad de resistencia innata a ser articulados es uno de los argumentos reiterados de este libro. También es un elemento infravalorado en el pensamiento de Arendt.

En su obra subsiguiente sobre la vida interior, Arendt distingue entre dos modos de relación con nosotros mismos. Están «las operaciones de la mente», que incluyen el pensamiento, el lenguaje, los conceptos y la información. Y luego está «la vida del alma», con la que se refiere a aquellas formas de relación con uno mismo que no adoptan de forma natural la forma del conocimiento proposicional: una miríada de «sentimientos, pasiones y emociones», entre los que destaca, por supuesto, el amor[22]. Mientras que los pensamientos y las ideas toman forma en el lenguaje —«el pensamiento sin el habla es inconcebible»[23]—, la amplia gama de experiencias humanas clasificadas bajo el epígrafe «alma» no adoptan de forma natural la forma del discurso y, por tanto, se deforman cuando se expresan en palabras. En realidad, piensa que estas experiencias no pueden sobrevivir a la transición al lenguaje: «No pueden formar parte

---

[22] Hannah ARENDT, *The Life of the Mind*, San Diego, CA: Harcourt, 1981, p. 31 [*La vida del espíritu*, Barcelona: Paidós, 2002].

[23] ARENDT, *The Life of the Mind*, p. 32.

del mundo de las apariencias más de lo que pueden hacerlo nuestros órganos internos»[24]. No es que estas partes de la vida humana sean vergonzosas o embarazosas, sino que «mueren, o más bien se extinguen» por la condición de la publicidad, es decir, cuando se las hace asumir una forma que puede ser hablada, conocida y comunicada en la forma impersonal de la información.

La imposibilidad de articulación que caracteriza a esta gama de experiencias y relaciones con uno mismo entraña una necesidad de olvido de lo privado para existir. Esto explica por qué Arendt llamaría al «gran dolor corporal el más privado y menos comunicable de todos» los sentimientos y experiencias: es privado porque no puede comunicarse, solo resumirse o evocarse en el lenguaje[25].

---

[24] ARENDT, *The Life of the Mind*, p. 31. Arendt hace esta observación en otras obras en las que no recurre a la división conceptual entre alma y mente. Por ejemplo, en *La condición humana*, Arendt escribe: «Lo que reclama nuestra atención es el verdadero abismo que separa todas las sensaciones corporales, el placer o el dolor, los deseos y las satisfacciones, que son tan "privados" que no pueden expresarse de manera adecuada, y mucho menos representarse en el mundo exterior, de las imágenes mentales, que se prestan tan fácil y naturalmente a la cosificación que ni concebimos hacer una cama sin tener antes alguna imagen, alguna "idea" de una cama ante nuestro ojo interior, ni podemos imaginar una cama sin recurrir a alguna experiencia visual de una cosa real».

[25] ARENDT, *Human Condition*, pp. 50-51. Aquí Arendt recuerda las *Investigaciones filosóficas* de Wittgenstein, publicadas solo cinco años antes, en 1953. Por ejemplo, «[El dolor] no es Algo, pero tampoco una Nada. La conclusión era solo que una Nada prestaría el mismo servicio que un Algo del que no se pudiera decir nada». Ludwig WITTGENSTEIN, *Philosophical Investigations*, trad. P. M. S. HACKER y Joachim SCHULTE, Chichester, Reino Unido: Wiley-Blackwell, 2009, pp. 108-109 [*Investigaciones filosóficas*, Barcelona: Trotta, 2021]. También Terry EAGLETON: «[el dolor] forma

Si utiliza los versos de Blake no es —como hace el propio Blake— para recomendarnos que nos guardemos los enamoramientos para nosotros mismos, no sea que perdamos un amigo, sino en apoyo de la siguiente línea argumental. Hay aspectos de la vida humana que se resisten de suyo al conocimiento y la comunicación y que, por lo tanto, se ven perjudicados y hasta se disuelven cuando se convierten en una forma que puede conocerse y comunicarse fácilmente en el discurso literal (como los datos y la información). Estos aspectos de nuestras existencias forman parte de lo que hace que merezca la pena vivirlas y, por tanto, merecen nuestra protección frente a posibles amenazas, entre las que se encuentra su traducción en información. La condición de publicidad conlleva la producción de sus objetos como elementos conocibles: es la condición bajo la cual lo «intangible se convierte en tangible». Por lo tanto, estos ámbitos valiosos y no articulados de la vida humana nos impelen a mantener la protección de la privacidad frente a la invasión de la publicidad[26]. El «carácter sagrado de esta privacidad [...] alberga las cosas [...] impenetrables para el conocimiento humano». Pero no porque no podamos saber de ellas (se refiere a cosas por las que todos pasamos: el nacimiento,

---

parte de la obcecada resistencia del cuerpo a la inteligibilidad, de su persistencia ciega y obtusa en su propio ser». *The Gatekeeper*, Londres: Penguin, 2001, pp. 112-113 [*El portero*, Barcelona: Debate, 2004].

[26] Nótese que no es necesario estar en público para la destrucción de las experiencias no lingüísticas «del alma»: basta con articularlas en lenguaje e información. Esto apoya los argumentos del capítulo 3 sobre lo que se pierde cuando la condición de privacidad se acerca a la condición que es propia de esconderse.

la muerte, el sexo, el anhelo, el amor, el dolor[27]), sino porque son impenetrables para el conocimiento humano en un sentido más general precisamente porque las protegemos de la vista del público. Las prácticas sociales de privacidad no solo respetan la impenetrabilidad natural de estos ámbitos más profundos de la vida humana; contribuyen directamente a que sean impenetrables. En otras palabras, la protección de la privacidad oculta o *aparta* ciertos ámbitos de la experiencia llevándolos más allá de la articulación y el conocimiento en el sentido literal que damos al adjetivo «sagrado» (del latín *sacer*, «restringido»).

A la luz de la discusión del capítulo 1 sobre la «privacidad sagrada», no debería sorprendernos que la propia Arendt se refiera con frecuencia a la privacidad o al ámbito privado como «sagrado»[28]. No tenemos por qué estar de acuerdo con Arendt sobre qué tipo de relación con uno mismo, conocimiento y experiencia pertenecen hablando con propiedad a este ámbito. De hecho, es probable que sea mejor dejarlo abierto, como cuestión conceptual y política sobre el descubrimiento de modos nuevos e individuales de lograr una vida plena aparte, más allá e incluso contra la información. No tenemos por qué pensar que el amor encaja ahí, aunque tiendo a pensar que sí, al menos en los términos de Arendt. Recordemos que el amor no puede soportar la publicidad no porque sea algo de lo que avergonzarse, sino porque la condición de la publicidad convierte su «intangibilidad en tangibilidad de las cosas» y, por tanto, disminuye la ausencia de articulación que es

---

[27] ARENDT, *Human Condition*, p. 62.
[28] ARENDT, *Human Condition*, pp. 62-63.

esencial en el amor y le otorga su sentido. Piénsese que el amor es notoriamente difícil de «poner en palabras», esto es, que no es posible que el lenguaje comprenda satisfactoriamente su significado. Es por referencia a esta idea que nos parece que Cordelia es la única de sus hermanas que realmente ama a su padre cuando, después de que sus hermanas pusieran su afecto en palabras, ella dice: «Para mi desdicha, no sé asomar el corazón a mi boca»[29]. Si la experiencia de amar a alguien o de ser amado es tan potente —y el amor parece ofrecer una fuente tan vital de significado, poder y profundidad en nuestras vidas— es en parte porque «sobrepasa el entendimiento» y supera nuestros esfuerzos por comprenderlo, explicarlo y comunicarlo *al tiempo que permanece integrado en nuestras vidas* del modo más íntimo y nutricio que pueda imaginarse.

Esto nos ayuda a comprender una corriente del pensamiento contemporáneo sobre la privacidad, que encuentra su base moral en la protección de la intimidad[30]. A primera vista, la noción de que la intimidad es imposible sin privacidad parece dudosa: cualquiera que haya pasado

---

[29] William SHAKESPEARE, "King Lear", en *The Riverside Shakespeare: The Complete Works*, Boston: Houghton Mifflin, 1997, Acto I, Escena 1 [*El rey Lear*, Madrid: Cátedra, 2005].

[30] Julie INNESS, *Privacy, Intimacy, and Isolation*, Nueva York: Oxford University Press, 1996; Charles FRIED, *An Anatomy of Values: Problems of Personal and Social Choice*, Cambridge, MA: Harvard University Press, 1970; James RACHELS, "Why Privacy Is Important", *Philosophy and Public Affairs* 4, n.º 4 (1975), p. 323; Robert S. GERSTEIN, "Intimacy and Privacy", *Ethics* 89, n.º 1 (1978), pp. 76-81; Jean L. COHEN, *Regulating Intimacy: A New Legal Paradigm*, Princeton, NJ: Princeton University Press, 2004.

un tiempo en una ciudad donde los adolescentes se ven obligados a buscar lugares públicos para besarse sabe que no es literalmente cierto que la privacidad sea necesaria para que podamos participar en actividades íntimas sin inhibirnos, sentir vergüenza o pudor[31]. De hecho, lo que envidiamos cuando vemos a los amantes mostrando afecto el uno por el otro en público es que para ellos el mundo no existe. Son *ajenos* a su entorno, a las miradas lascivas o sarcásticas de los curiosos, al autobús que se aproxima, a todo. Es el olvido lo que protege la intimidad, que la privacidad produce de forma fiable pero que, como demuestran los amantes, también puede conseguirse por otros medios. Sin algún tipo de olvido, uno no está «realmente presente» en la actividad. El hecho de que los amantes que se besan creen algo similar a la privacidad —es decir, el olvido— da crédito a la afirmación *arendtiana* de que algunas formas de experiencia se oponen constitucionalmente a ser convertidas en lenguaje o información. La privacidad no es necesaria para ello, pero sí lo es el olvido.

Si me acerco a una pareja de enamorados que se besan en Central Park y les hago una fotografía, me comporto inapropiadamente. Les habré molestado y puede que incluso les dañe de algún modo. Lo mismo podría decirse, aunque con menor gravedad, si toco a uno de ellos o a ambos en el hombro reclamando su atención, haciendo que paren y me miren. La forma más obvia de describir mi acto es que he violado su derecho a que les dejen en paz (o *alone*, que les dejen «solos», en la expresión inglesa), que, por supuesto, es una de las descripciones más

---

[31] E.g., GERSTEIN, "Intimacy and Privacy".

corrientes del derecho a la privacidad[32]. Debería meterme en mis asuntos y no meter las narices en los suyos. Pero, por supuesto, no tenemos un derecho general a que nos dejen «solos» en un parque público, ni tenemos derecho a la privacidad en él. En este caso, los amantes nunca han tenido una privacidad que yo pudiera violar, y es ir demasiado lejos en el significado ordinario del término afirmar que la tenían. Más bien, lo que he hecho es destruir o alterar su olvido. Como mínimo, he actuado mal al no respetar su derecho a acceder a ciertas formas de olvido, un derecho del que gozan incluso en público. No cabe duda de que, al describir una situación así, tendemos a recurrir al lenguaje de la privacidad, a pesar del hecho evidente de que utilizamos ese lenguaje por analogía y no a modo de descripción literal. Lo hacemos porque «privacidad» es la forma más común y extendida de llamar a la protección y producción del olvido. Pero como demuestran los amantes y muchos de nuestros otros ejemplos, la privacidad no es necesaria para este fin. Simplemente resulta ser la más obvia y fiable de las diversas formas en que se produce el olvido en la sociedad.

UN TERRENO MÁS OSCURO

Aquí las cosas se ponen emocionantes. El oscurecimiento de aquellas partes de la vida que no pueden resistir la luz de la publicidad no es ni la sugerencia más importante ni la más misteriosa de Arendt sobre el valor del olvido. En

---

[32] Esta concepción del derecho a la privacidad procede de *A Treatise on the Law of Torts*, de Thomas COOLEY, de 1878, y se cita, entre otros muchos lugares, en "The Right to Privacy".

lo que podría ser el pasaje más poético y menos comprendido de *La condición humana,* ofrece una segunda visión del poder generador del olvido tanto para los individuos como para el propio ámbito público.

> Una vida transcurrida enteramente en público, en presencia de los demás, se volvería para nosotros superficial. Aunque conserve su visibilidad, pierde la cualidad de surgir a la vista desde un terreno más oscuro que debe permanecer oculto para no perder su profundidad en un sentido muy real y no subjetivo. La única forma eficaz de garantizar la oscuridad de lo que debe ocultarse frente a la luz de la publicidad es la propiedad privada, un lugar de propiedad privada donde esconderse[33].

Lo que desconcierta y conmueve al espíritu es la imagen de elevarse desde «un terreno más oscuro» cuya «profundidad» consiste en el olvido, un tipo curioso de profundidad, ya que uno no puede ver realmente en él (una condición necesaria para la profundidad perceptiva). La profundidad del olvido es una profundidad sin fondo, o mejor: la insinuación de un más allá que no se revela. Pero lo que más desconcierta y conmueve es la idea de que, sin esa profundidad epistémicamente impenetrable, la vida humana sería «superficial», es decir, carente de otro tipo de profundidad que tiene que ver con el sentido y la calidad de una vida. Llamemos a este segundo tipo *profundidad humana,* en reconocimiento de que tiene algo que ver con una imagen normativa del bienestar humano. Arendt no explica por qué una vida así sería superficial, aunque parece pensar que tenemos un sentido

---

[33] ARENDT, *Human Condition,* p. 71.

común al respecto. Probablemente tengamos algunas intuiciones en la materia, pero lo mejor que podemos hacer es empezar por su término opuesto de profundidad, sobre el que Arendt es más específica.

La profundidad epistémica del olvido, que está «oculta a los ojos humanos y es impenetrable para el conocimiento humano»[34], es como una noche completamente negra, que se describe mejor como *carente de profundidad*, ya que profundidad, en su significado ordinario, significa algo que puede ser penetrado por el ojo en el campo visual, como la plomada que se sumerge en una masa de agua. En español, podríamos llamar a este tipo de profundidad *insondable*, una palabra que describe su objeto como muy profundo e imposible de medir. La nota a pie de página del pasaje citado reza así: «Las palabras griega y latina para designar el interior de la casa, *megaron* y *atrium*, tienen una fuerte connotación de oscuridad y negrura», lo cual nos recuerda las «[casas] negras, compactas, hechas de tiniebla homogénea» que sustentan la vida en la imaginación de Funes. Este tipo de profundidad es una insinuación del más allá, que, en términos positivos, es una manifestación en el mundo material y social de un reino particular más allá de los poderes de penetración de la percepción y el conocimiento y, por lo tanto, un testimonio de la existencia de ese más allá en la vida humana. El blindaje de este más allá no solo lo protege, sino que también lo crea o lo sostiene. Así, Arendt señala que, desde la perspectiva de lo público —esto es, de aquello a lo que se asciende desde las profundidades del olvido—,

---

[34] ARENDT, *Human Condition*, pp. 62-63.

lo importante no es «el interior de este reino, que permanece oculto y carece de significado público, sino su apariencia exterior»[35]. Lo esencial es que no se pueda ver el interior del terreno más oscuro, pero también, como ocurre con el tenebroso barrio de Funes, que haya algún signo que atestigüe la existencia no imaginaria de su impenetrable más allá.

El pasaje de Arendt nos obliga a recordar una de las afirmaciones centrales de este libro: que el olvido es una construcción humana, ya sea en la percepción y la memoria, el espacio y el tiempo, el autoconocimiento y el conocimiento de los demás, o la disposición del mundo material y la ontología social de la realidad humana. Aun así, la conexión de la «tierra más oscura» sin profundidad con la idea de que una vida o la vida en general tiene profundidad en el sentido humano y ético sigue necesitando una explicación, aunque para ello tengamos que apartarnos de Arendt. Hay al menos dos formas de entender esta conexión, que corresponden a dos tipos de bien: el bien individual de la profundidad en la relación con uno mismo y con los demás y el bien público o común de la profundidad en una sociedad. Veámoslos uno por uno.

La profundidad personal

El contraste entre una vida profunda y una superficial se utiliza habitualmente, aunque no se explicita con frecuencia. No solo los filósofos, todos entendemos a qué

---

[35] Arendt, *Human Condition*, p. 63.

nos referimos cuando decimos de algo o alguien que «es profundo». Es quizá la afirmación no técnica más común sobre el significado de una vida o de algo que hay en ella. Sin embargo, y sin duda como consecuencia de la profundidad de esta profundidad, sea lo que sea, la frase no se define con la misma facilidad con que se utiliza. Empecemos por señalar lo obvio. Llamar profunda a una persona suele significar que en ella hay más de lo que parece. No solo las personas pueden ser profundas en este sentido, si bien el término *se* restringe a lo humano o a lo que Arendt llamaría «el mundo». Una declaración, un cuadro, una película y un poema pueden ser profundos en este sentido, pero los bolsillos o una masa de agua no. Si estuviéramos a orillas del lago Crater, en Oregón, cuyo fondo se encuentra a casi seiscientos metros por debajo de su superficie, y nuestro amigo dijera conmovido y con entonación filosófica «tío, sí que es profundo», en el sentido en que se diría de una persona o de un *koan*, nos reiríamos. Sería gracioso porque habría confundido un tipo de profundidad con el otro, el tipo humano o ético. La diferencia entre ambos no es meramente lingüística, sino que expresa una oposición relativa a la existencia de límites a lo que puede conocerse. Debemos saber dónde está el fondo del lago para llamarlo profundo y no sin fondo. Por el contrario, la profundidad de un enunciado profundo tiende a evaporarse o a disminuir cuando alguien ofrece una explicación suficiente de los fenómenos en cuestión: el *koan* resulta ser un mero acertijo más o menos absurdo, el poema se agota en la interpretación.

Una vida no puede describirse como profunda en el sentido humano si carece de alguna cualidad esencial de resistencia al conocimiento exhaustivo. Del mismo modo que una figura sin fondo parecerá plana porque no se complica en un mundo más amplio, un yo que no aparezca sobre un fondo de lo incognoscible parecerá carecer de la profundidad de la personalidad que en otro contexto corresponde a la diferencia entre «personajes planos» y «redondos» o «profundos»[36]. Los personajes planos en las artes narrativas son aquellos que no dan sensación de existir más allá de los límites de las escenas en las que aparecen; parecen artificiales porque el autor no nos ha convencido de que tengan vida propia. Los personajes «redondos» o «profundos», por el contrario, nos parecen más reales, más vivos, porque sus vidas parecen continuar incluso cuando no los observamos. Parecen tener vida propia porque la autora ha utilizado su oficio para crear la ilusión del olvido. De ahí que la herramienta más útil de que dispone una novelista para crear esa profundidad no sea la exposición exhaustiva de cada momento de la vida

---

[36] Esta es una idea que exploré por primera vez en un breve artículo: Lowry PRESSLY, "Requiem for the Stranger", *Political Theory* 51, n.º 1 (2023), pp. 224-233. La distinción entre personajes redondos y planos es ahora un tópico de los manuales y talleres de escritura de ficción, pero tiene su origen, hasta donde yo sé, en E. M. FORSTER, *Aspects of the Novel*, San Diego, CA: Harcourt Brace, 1985. Véase también Marta FIGLEROWICZ, *Flat Protagonists: A Theory of Novel Character*, Nueva York: Oxford University Press, 2016. Cabe señalar, asimismo, que la redondez o profundidad de un personaje es de especial importancia en el género del realismo; esto se debe a que, aunque lo que se produce es una ilusión, esta pretende imitar o reproducir un aspecto de la vida tal y como es realmente fuera de la página.

de un personaje, sino la omisión deliberada de información y el narrador imperfectamente omnisciente. Solo los personajes redondos son «capaces de sorprender de forma convincente», como dijo el novelista E.M. Forster, porque, a diferencia de los personajes planos, dan la impresión de contener multitudes más allá de lo que el lector (o el narrador) puede ver y conocer[37]. Por la misma razón los personajes planos son planos, y la «vida transcurrida enteramente en público» de la que habló Arendt resulta superficial, porque lo que se ve no solo es lo que hay, sino que es todo lo que hay. La diferencia entre los dos tipos de personajes literarios no es solamente un conocimiento técnico para los escritores de ficción; es también otra forma de hablar de lo que hace que merezca la pena vivir, porque ¿quién elegiría ser un personaje plano en lugar de uno redondo?

Intente traer a su mente la imagen de sí mismo que presenta en un determinado contexto, la persona que proyecta a sus colegas o a sus alumnos o a sus suegros. Ahora imagine que conoce a esa persona. Imagínese que pasa un día con la versión de su «yo laboral» y no con la persona más amplia que contiene esa y otras personalidades, que puede cambiar entre ellas y que, lo que es más importante, supera la suma de todas las caras públicas. Esta «versión de la persona», sospecho, le parecería plana, unidimensional y, en mi opinión, especialmente limitada o carente de libertad[38]. Le resultaría plana —«superficial»— porque lo que

---

[37] FORSTER, *Aspects of the Novel*, p. 78.
[38] Esta persona no es libre en parte porque tiene «integridad contextual», que es para lo que muchos piensan que sirve la privacidad. Véase,

vería sería todo lo que hay. Lo mismo ocurre en nuestras relaciones con amigos y amantes. Pienso en mi mujer. Si hay alguien de quien puedo decir que la conozco mejor de lo que se conoce a sí misma, es ella. Y, sin embargo, si no hubiera límites a lo que conozco de ella, ni siquiera en teoría, entonces no habría más en ella que lo que yo pudiera saber. Donde ahora hay una persona independiente, autónoma, capaz de sorprendernos a ambos, habría algo plano y sin vida, más parecido a un archivador encarnado que a la mujer que amo y anhelo conocer tanto como pueda. Ella sería para mí como Funes es para sí mismo: tendría la ilusoria profundidad plana de un espejo.

Si esto es cierto en relación con mi mujer, también debe serlo en relación conmigo mismo. Trate de imaginar cómo sería vivir consigo mismo en las condiciones de un autoconocimiento perfecto y total. Ser completamente transparente para uno mismo, sin olvidos ni puntos

por ejemplo, Helen Fay Nissenbaum, *Privacy in Context: Technology, Policy, and the Integrity of Social Life*, Stanford, CA: Stanford Law Books, 2010. Hay otros buenos argumentos en contra de la integridad contextual, varios de los cuales expongo en este libro (además de las cuestiones de tipo *foucaultiano* sobre la disciplina y la dominación que plantea), pero hay algo profundo en el ejemplo que nos ocupa, creo, en cuanto a cómo una vida definida por estar siempre en sintonía con las expectativas de lo que es apropiado revelar en una situación dada (expectativas que se imponen al individuo) sería una vida adecuadamente descrita como plana o superficial. «¡Vive un poco!», queremos decirle a una persona así, porque su vida parece carecer de la cualidad de sorpresa y vivacidad que proviene del terreno más oscuro del olvido personal. La conformidad de esa persona con las expectativas públicas parece poner en duda si dispone de ese terreno más oscuro o si, en definitiva, lo visita.

ciegos: esa es la condición insostenible de Funes. Es difícil de imaginar, por supuesto, pero podemos intentarlo. ¿Cómo sería la soledad si no hubiera límites para el autoconocimiento? Más parecida a hojear un diccionario o un álbum de fotos que al juego fluido, incierto y vivo de pensamientos que surgen de la nada y vuelven a hundirse en ella. ¿Qué recursos tendríamos para afrontar el aburrimiento, el fracaso o la soledad en condiciones de autoconocimiento perfecto? ¿Cómo sería la introspección si yo fuera totalmente accesible a mí mismo? Podría mirar dentro de mí para recuperar un poco de información (¡y de un modo mucho más eficiente!), pero no tendría la experiencia de *mirar* o *buscar* realmente dentro de mí, de enfrentarme a mí mismo, de intentar y fracasar al recordar alguna imagen o palabra, de no poder abarcar la totalidad de mi conocimiento y memoria. Estos fracasos de la introspección pueden ser deficiencias de la agencia o del autoconocimiento, pero también son de vital importancia para el sentido de que nuestras vidas tienen *profundidad* y contienen más de lo que se puede controlar o invocar en un instante, ya sea por uno mismo o por los demás (recordemos el intimidante fonendoscopio del médico). La experiencia de *buscar* dentro de uno mismo es necesaria para confiar en que, de hecho, hay espacios o profundidades que se pueden buscar dentro de uno mismo.

Da la impresión de que la propia Arendt tiene en mente este tipo de experiencia cuando cita los misterios eleusinos como una proto-manifestación del valor expresivo y productivo de la privacidad:

Parece como si los misterios eleusinos proporcionaran una experiencia común y casi pública de todo este reino [es decir, el reino de la privacidad y el olvido], que, debido a su propia naturaleza y a pesar de ser común a todos, necesitaba ser ocultado, mantenido en secreto del reino público: todos podían participar en dichos misterios, pero a nadie se le permitía hablar de ellos[39].

Los misterios no eran secretos, sino privados o proto-privados (incluso inexplicables), ya que se mantenían *más allá* de la palabra del mismo modo que la privacidad produce un reino del *más allá* que concierne al conocimiento de los individuos. Sin algún tipo de signo público que atestigüe su existencia, lo indecible no puede tener una realidad compartida, objetiva y mundana, como ocurre con los misterios para los miembros de una determinada comunidad religiosa, y como ocurre con el impenetrable olvido que es propio de la privacidad para la polis de Arendt. Este es, en cierto modo, el sentido del famoso final del *Tractatus* de Wittgenstein. Por el contrario, la cualidad indecible de los ritos eleusinos, que eran conocidos y experimentados por los iniciados, depende de la prohibición social de pronunciarlos. De lo contrario, lo indecible se convierte en lo diversamente descrito. La prohibición eleusina erige una frontera discursiva similar a la de la privacidad: no protege un reino ya existente y metafísicamente esencialista de inefabilidad «más allá del habla», sino que *lo produce* mediante la doble acción de la privacidad de ocultar algo por medio de una barrera que

---

[39] ARENDT, *Human Condition*, p. 63.

es visible, públicamente legible y respetada por la pluralidad humana del mundo compartido. (La diferencia aquí entre privacidad y secreto, ocultación o desaparición es muy ilustrativa).

Antes de que objete que el conocimiento perfecto de mí mismo o de mi mujer es imposible, porque hay ciertos límites a la cognición inherentes a los procesos fisiológicos del pensamiento y la memoria, me apresuro a decir dos cosas. La primera es que, incluso si existieran tales límites a lo que podemos saber sobre las personas, lo indeseable del conocimiento perfecto indica, no obstante, un valor en la vida humana que opone algunas cosas que son importantes para que nuestras vidas vayan bien —profundidad, olvido, sorpresa, potencialidad— a otros valores importantes relacionados con el conocimiento, la información, la autonomía, el control y otros similares. El problema no desaparece en el plano del valor, aunque sí lo haga en el plano de la biología, lo que significa que la cuestión del valor persiste como problema para la política y la ética, a pesar de la imposibilidad de que alguien resulte ser como Ireneo Funes.

La objeción también es espuria. La afirmación de que existen límites naturales a la exhaustividad con la que podemos conocer a alguien presupone la conclusión que pretende demostrar: que los seres humanos son el tipo de cosas que no pueden conocerse completamente mediante los procesos biológicos de cognición tal y como los entendemos. La objeción depende de una determinada concepción filosófico-antropológica del ser humano y de lo que puede saberse sobre él. Esta concepción de la persona no es un hecho natural sobre nosotros como naturales son los procesos químicos de la neurotransmisión, sino más bien un artefacto de factura humana. Como cualquier otra idea, la idea del yo tiene una historia: cambia y seguirá cambiando. Si forma parte de la naturaleza humana, no es una parte de nuestra naturaleza biológica como lo es el sudor, sino más bien una parte de lo que Arendt podría llamar nuestra naturaleza «mundana», junto con otras cosas como la dignidad, el potencial de cambio, los derechos humanos, los intereses, los monólogos interiores, etcétera. Podemos imaginar fácilmente una sociedad de personas que trabajan y viven bajo el supuesto de que se *puede* conocer a una persona hasta el fondo, o incluso que lo que uno sabe sobre su amante, pongamos por caso, es todo lo que hay que saber. La historia de nuestra especie abunda en creencias más extrañas que esa. No hay más que ver la idea de ciertas sectas del cristianismo protestante de que Dios conocía todos los pensamientos, el futuro y los actos de una persona, e incluso todos los cabellos de su cabeza, «pues nada hay oculto que no llegue a descubrirse»[40].

Ya hemos visto cómo la subjetividad humana se ha alterado en respuesta a la introducción de tecnologías que interrumpen y median las prácticas de conocimiento de uno mismo y del mundo. La invención de la fotografía fue un ejemplo sorprendente, al igual que el auge de los archivos globales de internet. Al final de su vida, Foucault analizaba el modo en que la invención de prácticas de escritura autobiográfica había dado lugar a dos concepciones culturales bastante diferentes y de gran alcance sobre

---

[40] *Lucas* 8, 17.

lo que se podía saber de una persona[41]. La explosión de la alfabetización y el material impreso a principios de la Edad Moderna cambió nuestra relación con la historia; la introducción del espejo en los hogares de la gente corriente alteró las prácticas de la autoestima[42]. La locomotora cambió nuestra percepción del espacio, el tiempo, la velocidad, la libertad y el riesgo[43]. Podríamos mencionar también el censo, la luz eléctrica, los pasaportes, las estadísticas y la tecnología de las ciencias del comportamiento. La lista continúa y, por supuesto, incluye los sorprendentes avances de la era digital, en particular las redes sociales, los procesos que llevan al «yo cuantificado» a vigilarse a sí mismo y la omnipresente vigilancia que abre el «internet de las cosas» (IoT)[44]. Que estos cambios sean buenos, malos o indiferentes es una cuestión ética, y quizás en última instancia política, una cuestión que en cualquier caso debe responderse haciendo referencia a alguna imagen sobre la plenitud del ser humano.

Con todo, los cambios en la subjetividad traen consigo cambios en lo que significa que la vida de una persona vaya bien, por lo que es especialmente importante

---

[41] Véase Michel FOUCAULT y Frédéric GROS, *The Hermeneutics of the Subject: Lectures at the Collège de France, 1981-1982*, Nueva York: Picador, 2006.

[42] Alain CORBIN, "Backstage", en *A History of Private Life, vol. 4*, Cambridge, MA: Belknap Press of Harvard University Press, 1990, p. 460.

[43] Véase, por ejemplo, Wolfgang SCHIVELBUSCH, *The Railway Journey: The Industrialization of Time and Space in the Nineteenth Century*, Oakland, CA: University of California Press, 2014).

[44] Deborah LUPTON, *The Quantified Self: A Sociology of Self-Tracking*, Cambridge, Reino Unido: Polity, 2016.

pensar en lo que estamos haciendo mientras experimentamos esos cambios. De lo contrario, corremos el riesgo de perder un vocabulario moral para entender a la persona que preferiríamos conservar, así como la voluntad y las intuiciones que lo activan en el ámbito de la ética práctica y la política. El problema es especialmente agudo cuando se trata de la cuestión de la privacidad en la era de la información. En la medida en que lleguemos a pensar que los seres humanos son depósitos, productores o, de algún modo, que consisten en información —que «tú eres tus datos», como dice la socióloga Deborah Lupton[45]— corremos el riesgo de sustituir una visión de la profundidad y la plenitud humana por aceptar la fijeza superficial y la fácil manipulación de la información.

Los bienes públicos del olvido

¿Los bienes personales del olvido se convierten en bienes comunes o colectivos? Arendt parece pensar que sí, cuando escribe que «la privacidad era como lo otro, el lado oscuro y oculto del ámbito público»[46]. Dejaré de lado su principal argumento sobre los beneficios públicos del olvido que es propio de la privacidad, que es que mantiene ciertas emociones, experiencias y vistas fuera del ámbito público porque se piensa que son perjudiciales para su concepción

---

[45] Deborah Lupton, "You Are Your Data: Self-Tracking Practices and Concepts of Data", en *Lifelogging: Digital Self-Tracking and Lifelogging—between Disruptive Technology and Cultural Transformation*, ed. Stefan Selke, Wiesbaden, Germany: Springer Fachmedien Wiesbaden, 2016, pp. 61-79.

[46] Arendt, *Human Condition*, p. 64.

preferida de la vida política agonal. Se trata de un tipo de bien negativo cuyo valor tiene que ver con la ausencia de ciertas cosas de lo público y no con el valor de la privacidad *per se*. A partir de la discusión sobre las profundidades del olvido, recordemos un par de afirmaciones curiosas. La primera es la que acabamos de discutir: que el valor del olvido que es propio de la privacidad reside en que protege y produce aspectos de la persona humana que son impenetrables para el conocimiento humano. La segunda viene inmediatamente después y parece contradecir a la primera: «No solo importa el interior de este ámbito, que permanece oculto y sin significación pública; también es importante su aspecto exterior para la ciudad»[47].

Mientras que el interior del ámbito privado proporciona cobijo a los individuos, carece de importancia para la realidad pública, colectiva, salvo para localizar los muros que lo protegen de la vista. Las fachadas de las casas privadas de la polis metafórica de Arendt participan en la reproducción social del olvido mediante una doble acción. En primer lugar, como cuestión general, delimitan una región del mundo humano para que sea impenetrable para la percepción y el conocimiento. En segundo lugar, al presentar una barrera visible, dan testimonio de la existencia de esas regiones al tiempo que las mantienen en su cualidad esencial de olvido. Esta doble producción del «más allá» del olvido en la vida humana se observa también en las casas desconocidas de Funes, «negras, compactas, hechas de tiniebla homogénea», y en la descripción que hace Proust de las ventanas de Odette,

---

[47] ARENDT, *Human Condition*, p. 63.

que, vistas desde la calle, revelan (ocultando) «el misterio de la presencia humana que aquellas ventanas iluminadas revelaban y ocultaban a la vez»[48].

Al contener el olvido en sí mismo —es decir, al contener regiones impenetrables para el conocimiento, la autodeterminación y el control, pero que no dejan de ser regiones *humanas* (por oposición a los fríos confines del espacio exterior)—, el mundo compartido de la vida pública se profundiza del mismo modo que un personaje literario. Recordemos lo que describimos como el bien público del derecho al olvido: que por su propia disponibilidad, el derecho mantiene abierto un sentido de posibilidad en los asuntos humanos y refuerza la confianza colectiva en la capacidad de los individuos para ser diferentes de como fueron, son y serán. Del mismo modo, la idea de que siempre hay más de lo que parece en la vida humana confiere a la plaza pública una cualidad emocionante por la vía de la posibilidad y la profundidad. Esto puede verse en el uso que hace Rothman del encantamiento de Virginia Woolf al mezclarse entre extraños para evocar lo que él llama el sentido de privacidad del artista: «La sensación de soledad que la acera fomenta [...].

---

[48] Marcel PROUST, *In Search of Lost Time, Volume I: Swann's Way*, trad. C. K. SCOTT-MONCRIEFF, TERENCE KILMARTIN y D. J. ENRIGHT, New York: Modern Library, 2003, p. 312 [*En busca del tiempo perdido*, Madrid: Alianza, 2016]. Merece la pena señalar que los «bienes personales» mencionados no son estrictamente individuales, sino que dependen de estructuras comunes pertenecientes al paisaje material e ideológico, como, por ejemplo, el beneficio que se obtiene al pastar las ovejas en las zonas comunes de la ciudad. Dado que se basan en lo social y lo político, son objeto de este tipo de atención, crítica y apoyo.

Se sentía atraída por la figura de la anfitriona: la mujer a la que hay que mirar [...] que se vuelve más misteriosa gracias a su visibilidad»[49].

Del mismo modo que la fachada del hogar privado proporcionaba el soporte material para la existencia del olvido en la polis de Arendt, la particular visión de Woolf sobre la privacidad hace que el mundo común y sus interacciones con extraños sean profundos. Para ver cómo se produce esto, sepa que en lugar de pensar que lo que hay detrás de las apariencias es fundamentalmente incognoscible, Woolf operaba bajo el supuesto de que detrás de ellas no había nada (como en el famoso escepticismo de Descartes sobre los autómatas), o en cambio que a lo que ella no tenía acceso era a los secretos de los demás, a sus vidas ocultas. La cuestión presente la hemos planteado varias veces: que la forma en que entendemos las barreras al conocimiento, y por qué son valiosas, tiene consecuencias de gran alcance para la vida humana tanto en privado como en público.

El olvido que es propio de la privacidad también confiere sentido y posibilidad al mundo público de la política y la formación de la identidad. Si, como pensaba Arendt, la cualidad de la publicidad es la de estar como en un escenario —«los seres vivos *hacen su aparición* como actores en un escenario preparado para ellos»[50]—, la vida pública necesita algo que el teatro también necesita: una distinción nítida entre la luz brillante del escenario y el olvido

---

[49] Joshua ROTHMAN, "Virginia Woolf's Idea of Privacy", *New Yorker*, 9 de julio de 2014.
[50] ARENDT, *Life of the Mind*, p. 21.

más allá de sus fronteras. Una obra de teatro requiere un tipo particular de suspensión de la incredulidad relacionada con el marco del proscenio (tomado aquí como una metáfora, esto se aplica igualmente al teatro callejero y al público de Arendt). Cuando un actor sube al escenario, el público y los demás actores olvidan o ignoran activamente todo lo que puedan saber sobre la vida personal del actor, los demás papeles que le han visto interpretar. El trabajo de los actores consiste en convencer al público de que son quienes dicen ser recurriendo únicamente a cómo aparecen, a lo que dicen y hacen, dentro del marco del proscenio y de la duración de la obra. Esto es lo que quería decir cuando afirmaba que el olvido confiere a la vida pública un cierto grado de *sentido*: la confianza razonable en que las acciones de uno en el escenario van a *significar* algo confiere un cierto grado de valor a su empresa, lo que a su vez contribuye a la sensación de que la vida de uno también *significa algo* (en otras palabras, que merece la pena vivirla)[51]. Esta es otra forma de expresar la queja de K sobre el derecho a ser olvidado: la sensación de que todas sus interacciones estarán precedidas por el conocimiento de sus crímenes le lleva a dudar de si sus acciones, su vida, volverán a tener esta cualidad de significar algo.

El público desempeña aquí un papel igualmente importante al permanecer ajeno a todo excepto a lo que

---

[51] Richard Sennett presenta una visión similar del significado de la expresión teatral en su propio lamento por la pérdida de un ámbito público más propicio para que el ser humano alcance su plenitud en *The Fall of Public Man*, Nueva York: Norton, 1996.

ocurre en el escenario. Mediante su cooperación, nace un tipo particular de espacio público, lo que Arendt llamaría «el espacio de la apariencia». Al igual que el escenario requiere un marco, tanto material como epistémico, este tipo de público necesita el olvido que es propio de la privacidad para adquirir su cualidad de realidad pública:

> Nuestro sentimiento de la realidad depende totalmente de la apariencia y, por tanto, de la existencia de un ámbito público en el que las cosas puedan aparecer desde la oscuridad de la existencia protegida[52].

En términos políticos, el ámbito público de Arendt se describe como el típico ámbito agonal porque su lucha por la identidad y la acción colectiva no está estructurada como lo está una obra de teatro que se basa en un guion. Pero en lo que respecta a la ontología de la persona, es mejor describirlo como dramático. El hecho de que el olvido no solo haga esto posible, sino que también confiera profundidad y verosimilitud (en términos de Arendt: realidad) a las apariencias, se refleja en la analogía con la experiencia de ir a ver a un actor famoso o a un familiar actuar en una obra de teatro, por ejemplo, a Jim Varney en el papel de Hamlet. La incapacidad de ser ajeno a lo que uno sabe sobre el actor priva al personaje en escena de parte de su realidad y, por tanto, de su profundidad como mímesis de un ser humano real. Del mismo modo, el mundo público *arendtiano* de realidad objetiva y política agonal requiere un trasfondo de olvido para la

---

[52] ARENDT, *Human Condition*, p. 51.

actividad colectiva de creación del mundo y la búsqueda individual de la identidad[53].

CONFIANZA INCONSCIENTE Y FIABILIDAD

Quiero centrarme en otro elemento valioso de la vida humana que depende de los límites de lo que se puede saber sobre las personas: la confianza en los demás y en uno mismo. El tema de la confianza en uno mismo constituye más o menos un nicho en epistemología y ética, pero ofrece otro ángulo importante en nuestra discusión sobre el olvido. Podemos ponerlo de manifiesto con una experiencia por la que supongo que todo el mundo ha pasado en algún momento de su vida.

Piense en alguna ocasión en la que haya tenido un problema difícil que, por más que se haya esforzado, no

---

[53] No cabe duda de que la apariencia como tal también debe derivar parte de su vitalidad, de su rabiosa terrenalidad y del poder que ejerce sobre nosotros, de su aparición sobre un fondo de olvido (en contraposición a un pseudo «terreno más oscuro» que es invisible u opaco, o detrás del cual se cree que no existe el olvido, sino más apariencias que simplemente están ocultas). Me parece que esto va en la dirección en que John Berger pensaba sobre la luminosidad casi religiosa de la pintura, incluso secular: «La pintura es, en primer lugar, una afirmación de lo visible que nos rodea y que continuamente aparece y desaparece. Sin la desaparición, tal vez nadie se pondría a pintar, porque entonces lo visible mismo poseería la seguridad (la permanencia) que la pintura se esfuerza por encontrar. Más directamente que cualquier otro arte, la pintura es una afirmación de lo existente, del mundo físico al que la humanidad ha sido arrojada». JOHN BERGER, "Steps towards a Small Theory of the Visible (for Yves)", en *The Shape of a Pocket*, Nueva York: Knopf, 2009, p. 14.

haya podido resolver. Tal vez fuera un verso complicado en un poema que estaba escribiendo o un motor que se negaba a arrancar, una tesis de un argumento o un grifo que goteaba. Algún tiempo después, quizá mientras está enfrascado en otra tarea o en mitad de la noche, quizá mientras sigue peleándose con el enigma, le llega una solución, como se suele decir, «de la nada». Cuando decimos que una idea nos viene inesperadamente o «de la nada», no nos referimos a que una vez la conocimos pero simplemente no pudimos recordarla a voluntad; esta es también una experiencia común, pero bastante diferente[54]. Tampoco queremos decir que llegamos a la solución mediante la combinación deliberada de los materiales disponibles, como al responder a un complicado problema de cálculo o como Sherlock Holmes induce a atrapar al asesino a partir de las pruebas disponibles. Más bien, la experiencia es como la inspiración de un artista: «Vino como un rayo del más allá, así se me ocurrió». El uso habitual de la voz pasiva y las metáforas de lo externo para captar esta experiencia reflejan la convicción de que la idea, que surgió del cerebro dentro de mi cráneo (en realidad nadie me la susurró al oído ni me la lanzó como una lata de cerveza lanzada desde la ventanilla de un coche que pasaba), procedía sin embargo de una parte de mí mismo que está *más allá* de mí. Yo contengo regiones que están más allá de mí, pero que sin embargo forman parte de mí, del mismo modo que la esfera pública contiene y extrae profundidad del olvido que produce la privacidad al protegerla de la vista. El «ninguna parte» («nowhere»)

---

[54] *Pace* Platón.

de «sacado de ninguna parte» («out of nowhere») en las expresiones inglesas no es una metáfora espacial, sino metafísica: de la nada (el olvido), aparece una cosa. Sin embargo, esa «ningún parte», la «nada» del olvido, del que surge la idea, no es literalmente inexistente; podemos contactar con ese lugar y experimentarlo, aunque no podemos reducirlo a conocimiento ni percibir sus límites. Llamamos a estos reinos interiores «profundidades» o los caracterizamos como oscuros precisamente porque se resisten a la mirada penetrante de la introspección y, porque entendemos que su impenetrabilidad es la del olvido; parecen ir más allá de la frontera en la que se detienen incluso nuestros más vigorosos poderes de introspección y autoconocimiento.

Cuando se *nos ocurre* una solución o una idea inesperada, la sensación se parece más a haber buceado en nuestras profundidades internas del olvido que a haberla recuperado de un armario o un archivador. De hecho, la experiencia suele ser como salir a la superficie tras una inmersión profunda en las regiones no articuladas del yo y emerger sin aliento y emocionado a la luz, a lo visible, al conocimiento y al mundo de los demás —del reino de la potencialidad al reino de la realidad *arendtiana*— como si mantuviéramos la nueva idea en alto para mostrársela a los demás o para verla mejor nosotros mismos. De ahí el impulso de compartir lo genial que se nos ha ocurrido, como para confirmar su realidad a los ojos de otro. No siempre ocurre así, por supuesto. A veces *nos quedamos con las manos vacías*; hacerlo una y otra vez es tan agotador y frustrante como sumergirse repetidamente en un mar real y tener que reemerger una y otra vez sin haber recuperado el objeto deseado. En cualquier caso, esta es una de las formas más comunes que tenemos de entrar en contacto práctico con la noción de potencialidad humana, razón por la cual la experiencia puede resultar tan emocionante, incluso si la solución se refiere a algo tan monótono como un grifo que gotea.

Ahora que hemos visto cómo esta forma de olvido interno y cómo experimentamos conocerlo —es decir, no «sacado de mi archivo de memoria» sino «de *la nada*»— contribuyen de manera general a la sensación de que la vida de uno es profunda en lugar de superficial, podemos obtener una visión más específica considerando cómo también conduce a confiar en uno mismo.

Hay dos formas de entender el tipo de confianza en uno mismo que se deriva de esta experiencia. Una es probatoria y corresponde a la visión predominante de la confianza en los demás como creencia o actitud racional[55]. Como ya he tenido esta experiencia, la próxima vez que necesite una idea o la solución a un problema, seré paciente y confiaré en que llegará. ¿Por qué? Porque ya ha ocurrido antes. Pero este tipo de autoconfianza puede ser derrotada. Si tengo una serie de fracasos —digamos, un balance negativo (tres fracasos por un éxito) o en los últimos tiempos (antes me venían buenas ideas, pero ya no)—, entonces sería racional perder la confianza en mí mismo desde este punto de vista. Quizás esto sea bueno

[55] Véase, e.g., Karen JONES, "The Politics of Intellectual Self-Trust", *Social Epistemology* 26, no. 2 (2012), pp. 237-251; Richard FOLEY, *Intellectual Trust in Oneself and Others*, Cambridge: Cambridge University Press, 2001.

en algunos casos, como el del alcohólico que no confía en sí mismo para tomarse una sola copa. Sea como fuere, este tipo de confianza en uno mismo no es una característica de las profundidades del olvido, sino del autoconocimiento y el control, en el caso del alcohólico, o de la memoria, en el caso de quien confía en poder recordar las capitales de los cincuenta Estados porque lo ha hecho sistemáticamente en el pasado.

Cuando se trata de ideas «que vienen de la nada», la pérdida de confianza en uno mismo parece indicar un daño más grave a las condiciones de agencia y a la cantidad y calidad de profundidad en la vida de una persona. La razón es que existe una forma de autoconfianza aún más fundamental que la probatoria, que está directamente relacionada con la sensación de que las ideas surgen de un terreno interior más oscuro que forma parte de uno mismo pero que, sin embargo, está más allá de nuestro poder de acceso a base de conocimiento y control. Este tipo de fe en uno mismo deriva de la confianza vivida, aunque no siempre consciente, de que lo que soy no termina en los límites de lo que cualquiera puede conocer, recordar o acceder, sino que contiene regiones más allá de aquellos que nunca pueden conocerse ni alcanzarse por completo.

Emerson anticipó esta conexión entre la autoconfianza y lo insondable: «Para esta confianza en uno mismo, la razón es más profunda de lo que se puede comprender, más oscura de lo que se puede iluminar»[56]. Recuerda

[56] Ralph Waldo EMERSON, "The American Scholar", en *The Essential Writings of Ralph Waldo Emerson,* Nueva York: Modern Library, 2000,

cómo presenté el ejemplo: la metáfora de la «ocurrencia» ya apuntaba a esta conexión entre olvido personal y autoconfianza: es como si uno se sumergiera en las turbias profundidades de sí mismo con la esperanza de que *ocurriese* una idea sorprendente o una rareza chispeante, aunque con la misma frecuencia uno vuelve a la superficie con las manos vacías y sin aliento. Si en mí hay más de lo que se ve a simple vista, incluida la vista que la introspección ofrece, entonces tengo motivos para creer que si alguna vez se me pide que responda a una situación para la que no tengo solución ni respuesta preparada, algo que de hecho supera todas mis capacidades y marcos de comprensión conocidos, tendré profundidades desconocidas a las que recurrir. Por supuesto, una situación así está abierta a la posibilidad de fracaso. A menudo me sucede. Pero estas profundidades también son útiles para afrontar ese fracaso, en parte porque la base de esta forma más fuerte de autoconfianza en el olvido la hace en cierto modo inmune a ser socavada por la evidencia. En realidad, parece que a veces necesitamos fracasar. La experiencia de quedarse con las manos vacías contribuye a la sensación de que tenemos profundidades *a priori* incognoscibles para nosotros que contienen mucho que no puede ser llamado a voluntad. Esto confiere a la vida humana una cualidad esencialmente resistente a la instrumentalización, ya que lo que no puede conocerse, recordarse o predecirse exhaustivamente no puede controlarse por completo. Del mismo modo, si alguna vez me disgusta la forma en que soy o he sido, la idea de que hay partes de mí que están

---

p. 55.

perpetuamente indefinidas apoya la sensación de que puedo llevar mi vida en una nueva dirección. Es evidente cómo este tipo de autoconfianza conforma un valioso modo de relación con nosotros mismos que tiene su fundamento no solo en los límites de lo que puede conocerse sobre nosotros mismos (toda confianza requiere una percepción y un conocimiento imperfectos), sino también en la idea de que más allá de estos límites del autoconocimiento no se encuentra el vacío o los secretos, sino el olvido. La relación de la autoconfianza con la autoestima y el autorrespeto también parece clara: las personas que no pueden confiar en sí mismas probablemente sufrirían una pérdida de autorrespeto y autoestima similar al que sufrirían si otras personas se negaran a confiar en ellas, y viceversa. La forma más profunda de autoconfianza también desempeña un papel importante en la agencia y la autodeterminación de la propia vida. Por un lado, parece ser otro aspecto de la sensación de un agente de que su vida depende de él gobernarla y de que merece la pena tomarse la molestia de hacerlo. Recordemos la idea de Charles Taylor de que la agencia autodirigida requiere la capacidad de apartarse de uno mismo y reevaluar los propios compromisos normativos. Taylor, cuya teoría también asocia la profundidad humana con lo no estructurado y lo incipiente, sostiene que la «metáfora ordinaria de la profundidad aplicada a las personas» refleja un juicio positivo sobre quienes emprenden este acto de autorreflexión, pero que es más adecuado llamar profundos a quienes son capaces de desmontar el yo por completo «disponiéndolo a la apertura» y poniéndolo en contacto con su «sentido más profundo y no estructurado de las cosas»[57]. En el capítulo 2 argumentamos que la privacidad es necesaria para poder experimentar esto; la confianza en uno mismo también parece ser vital para ella, ya que abrirse a ser cambiado por «la oscuridad insondable del corazón humano» es una tarea arriesgada en la que el yo es fundamentalmente vulnerable[58].

Resulta que la relación entre la confianza en uno mismo y la separación del yo es recíproca, ya que la capacidad de separarse y encontrarse con regiones desconocidas de uno mismo es también un recurso para confiar en uno mismo. De nuevo, en su ensayo sobre la autoconfianza Emerson parece haber tenido en mente una conexión similar entre la confianza aquella y la separación de la propia identidad: «El otro terror que nos ahuyenta de la confianza en nosotros mismos es nuestra coherencia; reverenciamos nuestros actos o palabras pasados porque los ojos de los demás no tienen otros datos para calcular nuestra órbita que nuestros actos pasados, y nos da pereza decepcionarlos»[59]. Nótese que Emerson tiene en mente lo que yo he llamado la segunda forma, más profunda, de confianza en uno mismo, que no se basa en la evidencia del propio pasado, sino que de hecho se opone a tal evidencia. La coherencia viene a ser un terror que nos ahuyenta de la autoconfianza. Sin embargo, incluso esta

---

[57] Charles Taylor, "What Is Human Agency?", en *Human Agency and Language, Philosophical Papers 1*, Cambridge: Cambridge University Press, 1985, pp. 41-42.

[58] La frase es de Arendt, de Hannah ARENDT, *On Revolution*, Nueva York: Penguin, 2006, p. 194.

[59] Ralph Waldo EMERSON, "Self-Reliance", en *The Essential Writings of Ralph Waldo Emerson*, Nueva York: Modern Library, 2000, p. 138.

forma más profunda de confianza en uno mismo debe basarse en *algo* para no ser un engaño.

La respuesta de Emerson a este desafío es bastante parecida a la mía, aunque él la redacte en el lenguaje de su época. Emerson pregunta cuál es el objeto de la confianza en uno mismo. «¿Quién es el receptor de esa confianza? ¿Cuál es el Yo indígena en el que puede basarse la confianza universal? [...] La indagación nos conduce a esa fuente, a la vez esencia del genio, de la virtud y de la vida, que llamamos espontaneidad o instinto»[60]. En lo que uno confía cuando confía profundamente en sí mismo es en esa cualidad interior de potencialidad que, una generación después de Emerson, los defensores de la privacidad del siglo XIX pensaban que la privacidad protege y, como he argumentado, produce. Esta potencialidad requiere recursos tanto personales como sociales de olvido (lo que Emerson llama «esa fuerza profunda», «sin elementos calculables», «el último hecho tras el que no puede ir el análisis») para poder tener una realidad con la que podamos encontrarnos y con la que podamos familiarizarnos sin engañarnos a nosotros mismos ni traducirla en forma de conocimiento o información inequívoca que la extinga[61].

Esta forma de confianza en uno mismo basada en el olvido nos ayuda a lidiar con la vulnerabilidad bastante radical que supone tener un yo. Cuando se trata de vivir mi propia vida, mis poderes de autonomía, autoconocimiento y demás son limitados. Me quedo corto y tengo mis puntos ciegos. Me defraudo a mí mismo y a los demás

---

[60] EMERSON, "Self-Reliance", p. 140.
[61] EMERSON, "Self-Reliance", p. 141.

de mil maneras. Estoy a merced de mí mismo. Para seguir viviendo como un agente autodirigido no hay que autoengañarse por esos fracasos, sino entender igualmente que no son definitivos ni exponen exhaustivamente mi potencial en esos ámbitos y en otros. La conexión con la idea moral del derecho al olvido es evidente. De la misma manera que la confianza de K en la posibilidad de formar nuevas amistades ajenas a su pasado le daba la sensación de que su futuro estaba abierto y, por tanto, de que su vida merecía la pena por lo que costaba vivirla, la confianza en mi propio olvido interno me da una sensación vivida y viva de potencialidad interior que es inagotable por los hechos de lo que ha sido mi vida hasta ahora. (Podemos imaginarnos fácilmente a K dirigiendo su imaginación hacia tierras lejanas sin internet, o hacia la cualidad inagotable de su propia vida interior, del mismo modo que Funes dirigió su cabeza hacia el barrio desconocido de las casas oscuras). Esto plantea una diferencia importante entre la confianza en uno mismo y la confianza en los demás: si alguien nos falla una y otra vez, podemos llegar a desconfiar de esa persona en su conjunto —es decir, no solo con respecto a los ámbitos en los que no cumplió nuestras expectativas— y, aunque esa relación en particular pueda sufrir, tal vez al final nuestras vidas mejoren. Pero si me fallo a mí mismo repetidamente, no puedo dejar de confiar en mí de la misma manera sin sufrir un grave debilitamiento de mi agencia y mi autoestima.

Necesitamos creer que podemos ser diferentes en el futuro, a pesar de todas las pruebas en contrario. Esta creencia no es una característica psicológica ineludible de los seres humanos, sino que se construye sobre ciertas bases sociales e ideológicas, entre las que se encuentran los diversos medios para producir el olvido individual y social que hemos encontrado hasta ahora. La idea de que existen zonas de nosotros mismos a las que ni nosotros ni nadie tiene acceso es esencial para mantener esta creencia a lo largo de toda la vida.

La relación entre el olvido y la confianza se extiende de los bienes individuales a los comunes, al igual que la «tierra más oscura» que da profundidad. No puede haber confianza de ningún tipo sin ciertos límites al conocimiento; esto es justo lo que distingue la confianza de la certeza o la seguridad. Por lo tanto, deberíamos pensar que la forma, el alcance y la calidad que adoptan las barreras a lo que se puede saber sobre las personas en una determinada sociedad influirían en la cantidad y la calidad de la confianza de que disponen las personas que viven en ella. En la vida contemporánea abundan los ejemplos de tecnologías de rastreo. Hoy en día es habitual utilizar las capacidades GPS de los dispositivos móviles para seguir los movimientos de un hijo, amigo o amante por una ciudad. Los empresarios rastrean las pulsaciones del teclado y cómo usan internet sus empleados. Los profesores vigilan los movimientos oculares de sus alumnos. Los padres vigilan los latidos del corazón de sus bebés, sus niveles de oxígeno y mucho más mientras duermen. Cada una de estas relaciones revela y perpetúa una falta de confianza entre las partes o entre los individuos y el mundo en general (sobre todo en el caso de los padres). La vigilancia crea sospechas y, por tanto, el impulso de vigilar. La aparente fuerza de este círculo vicioso es otra razón para resistirse a la ideología de la información que confunde privacidad con secreto. Es posible que no se le ocurriera que los trabajadores de una oficina estaban siendo poco productivos antes de enterarse de que estaban siendo vigilados. No hace falta que sea su jefe ni que trabaje en la oficina para que se le pase por la cabeza la idea de que, como están siendo vigilados, tal vez tengan algo que ocultar. Saber que otros padres vigilan las constantes vitales de sus bebés por la noche me hace preguntarme si yo también debería hacerlo. Me pregunto qué me estoy perdiendo, qué peligros ocultos acechan bajo el aspecto superficial, aparentemente plácido, de mi hijo dormido.

Los sujetos de este seguimiento y vigilancia también se ven privados de la oportunidad de confiar en sí mismos. En la medida en que la experiencia de ser objeto de confianza es importante para el desarrollo personal y la autoestima moral —verdaderamente creo que lo es—, el niño que es rastreado por sus padres desde sus primeras oportunidades de independencia, ya sea en el mundo físico o en línea, y el trabajador cuyos movimientos son vigilados estarán peor porque se les priva de oportunidades de ser objeto de confianza. Si esto parece poca cosa para quienes viven en un mundo saturado de oportunidades para rastrear y ser rastreado, consideremos sus efectos en conjunto. Es prácticamente un axioma de la vida humana que una sociedad no puede funcionar sin confianza, o al menos que una sociedad libre no puede (Hobbes ofrece una solución diferente a ese dilema); por lo tanto, las sociedades son mejores o peores dependiendo de si hay más o menos «confianza social»[62]. Aunque la confianza

---

[62] Francis FUKUYAMA, *Trust: The Social Virtues and the Creation of Prosperity*, Nueva York: Free Press, 1995 [*La confianza*, Barcelona:

social pueda tener algunos aspectos culturales irreducti-
bles, en general será la suma de todas las confianzas y des-
confianzas particulares de una sociedad: los amantes en
el extranjero, los trabajadores en su puesto de trabajo, los
estudiantes en sus clases, los padres en su preocupación.
Por tanto, las disminuciones locales tienen consecuencias
para el bien común. Sin embargo, en nuestro caso la conexión es mucho más estrecha, ya que cualquier disminución local de la confianza ocasionada por la tecnología de
seguimiento responde a los incentivos no de las circunstancias individuales, sino de un cambio tecnológico más
amplio en las prácticas sociales del conocimiento.

La privacidad, el olvido y otras formas de olvido proporcionan las condiciones para que la confianza crezca
en una sociedad al generar oportunidades para confiar y
ser confiado como un aspecto de la vida cotidiana. No se
podría expresar mejor de lo que lo hace Joseph Kupfer:
«La confianza es la forma en que los demás nos tratan, lo
que da lugar a una concepción de nosotros mismos como
merecedores de que confíen en nosotros»[63]. Que los demás confíen en nosotros aumenta nuestra autoestima y
nuestro autorrespeto, porque connota un juicio social
tanto personal como generalizado de que somos merecedores de esa confianza. Esta sensación es especialmente
duradera y valiosa porque es, en términos de Arendt, objetiva: refleja y expresa un juicio en nombre del mundo en
general de que somos *dignos* de confianza. La experiencia

Ediciones B, 1998].
[63] Joseph KUPFER, "Privacy, Autonomy, and Self-Concept", *American Philosophical Quarterly* 24, no. 1 (1987), p. 85.

cotidiana de la privacidad es especialmente eficaz a la
hora de transmitir esta sensación de valía, porque el juicio implícito de fiabilidad no se limita a un ámbito específico. Cuando el mundo de los demás nos permite
desaparecer en el olvido de nuestra vida privada, no es
que seamos conscientes de que se confía en nosotros para
realizar o abjurar de un conjunto concreto de acciones
(no pegar a nuestros hijos, darles de comer), sino de que se
confía en nosotros de forma más general[64]. En su holismo,
esta experiencia expresa algo mayor que la suma de los
motivos e instancias individuales de confianza. Transmite un mensaje del tipo: confían en mí para que viva mi
vida porque creen que soy digno de hacerlo a mi manera.
Kupfer relaciona esta experiencia con la agencia de un
modo que recuerda tanto nuestros argumentos sobre
la confianza de K en que su vida dependía de él como la
idea de que no rendir cuentas en términos epistémicos
es vital para la agencia: «La pérdida de este sentido de
confianza general explica por qué ser vigilado, incluso en
público y, como en la película *Caché* de Michael Haneke,
por un único ciudadano particular, puede erosionar
el sentido de pertenencia o de sentirse como en casa en el
cuerpo social colectivo»[65].

---

[64] KUPFER, "Privacy, Autonomy, and Self-Concept", p. 85. De hecho, juzgar que K no tiene derecho al olvido equivaldría a juzgar que
no es digno de confianza. Dado que su condena no tiene ninguna importancia histórica real, al menos no del tipo que requiera que su nombre real vaya unido a ella, el interés público que pesó en contra de su
derecho al olvido fue el de la seguridad pública.

[65] Esto sugiere otra hipótesis de por qué el aumento masivo de la conectividad en la era digital hace que las personas se sientan más aisladas

Gran parte de lo que puede decirse sobre la bondad de las oportunidades sociales para que se confíe en uno también se aplica a la disponibilidad de oportunidades para confiar. Tener la experiencia de confiar en los demás forma sin duda parte del proceso por el que los niños se convierten en adultos y ciudadanos moralmente maduros, sea lo que sea lo que eso implique[66]. Y respetar la privacidad de los demás requiere que uno confíe en ellos, quizás en relación con acciones específicas, pero más comúnmente de la forma poderosamente general en que la sociedad confía en una persona a la que se le permite retirarse al olvido que es propio de la privacidad.

Los diversos ámbitos de la privacidad presentan multitud de oportunidades cotidianas, casi invisibles, para confiar en nuestros conciudadanos, lo que a su vez nos ayuda a verlos como iguales moralmente independientes. Y puesto que la vulnerabilidad es un elemento que es

---

y alienadas que nunca. La tecnología de la conectividad móvil también comporta una vigilancia mutua casi constante: nos mantenemos al día de las vidas de los demás y sabemos que ellos se mantienen al día de las nuestras, y sabemos que nuestros movimientos y actividad son rastreados por innumerables empresas con diversos fines. Si la disminución de las oportunidades de no ser rastreados conduce a una disminución de la sensación de confianza —y si una sensación de confianza es importante tanto para la autoestima de un individuo como para su conexión positiva con la sociedad—, entonces cabe esperar que un aumento del rastreo contribuya a un aumento del aislamiento social.

[66] Véase, por ejemplo, el debate sobre el desarrollo moral, cívico y psicológico de los niños a los que se niegan ciertas oportunidades de actuar bien (y de que se confíe en ellos) en Annette BAIER, "Demoralization, Trust, and the Virtues", en *Reflections on How We Live*, Oxford: Oxford University Press, 2010.

imposible erradicar de la confianza, la privacidad como práctica de la confianza también nos recuerda en la práctica que siempre somos mutuamente vulnerables, tanto entre nosotros como con nosotros mismos. Sin duda, la historia deja claro que el respeto a la privacidad es lamentablemente insuficiente por sí solo para generar una política y una ética de confianza mutua, respeto y solidaridad ante tal vulnerabilidad. Aun así, los valores cívicos, agenciales y morales inculcados por la confianza en un trasfondo de olvido contribuyen a una visión de cómo encaja el respeto a la privacidad en una política igualitaria y pluralista.

Ya hemos visto que gran parte de lo valioso que tiene la privacidad depende de la reproducción social del olvido más que de otras formas de opacidad como el secreto o la ocultación. Lo mismo ocurre con la confianza. Para que la privacidad transmita el amplio abanico de beneficios que se derivan de la confianza, debe referirse a una zona sobre la que no se piense que existe algún hecho oculto, es decir, un ámbito de olvido, no de secretos. El proverbio ruso «confía, pero verifica» es justamente famoso por su carga irónica. En la medida en que se verifica, no se confía, y en la medida en que se vigila, observa o documenta, no se confía. Desde esta perspectiva, podemos volver a describir la eterna preocupación por la privacidad que suscita la creciente documentación de las vidas individuales como algo que también se deriva de la disminución de las bases sociales de la confianza y la fiabilidad: en una «prisión de registros» uno se siente tan confiado como en una prisión real. De hecho, la eliminación de las oportunidades de ser digno de confianza es el mecanismo

370

eficaz del Panóptico que imagina Bentham. En contraste con los beneficios para la agencia, la autoconcepción y la ciudadanía que se derivan de que a uno se le permita desaparecer en el olvido privado, de que a uno mismo se le permita desaparecer en el olvido mnemónico y de permitir que otros hagan lo mismo, «vigilar el comportamiento o recopilar datos sobre nosotros proyecta una desvalorización del yo en cuestión»[67]. En esto, la «prisión de registros» coincide una vez más con la prisión real, donde —como en la descripción del panóptico de Foucault y los imperativos de conocimiento de la sexualidad, el análisis de la ética protestante de Weber y la sociología de la institución total de Goffman— la ausencia de privacidad pretende erosionar el sentido de autoconfianza y fiabilidad de un individuo, que toma pie en los reinos del olvido. El resultado, en palabras de Goffman que reaparecerían en la crítica de Harcourt a la publicidad abrumadora, es «la mortificación del yo»[68].

Echemos una última mirada por encima del hombro a la acusación de que la privacidad es para quienes tienen algo que ocultar. Lo importante aquí no es que este lema sea erróneo: esto ya debería estar claro. La idea de que todos tenemos «cadáveres en nuestros armarios mentales»,

---

[67] KUPFER, "Privacy, Autonomy, and Self-Concept", p. 85.
[68] Michel FOUCAULT, *Discipline and Punishment: The Birth of the Prison*, Nueva York: Vintage, 1995; Michel FOUCAULT, *The History of Sexuality, vol. 1, An Introduction*, Nueva York: Vintage, 1990; Max WEBER, *The Protestant Ethic and the "Spirit" of Capitalism and Other Writings*, Nueva York: Penguin, 2002; Erving GOFFMAN, *Asylums: Essays on the Social Situation of Mental Patients and Other Inmates*, Nueva York: Anchor, 1990, p. 1.

como dice Thomas Nagel, y, por tanto, que todo el mundo tiene algo que ocultar, degrada la calidad de nuestra confianza en los demás al desplazar el olvido que es propio de la privacidad por la información oculta del secreto[69]. También corrompe el sentido de nuestra propia fiabilidad al enviar el mensaje de que la privacidad de uno se respeta no porque uno sea fundamentalmente digno de confianza, sino por las consecuencias colectivas negativas que se derivarían si los vergonzosos secretos de todo el mundo estuvieran a la vista del público. Y lo que es más importante, al asumir que lo privado es lo que «todos tenemos que ocultar», la privacidad pierde su capacidad de dar profundidad y reforzar la confianza en uno mismo y en los demás. Si entendemos la privacidad de los demás como un simple escudo que esgrimen para ocultarnos información, tenderemos a sentirnos menospreciados, preocupados o curiosos, en lugar de respetuosos y confiados. Incluso las pérdidas leves o incrementales en este sentido son graves —y más graves cuando se acumulan—, porque significan que el mundo de la actividad humana es menos abierto, libre y humano, y que nos hemos vuelto más superficiales, privados de la profundidad que hace que nuestras vidas sean interesantes, significativas y que merezcan la pena los grandes problemas que a menudo entraña vivirlas.

---

[69] Thomas NAGEL, "Concealment and Exposure", en *Concealment and Exposure: And Other Essays*, Oxford: Oxford University Press, 2002, p. 15.

EPÍLOGO

Cuando doy una charla sobre privacidad, o cuando hablo de los dilemas éticos de la era digital con amigos y familiares, casi siempre me lanzan esta pregunta: «¿Qué debemos hacer entonces?». Estamos ávidos de soluciones a los retos de las nuevas tecnologías. Sin embargo, muchos de nosotros nos sentimos impotentes para afrontar estos retos por nuestra cuenta, quizá porque se refieren a fuerzas políticas y económicas masivas y en rápida evolución, pero también porque a menudo implican tecnologías que cambian rápidamente y que nos cuesta seguir o incluso comprender. La gente tiene razón al querer respuestas. Es aquí donde corro el riesgo de decepcionar a lectores y familiares por igual. En mi experiencia, cuando alguien pregunta qué hay que hacer es porque pretende soluciones técnicas a problemas éticos y políticos. Por «técnicas» no me refiero solo a las nuevas tecnologías, sino también a las leyes y reglamentos que deberíamos aprobar, los ajustes que deberíamos hacer en nuestra «configuración de privacidad» en línea, lo que podemos hacer para evitar que nos rastreen en público, etcétera. Estos enfoques del problema son importantes, sin duda, aunque hoy en día las respuestas técnicas quedan obsoletas casi tan pronto como se sugieren, codifican, imprimen o convierten en ley.

Este libro ofrece una respuesta diferente a la crisis de la privacidad en la era digital, al reconocer que incluso las soluciones técnicas más ingeniosas, ya sean dispositivos novedosos o nuevas normativas de gran alcance, están limitadas por los marcos conceptuales de que disponen. Estos marcos son los que hacen que un determinado conjunto de problemas sea visible en el panorama moral y político; en otras palabras, son los que hacen que los problemas sean problemáticos. Cada marco apunta igualmente a una serie de respuestas a los problemas que revela. Sin embargo, dado que nuestros marcos conceptuales llaman nuestra atención sobre determinados aspectos de una situación política y ética irreductiblemente compleja, oscurecen sin remedio otros. Incluso el solucionador de problemas más creativo no puede pensar más allá de los límites del marco que utiliza para conceptualizar la cuestión, porque hacerlo sería pensar en un problema totalmente distinto. La cuestión es especialmente grave hoy en día, ya que los intentos dominantes de comprender, responder y defenderse contra la disminución de la privacidad en la era de la información adoptan el marco conceptual de quienes se oponen a la privacidad. La adopción es sutil y dista mucho de ser total, pero vincula a defensores y detractores de la privacidad en al menos un punto en común muy significativo: unos y otros se parten de la información y su naturalización en los asuntos humanos como algo anterior a la cuestión de la privacidad. Este es un error significativo en la historia reciente del pensamiento sobre la privacidad que este libro aspira a solventar.

Este libro, en definitiva, sugiere soluciones a los retos de la era digital no en los ámbitos del derecho y la tecnología, sino en los del valor y la comprensión. Ofrece una nueva forma de abordar los retos de nuestro tiempo que puede orientar la acción política y técnica. También trata de desarrollar una visión del bienestar humano en la que el olvido y las barreras a la información desempeñan un papel vital. Todo esto me ha llevado a abogar por una ética del olvido de sí mismo y por una política que permita, posibilite y fomente esta experiencia y la distribuya equitativamente entre todos los ciudadanos. Como sociedad, nos hemos quedado tan atrapados en las soluciones técnicas a los problemas tecnológicos que ignoramos las cuestiones éticas y políticas cruciales que nos afectan. Como he sugerido en la introducción, hemos perdido de vista las cuestiones más profundas e importantes que deberíamos plantearnos sobre la estructura de la vida humana y el papel que la tecnología desempeña en ella. He intentado plantear cuestiones de valor donde quizá no las había antes —o donde hace tiempo que se silenciaron— para retarnos a pensar de forma diferente sobre la importancia de la privacidad en una era hipersesgada al poder y la rentabilidad de la información. Sobre todo, he intentado poner un espejo frente a nosotros mismos y nuestro mundo para poder vernos de nuevo, para entendernos en nuestro desorden y extraña naturaleza, para que podamos contemplar con nuevos ojos el papel vital que desempeña el olvido en los asuntos humanos, su refulgencia profunda y asombrosa.

AGRADECIMIENTOS

No puedo evitar estar convencido de que las palabras y las ideas de este libro no pueden decirse que sean mías más que en el sentido más trivial —como una piedra podría decir «mío» del río que pasa a su alrededor y sobre ella, alterando su forma con el tiempo y llenándola de agujeros y grietas inesperadas por las que corre el agua en su camino hacia lugares inalcanzables en la distancia—, a pesar de lo que pueda aparecer en la página que menciona los derechos de autor. Por eso, aunque soy responsable de este libro, quiero agradecer a las muchas fuentes que me lo han hecho llegar, a trozos, a base de amistad y generosidad gratuita, para que pasara por mí y llegara a sus manos, lectora o lector (a quien también quiero agradecer su tiempo y su atención). Ha sido un libro difícil de escribir, y ni siquiera habría podido empezarlo sin antes recibir una enorme ayuda y apoyo.

Este libro habría sido imposible sin la constante guía e inspiración de Michael Sandel. En cada página lleva la marca de su persistente y generoso cuestionamiento y aliento. Asimismo, debo una enorme gratitud a Nancy Rosenblum, Eric Beerbohm y Danielle Allen, con quienes he discutido estas ideas durante más de una década y que han influido en la sustancia y el estilo de este libro de innumerables y fundamentales maneras. Gracias también a Bernardo Zacka, que me ayudó muchas veces a lo largo de los años a ver estos argumentos de forma más amplia y profunda, y que siempre pareció entender este libro mejor y de forma más elocuente que yo.

Este libro es el producto de años de animados debates y enriquecedoras conversaciones con muchos más amigos y lectores, de los que solo puedo mencionar una parte. Mi gratitud de por vida a Jacob Abolafia, Rachel Achs, Adriana Alfaro Altamirano, Avishay Ben Sasson-Gordis, Matthew Boyle, James Brandt, Carmen Dege, Sandy Diehl, Leah Downey, David Estlund, Tweedy Flanigan, Jennifer Forestal, Katrina Forrester, Jonathan Gould, John Harpham, Bonnie Honig, Sergio Imparato, Tae-Yeoun Keum, Ian Malcolm, Richard Moran, Eric Nelson, Zeynep Pamuk, Charles Petersen, Michael Rosen, Adam Sandel, Josh Simons, David Skarbek, Lucas Swaine y muchos otros.

Agradezco el apoyo y el animado intercambio de ideas que he recibido del Edmond and Lily Safra Center for Ethics de Harvard; del Center for Philosophy, Politics, and Economics de Brown; del Committee on Degrees in Social Studies de Harvard; y de los Cronófagos. Gracias también a mis alumnos, por desafiarme constantemente con nuevas ideas y perspectivas. Y al Dr. Jorge Arredondo en Ciudad de México y a los cirujanos y fisioterapeutas de University Orthopedics en East Providence, RI, por cuidarme cuando me rompí las dos manos mientras escribía este libro (durante su composición, es decir, no como resultado de ella).

Mi más profunda gratitud a todos en Harvard University Press, especialmente a Joseph Pomp, cuya combinación de visión, rigor y estilo, y cuya creencia en este libro y exigencia de que estuviera a la altura del nivel al que aspiraba son evidentes en cada página. Es un placer colaborar con un editor tan reflexivo y ambicioso. Mi agradecimiento también a Jillian Quigley, Stephanie Vyce y Susan Virtanen, cuyo duro trabajo y esmerada atención fueron cruciales para que el texto viera la luz, y a los dos revisores anónimos por sus perspicaces lecturas y atentas sugerencias.

Gracias también a Arne Svenson por permitir tan generosamente el uso de sus imágenes en el libro. El capítulo 4 amplía el trabajo presentado en "The Right to be Forgotten and the Value of an Open Future", *Ethics* 135, n.º 1 (2024). El capítulo 5 aborda ideas presentadas por primera vez en "Requiem for the Stranger", *Political Theory* 51, n.º 1 (2023), 224-233.

Por último, debo dar las gracias a mis padres, que hicieron muchos sacrificios para que yo pudiera recibir una educación y escribir libros. Y a Regina, sin la cual no me molestaría en escribirlos.

ESTE LIBRO, PUBLICADO POR
EDICIONES RIALP, S. A.,
MANUEL URIBE, 13-15, 28033 MADRID,
SE TERMINÓ DE IMPRIMIR EN
ANZOS, S. L., FUENLABRADA (MADRID),
EL DÍA 19 DE FEBRERO DE 2025.